자유롭고 행복한 그리스도인 시리즈 1

행복한 신앙을 위한 28가지 조언

정원 지음

영성의 숲

서문

    그리스도인들은 자유롭고 행복한 사람들인가? 이론적으로는 물론 그래야 한다. 주님은 진리이시며 주의 영이 계시는 곳에는 자유함이 있다.
    하지만 실제로 보면 자유롭고 행복하게 보이는 그리스도인들이 그리 많지 않은 것 같다. 이상하게도 믿음은 좋은 것 같이 보이는 이들이 더 어둡고 답답하고 묶여있는 것 같이 보이기도 한다.
    그 이유는 무엇일까? 어쩌면 우리는 신앙을 통해서 자유로운 사람이 되는 것이 아니라 더 묶여 가는 사람이 되고 있는지도 모른다. 경건한 삶이란 어둡고 무거우며 구슬픈 표정을 짓고 살아가는 것은 아닐 것이다. 할 수 있다면 우리는 밝고 맑고 행복한 삶을 살아가는 것이 좋을 것이다.
    나는 그리스도인들의 의식 가운데 별로 성경적이지도 않고 진리적이지도 않으면서도 많은 이들이 옳다고 믿고 따라가고 있는 잘못된 생각들이 많이 있다고 생각한다.
    그러한 의식들은 사람들을 억압하고 불행하고 비참하게 한다. 그러한 것들은 우리의 신앙을 피곤하게 만든다. 우리가 그러한 의식들의 정체를 발견하고 하나씩 제거해 나간다면 우리는 훨씬 더 자유롭고 풍성한 믿음의 삶을 가질 수 있을 것이다.

주님은 우리를 구속하시는 분이 아니고 자유케 하시는 분이다.

우리는 그 자유를 누려야 한다. 우리가 그 자유 속에서 기쁨과 행복을 누리며 살아가게 될 때에 우리의 주위에 있는 많은 이들을 그리스도에게로 인도할 수 있을 것이다. 왜냐하면 세상의 모든 사람들은 자유롭고 행복하게 살기를 원하고 있기 때문이다.

복음이란 자유롭고 행복한 것이다. 부디 그 자유와 즐거움이 당신의 삶에도 함께 하기를 기도드린다.

2004. 3. 정원

제1권 행복한 신앙을 위한 28가지 조언

목차

1. 식사 기도는 제발 좀 짧게 하라 · 8
2. 깨어지고 죽는 것이 뭐가 그렇게 좋은가? · 13
3. 제발 좀 죄책감을 버려라 · 24
4. 과연 하나님이 치시는 게 맞는가? · 29
5. 교회를 옮기면 정말 저주를 받을까? · 38
6. 당신의 확신을 강요하지 말라 · 47
7. 자기 비하를 하지 말라 · 55
8. 하고 싶지 않은 일을 하지 말라 · 58
9. 먹는 것이 그렇게도 중요한 일인가? · 65
10. 사역자에 대하여 기죽지 말라 · 81
11. 원하지 않는 요구를 거절하라 · 92
12. 사역의 부담을 내려놓으라 · 103
13. 우리는 휴머니스트가 아니다 · 113
14. 무슨 기관차가 지나가는가? · 126

15. 선한 사람으로 보이려고 애쓰지 말라 · 140
16. 우리는 환경을 창조한다 · 156
17. 밝음과 유쾌함이 우리의 힘이다 · 172
18. 맞서서 성화되는 사람은 없다 · 184
19. 대부분의 억압은 우리 스스로가 만드는 것이다 · 204
20. 하나님의 음성에 대한 열등감을 가지지 말라 · 213
21. 멀리해야할 사람을 멀리하라 · 236
22. 의무감이 아닌 감동으로 움직이라 · 247
23. 희생이 주는 기쁨이 없이는 희생하지 말라 · 257
24. 선을 독점하지 말라 · 266
25. 망상에 잠긴 자들에게서 멀어지라 · 270
26. 사소한 것에서 기쁨을 느껴라 · 289
27. 늙어 가는 것을 즐거워하라 · 305
28. 모든 과정은 아름다운 것이다 · 336

# 제 2권 성숙한 신앙을 위한 30가지 조언

목차

1. 문제 속에서 주를 보라 · 9
2. 참지 말고 즐겨라 · 20
3. 맡겨진 만큼 하라 · 31
4. 전도에 대한 부담을 주님께 맡겨라 · 35
5. 미래를 위하여 이 순간을 희생하지 말라 · 44
6. 당신과 다른 사람들의 차이를 인정하라 · 59
7. 행복은 주관적인 것이다 · 76
8. 부정적인 말이나 생각을 받아들이지 말라 · 86
9. 재난이란 꼭 나쁜 것만은 아니다 · 99
10. 남의 인생을 짊어지고 살지 말라 · 117
11. 위로 중독에서 벗어나라 · 130
12. 말이 통하지 않는 사람과 굳이 말하려고 하지 말라 · 141
13. 삶의 흐름을 거스르지 말라 · 154
14. 작심삼일을 두려워하지 말라 · 169
15. 절대로 아무도 비난하지 말라 · 180

16. 너무 착하게 살려고 애쓰지 말고 자기 수준대로 살아라 · 190
17. 자주 주님께 질문을 던지라 · 198
18. 어려운 상황에서 게임을 발견하라 · 214
19. 안식을 훈련하라 · 221
20. 부정적인 감정을 억지로 누르지 말라 · 236
21. 모든 고통은 사랑하지 않기 때문에 온다 · 253
22. 꿈을 버려라 · 262
23. 자신을 정죄하지 말라 · 271
24. 어두운 신앙관을 버리라 · 276
25. 경건한 사람보다 따뜻한 사람이 되라 · 284
26. 중독에서 벗어나는 비결은 무엇인가? · 294
27. 은혜 후의 실족으로 낙심하지 말라 · 309
28. 모든 이들이 원하는 것은 오직 사랑이다 · 325
29. 영적 성장의 여정에 조급하지 말라 · 337
30. 주님이 당신의 곁에 계신 것을 보라 · 349

1. 식사 기도는 제발 좀 짧게 하라

얼마 전에 십 여 명의 성도들과 같이 식사를 하게 된 적이 있었다. 식사를 시작하기 전에 내가 물었다.
"식사 기도를 누가 할까요?"
말이 떨어지기가 무섭게 모든 사람들이 나를 지목하면서 외쳤다.
"목사님이요!"
"당연히 목사님이 하셔야죠!"
"목사님이 하세요."
왜 모든 사람들이 내가 식사 기도를 하기를 원할까? 내가 아주 신령하기 때문인가? 그것은 결코 아니다. 그 이유는 아주 간단하다. 나의 식사 기도는 대체로 10초를 넘기는 일이 없기 때문이다. 그 사실을 모두 잘 알고 있기 때문에 사람들은 식사 기도를 내가 하기를 원하는 것이다.
식사 기도에 대해서 생각할 때 떠오르는 악몽이 있다. 오래 전 몇몇의 청년들과 교회에서 열심히 노가다를 한 적이 있다. 일을 마치고 너무나 허기가 져서 식당에 들어가서 밥을 시켰다.
식사 기도를 드리고 밥을 먹어야 하는데 그 자리에 나보다 몇 살 연상인 전도사님이 계셨다. 나는 당연히 그에게 기도를 시키는 것이 예의라고 생각했다. 그래서 그 전도사님의 기도가 시작되었다. 아, 그러나 나는 그에게 기도를 시킨 것을 얼마나 후회했는지! 지극히 경건하게 시작한 그의 식사 기도는 5분이 되고 10분이 되어도 끝이 날 생각을 하지 않았다.

우리는 모두 다 너무나 배가 고파서 쓰러질 지경이었다. 코밑에서는 지글지글 끓고 있는 찌개의 환상적인 냄새가 올라오고 있었다. 이것을 한 숟가락 떠서 입 속으로 집어넣는다면 얼마나 행복할 것인가! 하지만 기도가 끝나기 전까지 우리는 아무도 그 찌개에 손을 댈 수 없었다. 그것은 너무나 슬픈 현실이었다!

코앞의 북한에 고향이 보이지만 갈 수 없는 이산가족의 슬픔.. 물론 그 정도까지야 아니지만 나의 입은 정말로 간절하게 찌개의 국물을 만나기를 소원했다. 하지만 우리는 아직은 서로 만날 수 없는 관계였다. 저 끔찍한 기도가 끝이 나기 전에는 말이다.

전도사님의 기도는 이어졌다. "오, 주님.. 우리에게 역사하여 주시옵소서!" 그의 기도는 점점 더 웅변적이 되어갔다.

오., 세상에.. 지금 찌개의 국물이 식어가고 있는데 뭐를 어떻게 역사하여 달라는 것인가! 찌개는 따뜻할 때 먹어야 한다. 그러니 무슨 역사인지는 모르지만 일단 나중에 역사하는 것이 좋은 것이다.

나중에 너무나 지쳐서 모든 것을 포기했을 때에 드디어 기도는 끝이 났다. 나는 그 동안 정말로 굳게 결심한 것이 있었다. 나의 식사 기도는 절대로 3초를 넘지 않겠다는 것.. 오, 주님.. 귀한 음식을 주셔서 감사합니다. 잘 먹겠습니다. 아멘.. 이렇게 말이다.

이러한 일들은 어쩌다 한번 있게 되는 운이 나쁜 일인가? 아니다. 그리스도인들이라면 누구나 수도 없이 이러한 식사 기도 고문을 많이 겪어보았을 것이다.

구역예배라든지, 무슨 모임이라든지.. 하여튼 많은 사람들이 모여서 하는 식사의 기도는 으레 무지하게 길다. 그동안 건물 다섯 개는 짓고 허물 수 있을 것이다.

어린 아이들은 지루함을 참지 못하고 맛있는 음식을 집어먹으며 그것을 발견한 어머니들은 한 손으로는 아이의 손을 꼬집고 다른 손으로는 아이의 입을 틀어막는다. 아이가 울어서 그 길고 긴 식사 기도가 중단되면 안 되기 때문이다.

식사 기도를 할 때보면 무슨 감사의 제목들이 그렇게도 많은지 모르겠다. 이상하게도 평소에는 별로 감사하며 사는 것 같지 않은 이들이 많은 음식을 앞에 두고 있으면 온갖 감사가 끊어지지 않고 나오는 모양이다.

식사 기도를 그 자리에 초청 받은 목사님이 하게 된다면 그때는 정말 복잡해진다. 기도는 성경 강해에서부터 시작하여 온 세계의 사건과 상황을 두루 돌아다니기도 하며 그 자리에 앉아있는 모든 사람들의 이름들이 하나씩 등장하기도 한다.

물론 그들의 모든 구체적인 문제들은 하나하나 열거되면서 축복 기도가 덧붙여진다. 거기에 자기 이름이 나오지 않는 사람은 삐질 수도 있다. 누구는 조금 더 길게 기도해주고 누구는 조금 짧게 해준다면 그것 때문에 상처를 받을 수도 있다. 그러한 이들은 열을 받아서 음식을 먹다가 체할 수도 있다. 아무튼 그리스도인들의 기도 문화는 정말 독특하다.

어떤 목사님이 어느 가정에 심방을 가서 식사 기도를 무지하게 오래 하고 있었는데 그 집 아이의 인내심이 드디어 바닥이 났다. 그 아이는 오랜만에 맛이 있는 음식이 산더미같이 쌓인 것을 보고 기대와 기쁨이 충만한 상태에 있었다. 하지만 목사님의 기도가 끝이 나기 전에 음식을 건드리기만 하면 맞아죽을 줄 알라고 엄마에게 이미 사전 교육을 많이 받았기 때문에 감히 음식에 손을 댈 수는 없었다. 끝이 나지 않는 기도에 아이는 절망한 나머지 그만 울고 말았다.

"으앙! 왜 이렇게 기도가 길어.. 엉엉엉.."

아이 때문에 사람들이 웃는 바람에 기도가 끝이 나고 말았다. 아, 정말 어린이들은 이 나라의 미래이다. 이 나라의 장래는 밝다.

세계의 평화를 위해서, 삶의 행복을 위해서 식사 기도는 짧아야 한다. 정 하고 싶은 기도가 있으면 밥을 먹고 나서 하면 된다.

부부싸움도 밥을 먹고 하는 것이 좋다고 한다. 사람들은 배가 고파지면 더 사나와지는 경향이 있어서 사소한 것에도 열을 받는다고 한다. 하지만 배가 부르면 느긋하고 여유가 있게 된다고 한다.

그런데 짧은 식사 기도가 세계 평화와 무슨 상관이 있느냐고? 식사 기도가 길어져서 아이가 울고, 음식이 식고.. 그래서 기분이 안 좋아져서 사소한 다툼이라도 생기게 된다면.. 일시적이지만 가정의 평화가 깨지는 것이다. 가정의 평화가 곧 세계 평화 아닌가?

구역 모임에서 식사 기도를 맡은 이들이 미리 준비한 종이에 써놓은 기도문을 읽으면서 10분, 20분을 기도한다는 이야기를 얼마 전 어느 집사님으로부터 전해 듣고 이것을 웃어야 할 지 울어야 할

지 판단이 서지 않았다.

제안을 하고 싶다. 부디 거창하고 복잡하게 믿지 말고 단순하고 가볍고 즐겁고 재미있게 믿으라.

신앙이란 형식이 아니고 삶이다. 거창하고 무게 있는 삶이 아니고 따뜻하고 사랑스러우며 자유로운 삶이다. 만약 당신이 식사 기도를 해야 할 상황이 생긴다면 최대한 빨리 기도를 마치고 즐겁게 식사를 하라. 그저 음식에 대해서, 사랑하는 사람들을 만나고 교제하는 것에 대해서 감사를 드리면 된다. 거기에는 10초 이상은 필요하지 않다.

당신이 그렇게 한다면 처음에는 당신은 이상한 사람 취급을 받겠지만 아마 조금 지나면 모든 사람들은 당신에게 식사 기도를 부탁하게 될 것이다. 왜냐하면 그들도 배가 고플 것이고 복잡한 것보다는 단순하고 자연스러운 것이 좋다는 사실을 차츰 알아가게 될 것이기 때문이다.

그리고 한 마디 덧붙이자면, 음식이란 원래 뜨거울 때 먹는 것이 맛이 있는 것 아닌가?

2. 깨어지고 죽는 것이 뭐가 그렇게 좋은가?

영적으로 성장하기를 원하는 이들이 항상 입에 달고 사는 말이 있다. 그것은 '깨어져야 한다', '죽어야 한다' 는 말이다.
도대체 깨어지고 죽는 것이 뭐가 그렇게 좋다는 말인가? 길을 가다가 넘어져서 코가 깨져버리면 그 자리에서 일어나자마자 하늘을 보면서 '오, 주님, 감사합니다. 저는 깨졌습니다.' 하는 사람이 있는가? 사업을 하다가 사업이 깨어져 버리면 '오, 주님.. 감사합니다. 제가 얼마나 이렇게 깨지기를 사모했는지요..' 하는 사람이 있는가?
물론 그런 사람은 없을 것이다. 있다면 병원으로 보내질 것이니까.. 그런데도 이상하게 사람들은 그런 이야기를 많이 한다. 자기는 깨어져야 한다고, 죽어야 한다고..
누가 그들에게 고민거리를 이야기한다고 해보자. 그들은 대답할 것이다. '당신은 깨져야 돼. 당신은 아직 자아가 덜 죽었어. 이건 그 과정일 뿐이야.'
그러면 물어본 사람은 슬픈 표정으로 대답한다. '나도 알아.. 하지만 막상 힘드네. 이놈의 자아가 잘 죽지를 않아. 나를 위해서 기도해 줘.'
도대체 무엇을 기도해달라는 이야기일까? 아주 완전히 폭삭 망하게 되도록? 그래서 확실하게 죽을 수 있도록?

나는 자아의 죽음, 자아의 깨어짐에 대한 이야기를 수도 없이 많이 들었다. 이상하게도 신앙이 좋은 것으로 알려져 있는 이들은 하나같이 내가 깨져야 한다, 죽어야 한다는 말을 반복하며 아예 입에 달고 산다. 그들은 항상 나도 깨져야 하며 너도 깨져야 하고 우리는 모두 깨져야 한다고 말한다.

그들의 그 깨어짐에 대한 믿음은 정말 너무나도 굳건하다. 그들이 행복하지 않은 것은 오직 그것, 자신이 아직 죽지 않았기 때문이라는 것이다. 그들은 슬프고 우울한 표정으로 내가 깨어져야 하는데.. 하고 되뇌인다. 하지만 아직 깨어지지 않았기 때문에 자기의 삶은 힘들고 고통스럽다는 것이다.

자신의 영적 상태에 대한 조언을 구하면서 사람들은 내게 흔히 이렇게 말하곤 한다.

"목사님.. 저 아직 깨지려면 멀었지요? 아직 죽으려면 한참 더 있어야겠지요?"

그러면 나는 이렇게 대답한다.

"괜찮아요. 깨지고 죽지 않아도 행복하게 살 수 있어요. 이제 죽는다, 깨져야 한다는 생각을 하지 않아도 돼요."

그리스도인들이 이렇게 죽음과 깨어짐을 사모하고 있기 때문인지 그리스도인들은 정말 많이 깨어지고 있다. 가정이 깨어지고 교회가 깨어지고 인간관계가 깨어진다.

그러한 어려움들은 사탄이 시험을 하는 면도 있을 것이고 영적 성장의 과정에서 겪는 어려움일 수도 있을 것이다. 하지만 또한 그리스도인들이 가지고 있는 어두운 의식과 부정적인 마음에서 기인하는 것도 적지 않게 있을 것이다.

그들은 그것이 영적으로 성숙하려면 어쩔 수 없이 훈련을 받으며 나아가는 과정이라고 생각한다. 그리고 그렇게 깨어짐으로써 많은 성장과 변화를 경험할 수 있다고 생각한다.

정말 그 인내와 끈기는 대단한 것이다. 그러나 할 수 있으면 그렇게 깨어지지 않고 아름답고 풍성한 삶을 통하여 주님께 가까이 나아가는 것이 좋지 않을까?

나는 주님께서 그렇게 인도해주신다고 믿는다. 모든 사람이 반드시 죽음에 이르는 좌절과 고통을 통해서만 영적으로 성장하고 주님께 가까이 나아가게 되는 것은 아닐 것이다.

그것은 무지 때문에, 불순종 때문에 그러한 어려움이 따르는 것이 아닐까.. 도대체 주님께서 주님을 사랑하고 신뢰하며 순종하려고 하는 그의 자녀들을 그토록 패야하는 이유가 없는 것이다.

물론 나는 이 깨어짐과 죽음에 대한 이야기가 무엇을 말하는지 잘 알고 있다. 이 이야기에 일리가 있다는 것을 알고 있다. 그러므로 그 의미를 충분히 이해한다. 삶과 신앙의 방향이 자아적이고 이기적인 욕망이나 자기중심적인 삶에서 주님으로 바뀌어져야 한다는 것을 충분히 이해한다. 겉사람이 깨어지면 속에 감추어져 있던 속사람이 나오게 되며 그러므로 새 생명을 위해서는 겉껍질이 깨어져야 한다는 사상에 대하여 잘 알고 있다.

그것은 진리의 일면을 가지고 있는 것이 사실이다. 그러나 거기에는 맹점이 있다. 계란이 하나 있다고 하자. 그리고 계란의 껍질이 깨어지면서 속에서 병아리가 나온다. 그것은 껍질에게는 죽음이지만 병아리에게는 삶이다. 그러므로 겉사람의 죽음을 통해서 속사람의 풍성함이 나올 수 있다고 하는 것은 일면 그럴듯하다. 그러나 그것은 오해다. 속에서 병아리가 나오는 것은 결코 겉의 껍질이 깨어졌기 때문에 나오는 것이 아니다. 그 속에서 살아있는 병아리가 때가 되어서 밖으로 나오려고 움직이기 때문에 껍질이 깨어진 것이다.

그러므로 중심이 되는 것은 껍질의 깨어짐이 아니고 병아리의 생명이다. 때가 되어서 속의 생명이 움직이지 않을 때는 아무리 껍질을 깨뜨려도 병아리가 나오지 않는다. 오히려 병아리가 죽게 되는 것이다.

이러한 이치는 여인이 아이를 낳는 경우에도 마찬가지다. 때가 되어 그 태의 생명이 밖으로 나올 때에 태가 열리는 것이지 아무 때나 배를 찢기만 하면 그 속에서 아이가 나오는 것이 아니다.

곡식과 같은 열매의 경우도 마찬가지이다. 봄이 되고 온도가 적당해지면 속에서 생명이 나오게 되며 그 결과로 껍질이 깨어지게 되는 것이다. 그러므로 봄이 오기 전에 껍질을 부수었다고 해서 알곡이 나오는 것이 아니다.

이것은 비슷한 이야기인 것 같지만 엄청난 차이가 있다. 내가 깨지고 죽어야만 주님의 은혜를 경험할 수 있다고 믿는 이들은 항상 두려움과 부정적인 마음을 가지고 살게 된다. 사업을 하면서도, 결혼해서 가정을 시작하면서도 그들은 마음속으로 '오, 나는 깨져야 하는데.. 이 가정이 깨지더라도 나는 주님을 사랑해야지. 주님은 내가 깨어지기 위해서 이 가정이나 사업을 망하게 하실 지도 몰라..' 하고 생각한다. 그리고 그러한 의식은 파괴와 깨어짐을 끌어당길 수 있다. 그것은 그의 마음, 그의 생각이 그러한 결과를 끌어당긴 것이며 주님의 뜻과는 상관이 없는 것이다.

우리는 우리의 껍질을 깨뜨리려고 우리를 죽음에 넘기려고 애를 쓸 필요가 없다. 그것은 너무나도 비참한 삶이다.

오히려 우리는 그렇게 우리 자신을 바라보는 것 보다 주님을 바라보아야 한다. 자신이 깨어져야 한다는 의식 자체도 주님을 바라보지 않고 자신을 바라보고 있는 것이다. 주님의 영광, 그 사랑, 은혜의 빛을 바라보지 않고 자신의 비천함, 연약함, 부족함을 계속 인식하고 있는 것이다. 그것은 결코 좋은 열매를 가져올 수 없다.

우리는 주님을 바라볼 때 변화된다. 주님의 그 신실하심과 은혜를 생각하고 감사할 때 변화된다.

'아침의 찬란한 태양이 떴을 때 누가 그 등불을 끄지 않으랴' 는 말이 있다.

그렇다. 아침의 태양 빛은 너무나 밝고 환한 것이다. 지난밤에는 날이 어두워서 조그만 등불이 필요했을 것이다. 그러나 대지에 태양이 운행하며 그 밝은 빛이 온 세상에 가득한데 그 때에 촛불을 키고 등불을 들고 다니는 사람은 아무도 없을 것이다.

주님의 사랑과 은혜는 바로 정오의 태양과 같은 것이다. 그것은 너무나 밝고 맑고 아름다운 것이다. 우리는 그 빛의 역사를 경험한 후에 다시는 세상의 아름다움, 헛된 욕망, 자아의 영광을 구하지 않게 되는 것이다.

자신을 깨뜨려 세상을 이기려고 애를 쓰는 삶은 너무나 피곤하고 힘겹고 어려운 것이지만 그 빛의 영광을 경험하고 그 주님과 함께 나아가는 사람들에게는 삶은 너무나 아름답고 놀랍고 풍성한 것이다.

자신을 깨뜨리려고 노력하지 말라. 자신의 약점을 극복하려고 애를 쓰지 말라. 그보다 당신의 안에 계시는 그 영광의 주님께 당신의 관심을 돌리라. 당신이 죽지 않아도 당신이 깨어지지 않아도 당신의 안에 거하시는 그 태양의 주님을 맛보고 경험하게 될 때 당신은 세상과 자신을 잃어버리게 될 것이다.

그러니 제발 내가 죽어야 한다는 말은 더 이상 하지 말라. 당신은 주님을 바라보고 주님을 체험하여야 변화되는 것이지 자신을 죽인다고 해서 변화되는 것이 아니다.

당신 안에 주님이 계신다. 그리고 그분이 운행하고 계신다. 그 분은 빛이시며 너무나 좋으신 분이시다. 그러므로 당신이 그 영광의 주님을 바라보게 될 때 당신은 새롭게 변화될 것이며 진정 행복하고 아름다운 삶을 살 수 있게 될 것이다.

* 이 장을 마치기 전에 독자님의 메일 하나를 공개하고 싶다. 깨어짐과 관련이 있는 글이니 참고가 되지 않을까 싶다.

주님.. 주님의 사랑에 감사할 뿐입니다 -J집사-

목사님의 글을 통하여 저에게 귀한 주님의 은혜를 주신 주님께 먼저 감사드리며 목사님께 감사의 마음을 전합니다.
어쩜, 지극히 미약한 부분일지 모르고 이제 주님의 빛에 대하여 사랑에 대하여 느껴 가는 시작에 불과하겠지만.. 저는 그래도 너무나 귀하고 소중하여 주님께 작은 부분이지만, 영광을 돌리고 주님을 기쁘시게 하고 싶은 마음에서 글을 올립니다.
제가 목사님 홈페이지를 알게 된지는 채 두 달도 안 되었으나 그 글을 통해 얻은 주님의 은혜는 이제껏 받아왔던 어떤 것 보다 너무 귀하고 소중하고 아름답게 여겨지며 보화를 얻은 것 같은 마음에 너무 감사드립니다. 그 보화는 예수님이시지요.
머리로는 알면서도 참된 보화인줄 알지 못하고, 그렇게 느끼지도 못하여 기뻐하지도 못하고 그렇게 어둡게 살았었는데.. 이나마 조금이라도 느껴지고 깨닫게 하시니 저에게는 기적과 같은 놀라운 일이지요.
제가 목사님께 처음 메일 보냈을 때 그때 썼던 내용과 같이 저는 모든 문제점을 내 자아 파쇄에 모든 관건이 달렸다고 생각하고 얼마나 죽기 위해 애를 썼는지요.
사실 그로 인해 많은 부분 저의 가치관이 바뀌었고 믿음에 대해 새로운 눈이 떠졌고 모든 환경 속에 있는 주님의 손길을 깨닫고 순복하는 부분도 있었지만, 그러나 애쓰는 것에 비해 저에게는 자유함이나 기쁨이나 만족은 거의 없었지요.
그저 언젠가 내가 완전히 죽어지면 참 자유와 심령 천국이 이루어지겠지.. 하면서 제 자신이 죽기만을 바라며 왔었지요.
저의 삶은 어렸을 때부터 이때까지 사는 것에 기쁨이 없었고 만족도 없었지요. 물론 예수님 믿고 나서는 어느 정도 위로를 얻게 되었지만요. 사람들이 기뻐하며 웃는 것을 보면 이해가 안가고 제 생각엔 별로 기쁜 일도 웃을 일도 아닌데 쉽게 잘 사는 것과 그렇지 못한 나 자신에 대해 삶의 회의와 인생 무상함을 느끼며 슬프게 살아왔지요.
주님을 영접하고 난 이후에는 더욱 더 망하고 쫓기고 아픔과 고통을 겪게 되었어요. 남편을 통해, 자녀로 인해 가슴이 찢기며 상처받으며 그래도 그 모든 것이 나를 바로 서게 하기 위한 주님의 뜻으로 모든 것을 받아들이려 애쓰며 참을 수 없는 상황에 참아야 하며, 사랑할 수 없는 상황에 사랑해야 한다는 생각을 가지고 살아왔으나 참 사랑과 참 기쁨은 너무나 내 가슴속에서 이루어지지 않았고 그저 참고, 고작 조금 불쌍히 여기는 정도의 마음이 생길 뿐이었어요. 그저 언제나 내가 온전하게 죽을까.. 하는 마음뿐이었지요.
그러나 올 봄부터 그런 시도, 즉 죽기 위해 애를 쓰는 시도가 싫어지고 하고 싶은 마음조차 끊어지며, 그렇게 시도 해 봤자 나는 불가능하다는 생각이 들면서 좌절하는 마음이 들더군요.
자신이 그런 마음이 든다는 자체가 알 수가 없었으나 하여튼 적어도 저에게는 가망성이 없는 일이라는 결론을 내리게 되었어요. 오히려 나 같이 연약한 자는 죽기 위해 고통을 참으며 가는 것 보다 하나님의 사랑과 자비와 선하심을 맛보는 것이 주님께 가기에 더욱 빠른 길이며 주님의 사랑을 체험하는 것이 그 사랑에 녹아져서 주님을 더욱 사랑하게 되는 효과적인 방법이 아닐까 하는 마음이 들었습니다.

그러면서 깨달아 지는 것이 주님은 사랑의 하나님인데, 나의 한계를 아시는 하나님께서 내 자아가 죽기까지 그렇게 아픔만을 주시는 하나님이 아니시라는 생각이 문득 들었지요.

그 후에 곧 주님께선 목사님에 대하여 생각나게 하셨고 예전에 목사님의 책에서 많은 은혜를 받았던 기억이 났어요.

그래서 이 카페에 들어오게 되었지요. 목사님의 글을 보며 내게 적합한 곳으로 인도하신 주님께 얼마나 감사한지요.

그동안 애써도 안 된 부분들, 자연스럽지 못하고 힘들고 억지스러웠던 부분들.. 자녀에 대해, 남편에 대해 온전히 포용하지 못하고 때론 된 것 같았다가 또 다시 반복되는 일.. 승리한 것 같다가 실패하던 순간들.. 나에 대한 자책감에서는 해방되었으며 포기한 부분도 있어서 많은 갈등은 없었으나 삶 속에서의 변화는 만족스럽지 못한 부분이 있었지요.

그런데 주님의 빛에 대해, 주님의 사랑에 대해, 목사님의 글을 통해 깨닫게 되며, 생각이 바뀌게 되었습니다.

저는 주님께서 사랑의 주님이시지만 저에 대해서 제대로 주님을 기쁘시게 한 것도 없고 예쁜 짓을 한 것도 없기에 저를 답답하게 생각하실 것이며 속 터지게 생각하실 것이라고 여겼습니다.

그러나 그것은 인간의 관점, 바로 내가 나에 대해서 생각한 것이며 다른 사람들이 저를 보는 시각이었음을 알았습니다.

그렇게 미약하게나마 주님의 사랑, 저를 답답하게 여기시는 것이 아니라 늘 제 곁에서 용기를 주시며 도와주시기를 원하시는 주님을 알게 되었습니다.

'아.. 그래서 사랑의 하나님이시구나.' 하면서 저는 그 단순하고 놀라운 진리를 깨닫게 되었지요. 제가 주님의 사랑과 빛을 조금씩 받아들이면서 저의 마음과 자녀와 남편을 바라보는 시각도 달라졌어요. 자녀가 감당 못할 행동과 말을 해도 부드러운 마음으로 받아지며 그런 상황에서 자녀에 대한 축복이 나오게 됨을 봅니다.

아들의 잘못된 행동을 보아도 전과 같이 답답하거나 막연하거나 아프지 않고 주님에 대한 신뢰의 사랑으로 인하여 오히려 자녀를 축복하는 내 자신을 보고 놀라왔습니다. 제가 주님의 사랑을 받아들이지 못했을 때는 남을 받아들이지 못했으나 주님의 사랑을 받아들이자 저도 남을 사랑하며 받아줄 수 있게 된 것이지요. 남편에 대해서도 마찬가지이고요.

제게 있는 것은 줄 수 있고 제게 없는 것은 절대 줄 수 없다는 것을 알게 되었지요. 제게 주님의 사랑이 없는데 어떻게 그 사랑을 줄 수가 있겠어요. 저에게 주님의 빛이 없는데 어떻게 남을 비추겠어요. 제가 주님의 풍성하신 은혜를 받을 줄 모르며 어떻게 남을 축복할 수 있겠어요.

아.. 그저 주님 것을 받아서 주는 것을 모르고.. 애쓰고 힘쓰고 때가 되면 되려나 막연하게 세월만 보내고.. 하지만 지나온 모든 아픔과 상처와 고통도 유익하게 쓰시는 주님을 압니다.

전에는 그 모든 것이 슬픈 일이고 딱한 일 같아서 유익도 있겠지만 어둡게만 생각했었는데 이제는 그런 모든 것들을 사랑하게 되었고 귀하게 생각하게 됩니다.

목사님이 쓰신 《주님의 임재를 경험하는 길》에서 나온 방법을 따라 기도 노트를 쓰면서 주님께 나아갔을 때 주님께서 그러셨지요. 너의 많은 아픔은 나의 모든 것을 담는 그릇이 되어 유용하게 쓰여질 것이다. 라고요. 앞으로 더 가야할 길은 멀지만 주님께서 함께 하시니 큰 걱정할 일은 아니겠지요.

계속해서 더욱 변화될 내 자신을 생각하니 감사하고 기쁘고 기대가 됩니다. 목사님 정말 감사드립니다.

주님. 크신 은혜 감사드리며 사랑을 고백 드리고 싶어요. 사랑합니다. 아멘.

3. 제발 좀 죄책감을 버려라

그리스도인들 중에는 죄책감으로 시달리는 이들이 참 많다. 그들은 자신이 참으로 악하고 못된 사람이라고 굳게 믿고 있다. 이상하게도 착한 사람일수록 그렇게 죄책감이 많은 경향이 있다. 오래 전의 어느 날 어떤 사모님과 대화를 나누게 되었다. 그 사모님은 이렇게 말했다.

"저는 너무나 악하고 더러운 죄인이에요. 저는 사모를 할 자격이 없어요. 하나님이 저 같은 이를 사랑하실 지 의문이에요."

나는 대답했다.

"그럴 리가요. 사모님은 아주 착하신대요."

사모님은 다시 말했다.

"목사님은 저를 모르세요. 제가 어떤 존재인지 아신다면 그렇게 말씀하시지 않을 거예요."

나는 걱정이 되어서 물었다.

"은행이라도 털으셨나요?"

"아이고.. 그런 건 아니죠."

"그럼.. 혹시 살인이라도? 그리고 시체를 숨겨놓으신 건가요?"

"어머.. 세상에 그럴 리가 있나요."

"그럼 무슨 죄를? 혹시 간첩이신가요?"

"아이고. 그런 것은 아니에요."
"그럼 무슨 죄를 그렇게 많이 지으셨어요?"
"저는 너무나 이기적이에요."
"아.. 그런가요.."
나는 속으로 투덜거렸다. 음.. 정말 끔찍한 죄인이군. 하지만 이기적이지 않은 사람도 있나?
사람은 태어날 때부터 모두 다 이기적이다. 나는 이기적이 아닌 아기를 본 적이 없다. 아기들은 배가 고프면 운다. 그들은 아주 이기적이다. 자기생각 밖에 안 한다.
어떤 아기도 엄마에게 "엄마, 나 지금 무지하게 배가 고프지만 엄마가 할 일을 다 마친 후에 먹을 걸 줘요." 이렇게 말하지 않는다. 그들은 무조건 운다. 엄마가 아프건 바쁘건 그냥 울어제낀다. 그들은 자기의 소원이 해결될 때까지 운다. 정말 지독하게 이기적이다. 엄마들은 아기들을 키우는 것을 힘들어할 때도 많다. 하지만 아기가 그렇게 이기적이라는 사실 때문에 아기를 쓰레기통에 갖다버리는 엄마는 없다. 엄마가 아기를 쓰레기통에 버린다. 그러면 청소부가 와서 수거를 하면서 묻는다.
"아이고, 이런.. 아기를 버리셨군요.."
엄마는 대답한다.
"예.. 그 아기는 너무 이기적이더군요. 그래서 이제 그만 키우려구요."
"아, 그렇군요. 잘 하셨어요. 요즘 아기들.. 정말 큰일이에요.."
이런 이야기는 들어본 적이 없다. 엄마들은 아기가 어리고 이기적인 것을 잘 알며 그래도 아기를 사랑스러워하고 아기를 볼 때, 안아줄 때 행복감을 느낀다.

초등학생 어린이들도 아주 이기적이다. 그들도 아주 이기적이기 때문에 서로 양보를 하지 않고 아무 것도 아닌 것을 가지고 친구들끼리 싸운다. 예를 들면 책상에다 선을 그어놓고 선을 넘어오는 것은 다 빼앗는다. 그것은 치사한 행동이다. 어떤 녀석들은 서로 자를 가지고 내 것이라고 싸운다.

그것은 좋은 일은 아니지만 그렇다고 용서받을 수 없는 범죄는 아니다. 그것 때문에 경찰이 아이들을 잡으러 오지는 않는다.

어느 학교에서 두 학생이 서로 자를 자기 것이라고 싸웠다. 그래서 특공대가 출동한다. 그들은 학교를 포위하고 방송으로 말한다.

"꼼짝 마라. 너희들은 완전히 포위되었다. 이제 순순히 손을 머리 위에 들고 자를 가지고 나와라."

나는 그런 이야기를 들어본 적이 없다. 그런 일이 있을 턱이 없으니까 들어볼 수가 없는 것이다.

너무 말이 안 되는 이야기라고? 하지만 이 이야기가 앞에서 말한 사모님의 이야기와 무엇이 다른가. 자기는 너무 이기적이기 때문에 용서받을 수 없는 죄인이며 하나님이 사랑하시지 않을 거라고.. 자기가 어떤 존재인지 안다면 아무도 자기를 사랑하지 않을 거라고.. 그러한 이야기가 아이들이 자를 가지고 싸웠기 때문에 특공대가 출동하여 그를 체포해서 감옥으로 데려간다는 이야기와 무엇이 다르냐는 말이다.

이기적이라는 것은 어리다는 것이다. 그것은 별로 좋은 것은 아니지만 그렇다고 죽일 죄는 아니다. 어린이는 자라가면 되는 것이다. 그런데 적지 않은 그리스도인들은 왜 그렇게 애매모호한 죄책감을 가지고 있는 것일까? 그러한 죄책감은 자학에 가까운 것이다. 그것은 바른 것이 아니다. 그것은 결코 주님으로부터 온 생각이 아니다.

우리는 모두 아직 어리다. 우리는 모두 이기적이다. 하지만 그럼에도 불구하고 주님은 우리를 좋아하신다. 주님은 우리를 사랑하신다. 우리가 아무리 울어제끼면서 이것저것을 요구한다고 해도 주님은 우리에게 필요한 것들을 주신다. 한숨을 쉬면서 언제 우리를 쓰레기통에 버릴 것인가를 생각하시지는 않는다.

왜 주님께서는 우리가 엄마가 되고 아빠가 되는 것을 허락하셨을까? 아마 그것은 주님의 마음, 아버지의 마음이 어떤 것인지 너희가 직접 겪어보라는 뜻이 아닐까?

아이들은 싸고 뭉갠다. 아이들은 아무런 도움이 되지 않는다. 그들이 유일하게 할 수 있는 것은 사고치는 일이다.

하지만, 하지만 말이다. 왜 엄마 아빠들은 그 사고뭉치들을 보고 있으면 그 놈들이 자고 있는 모습을 보고 있으면 마음이 뜨거워지며 뭉클해지는 것일까? 왜 피곤하고 지치다가도 그 놈들의 얼굴을 보기만 하면 그 모든 피로가 다 사라져버리는 것일까?

그건 참 알 수 없는 일이다. 하지만 그런 멍청한 일을 계속 경험하면서 우리가 분명히 알게 되는 것이 있다.

그것은 아버지의 마음이다. 손해를 보아도 주고 또 주어도 또 주고 싶고 그럼으로 인하여 행복해지는 그런 아버지의 마음을 느끼게 되는 것이다.
주님께서는 우리에게 그것을 가르치시려는 것은 아닐까?
우리는 모두 죄인이다. 우리는 모두 이기적이다. 그러나 주님은 우리를 사랑하신다. 알면서도 우리를 사랑하신다. 그분을 우리를 사랑하시고 용서하시며 그로 인하여 기뻐하신다. 우리는 아직 어리지만 주님의 그 사랑 안에서 조금씩 자라게 된다.

그러므로 우리는 많은 죄책감에 시달릴 필요가 없다.
단순히 우리를 사랑하시는 주님의 그 마음을
받아들임으로써 우리는 자라가게 된다.
우리가 그 주님의 마음을 이해하게 될 때
우리는 많은 죄책감에서 벗어나게 될 것이다.
그리고 조금씩 성장해갈 수 있을 것이다.
그리고 그렇게 성장하는 것만큼
우리는 좀 더 잘 사랑할 수 있을 것이다.
아무 자격 없는, 사랑받을만한 아무 이유가 없는
우리들을 불쌍히 여기시고 사랑하시는
그 주님의 은혜를 감사하고 찬양하자. 할렐루야.

4. 과연 하나님이 치시는 게 맞는가?

하나님이 자신을 치셔서 망하게 하셨기 때문에 신학교에 오게 되었다는 간증을 참으로 많이 들었다. 나는 그러한 이야기를 들을 때마다 의문이 생겼다. 그것은 과연 사실일까? 정말 하나님께서 그를 치셔서 신학교에 오게 하셨을까? 아무튼 분명한 것은 그렇게 믿고 있는 이들이 참으로 많다는 것이다.

그들은 신학교를 나왔으니까 당연히 목회자가 되었을 것이다. 그런데 나는 그들이 성도들에게 무엇을 어떻게 가르칠 것인지가 궁금하다. 그들은 성도들에게 말하기를 당신들도 하나님께 순종하지 않으면 사업이 망하게 될 것이며 나처럼 신학교에 가게 될 것이라고 가르칠 것인가?

최근에 어떤 독자가 전화를 걸어서 하소연을 한 적이 있었다. 요지는 하나님이 수시로 자신을 치신다는 것이며 자기는 조금만 하나님의 원하시는 대로 하지 않으면 가차 없이 치시기 때문에 삶이 너무 피곤하다는 것이었다.

하지만 그녀는 그렇게 말하는 동안에도 자신의 영적 수준이 아주 높기 때문에 하나님께서 그렇게 자기를 개인적으로 치신다는 뉘앙스를 아주 많이 풍기고 있었다.

그녀에게 행복하냐고 물었더니 행복은커녕 아주 짜증이 난다고 했다. 하기야 당연한 일일 것이다. 하루에도 몇 번씩 수 없이 그렇게 터지면서 산다는데 그러한 삶이 행복할 리가 있겠는가?

솔직히 말하자면 나는 그러한 이야기들이 그다지 믿어지지 않는다. 그들이 어려움을 겪고 있는 것이 과연 하나님이 치셨기 때문인가? 그럴지도 모르지만 또한 아닐 수도 있다.

물론 성경에는 하나님께서 아버지처럼 자녀를 징계하신다는 말씀이 있다. 우리가 순종하지 않고 잘못된 길을 가고 있을 때 주님께서 우리를 깨우치시기 위해서 징계하시고 매를 드실 수 있을 것이다.

우리도 자녀를 키울 때 자녀가 아무리 사랑스럽다고 하더라도 잘못된 일을 했을 때에 그냥 넘어가지는 않는다.

하지만 나는 하나님께서 모든 사소한 일에 수시로 그렇게 매를 드시리라고는 생각지 않는다. 툭하면 사업을 망하게 하시고 마음에 들지 않을 때마다 혼을 내실까? 그렇다면 어디 무서워 살겠느냐는 말이다.

조금만 순종하지 않으면 즉시로 박살이 난다면 어떻게 마음 놓고 살 수 있겠는가.. 아마 그런 아버지를 둔 자녀들은 성격이 아주 위축되어서 살아가게 될 것이다. 그런 삶을 풍성한 삶이라고 할 수는 없지 않을까?

어떤 의처증을 가진 남자가 있다. 그는 항상 아내의 위치와 행동을 체크한다. 그리고 아내의 위치나 행동이 미심쩍으면 세세하게 따지고 들며 그 행동이 마음에 들지 않으면 폭력을 행사한다. 자, 그렇다면 이것은 사랑인가? 그리고 그 아내는 행복할까? 아마 정상적인 아내라면 빨리 그 남편에게서 도망치고 싶을 것이다. 나는 사랑의 하나님이 그의 자녀들을 그런 식으로 다루신다고는 생각지 않는다.

그런데 이렇게 툭하면 하나님이 자신을 치셨다고 하는 이들은 그러한 적용을 조금 극단적으로 하는 측면이 있다. 그들은 자신이 겪는 모든 실패, 모든 고통을 하나님이 치셨다고 말한다. 과연 그럴까?

학생이 공부를 열심히 하지 않았다. 그리고 반에서 꼴찌를 했다. 그렇다면 그것은 하나님이 치신 것인가? 그가 공부를 열심히 한다고 하자. 그러나 공부하는 요령을 몰라서 성적이 도무지 오르지 않는다. 그렇다면 그것은 하나님이 치신 것인가?

어떤 이의 사업이 부진하다. 그는 장사수완이 부족하다. 마케팅에도 별 특성이 없으며 사람을 사로잡는 화술도 없다. 사업에 있어서의 창조적인 아이디어도 없다. 대인관계에서의 리더십이나 지혜도 부족하다. 물질과 사업에 대한 청지기적인 사명감과 열정도 부족하고 연구하는 자세도 부족하다.

자, 그의 사업은 부진을 면치 못하다가 결국 문을 닫는다. 이것은 하나님이 치신 것인가? 하나님께서 그를 신학교에 인도하시기 위한 것인가?

그러한 이야기는 설득력이 약하다. 그는 자신에게 부족한 것이 무엇인지, 자신이 무엇을 더 배워야 하는 것인지 알아가야 한다. 무조건 하나님이 나를 치셨다고 하는 것은 별로 바람직한 자세가 아니다.

그들의 말을 그대로 인정하여 하나님이 그들을 코너에 몰아넣으셔서 신학교에 보내셨다고 하자. 과연 그것이 사실이라면 시작하신 분이 하나님이시니 그것으로 끝이 나지 않고 다른 풍성한 열매를 허락하실 것이다.

하나님께서는 양쪽 문을 다 닫으시지 않는다. 한쪽 문을 닫으시면 다른 쪽 문을 열어주신다. 그러니 그가 한쪽 문을 닫으신 하나님께 순종한다면 하나님께서는 다른 문을 여실 것이며 이를 통하여 아름다운 과실을 경험할 수 있을 것이다.

하나님이 인도하신 성경의 예를 들어보자.

바울의 경우는 분명하게 하나님이 치셨다고 할 수 있다. 다메섹에서 그는 강력한 빛을 경험하고 쓰러졌는데 이것은 하나님께서 그를 직접 치셨다고 볼 수 있을 것이다.

주님께서는 살기등등한 모습으로 주를 대적하고 복음을 대적하려는 그를 직접 치셔서 무기력하게 만드셨다. 그는 더 이상 주를 대적할 수 없었으며 그 사건은 그의 인생의 방향을 완전히 바꾸어놓은 분수령이 되었다.

그는 하나님께 얻어맞은 후에 큰 충격에 빠졌다. 얼마나 충격이 컸는지 한 동안 먹지도 자지도 못했다. 하지만 그는 그렇게 얻어맞은 것으로 끝이 나지 않았다.

그 이후부터 그는 완전히 하나님의 영으로 사로잡혔으며 하나님의 사람으로서 복음사역에 매진하고 아름답고 놀라운 통로가 되었다. 만약 하나님이 치신 것이 맞다면 하나님께서는 그 사람을 그렇게 놀랍게 사로잡으실 것이 분명하다. 그분은 사로잡으시기 위해서 치시는 것이지 한번 치고 가버리시는 분은 아니다.
 모세의 경우도 상황은 비슷하다. 그도 하나님께 맞았다고 할 수 있는 사람이다. 그 역시 고난과 어려움 속에 있었지만 결국 그 모든 것들이 하나님의 훈련임을 알게 되었다. 그도 하나님의 손에 붙들려 놀라운 역사를 일으키는 하나님의 통로가 되었다. 하나님께 맞은 것이 분명하다면 거기에는 반드시 하나님의 열매, 역사가 나타나게 된다는 것을 이들의 이야기는 보여준다.
 하나님께서 망하게 하신다면 그것은 단순히 거기에서 끝이 나는 것이 아니다. 더 큰 복과 은총을 베푸시기 위해서 일시적으로 어려움을 허용하시는 것이다. 그러니 정말로 하나님께 맞았다면 그것은 복을 받은 것이나 마찬가지다.
 하지만 날마다 자기를 하나님이 치신다고 주장하는 이들 가운데는 그러한 풍성한 삶을 사는 이들이 드물다. 그들이 과거에 하나님께 순종하지 않아서 박살이 났다면 이제 순종하고 하나님의 원하시는 길대로 갈 때, 그의 삶은 아름답고 풍성하게 풀려가야 하지 않는가?
 그러나 그러한 열매는 찾아보기 어렵다. 그들의 삶은 과거에도 어렵고 현재에도 피곤하다. 기쁨도 없고 어둡고 무기력하다. 그들은 과거나 현재나 항상 어둡고 비참하게 터지면서 산다. 그러니 그것을 하나님이 치신 결과라고 보기는 어렵지 않겠는가? 그렇게 믿는다면 하나님은 어제나 오늘이나 순종하나 불순종하나 항상 치시기만 하는 분이 되니까 말이다.
 나는 실제로 하나님께서 그렇게 치시는 사례가 그렇게 많지는 않다고 생각한다. 우리가 겪는 모든 고통과 실패들이 다 하나님이 치신 것이라고 나는 생각지 않는다. 하나님께서는 그렇게 하실 수도 있고 또 그렇게 하시기도 하시지만 가능하면 우리의 의사를 존중하신다.

그분은 큰 그림에 있어서 우리를 이끌어 가시지만 가급적이면 우리의 동의 속에서 가기를 원하신다. 그분은 억지로 우리를 짐승 다루듯이 몰고 가는 것을 원하시지 않는다.

그분은 우리를 사랑하시며 우리가 그분을 사랑하기를 원하시지만 그것을 강요하고 압박하시지는 않는다. 그분은 조용히 우리를 사랑하시며 인도하시며 때를 기다리시고 우리가 자라기를 기다리신다.

우리가 자발적으로 주님을 사랑하며 주님께 순종하기까지 기다리시는 것이다. 그분이 매를 드시는 것은 아주 꼭 필요할 때에 한해서이다. 항상 수시로 매를 드시는 것이 아니다.

어떤 이들은 암이 걸리면 하나님께서 그것을 주셨다고 말한다. 하나님이 치셨다고 말한다. 깨닫게 하시기 위해서 그것을 허용하셨다고 말한다.

나는 그것이 별로 믿어지지 않는다. 내가 알기로 그분은 병을 주시는 분이 아니고 치유자이시다. 주님은 이 땅에 오셔서 수많은 이들의 병을 짊어지고 고쳐주셨다. 그분이 병을 주신 게 맞다면 뭐 하러 다시 고치신다는 말인가?

주님은 병 주고 약 주고 하시는 분이 아니다. 주님은 원맨쇼를 하시지 않는다. 그분은 치유자이시다. 나는 사랑의 아버지이신 하나님께서 그분의 자녀들을 가르치시기 위해서 암을 주셨다고 믿기 어렵다. 만약 당신이라면 자녀의 버릇을 고치기 위해서 암을 주겠는가?

우리가 인생의 모든 문제와 의문을 다 안다고 할 수는 없을 것이다. 세상에도, 신앙에도 어렵고 모를 것들이 많이 있다.

정확하게 병의 근원이 무엇인지, 그것이 어디에서 오는지 우리는 잘 모른다. 하지만 재앙과 병의 근원을 하나님께 돌리는 것은 별로 바람직한 신앙의 자세는 아니다.

나는 우리의 의식에 창조력이 있으며 그렇기 때문에 우리가 가지고 있는 부정적이고 어두운 의식이 병과 재앙을 끌어당긴다고 생각한다. 모든 경우에 다 그럴 것이라고 말할 수는 없지만 그런 경우가 많이 있다고 생각한다.

우리가 어려움을 겪고 실패하는 많은 경우는 우리의 의식이 어둡기 때문이다. 부정적인 생각과 부정적인 감정과 두려움과 연약함, 낙심이 우리를 넘어지게 만든다. 그럴 때에 우리가 기도하며 더 큰 능력과 지혜를 주님께 구하며 앞으로 나아가기를 원한다면 주님은 우리의 앞길을 인도해주시며 우리의 힘이 되어주실 것이다. 그러나 그럴 때마다 하나님이 치셨다고 생각하고 주저앉아 있다면 그에게는 되는 일이 없을 수밖에 없다.

하나님이 치시고 징계하시는 경우가 분명히 있을 것이다. 하지만 그분은 징계하실 때보다 기다리실 때가 더 많을 것이다. 탕자가 아버지의 품을 떠나 먼 나라에서 방탕하게 살고 있을 때에도 아버지는 그를 기다리셨다. 그를 사랑하며 그의 방황을 안타까워하고 가슴아파했지만 묵묵히 기다리셨다. 아들에게 형사를 보내어 두드려 패지 않았다.

하나님은 우리를 기다리신다. 우리가 그분께로 가며 우리의 마음이 그분을 향하기를 기다리신다. 그러나 그것을 강요하고 억압하시지는 않으신다. 그분은 인격적인 분이시다.

진정한 사랑은 상호 존중이며 의지의 연합이지 강요가 아니다. 주님은 우리에게 그러한 사랑을 보여주신다. 그러므로 매사에 치시는 하나님을 믿으며 그렇게 고백하는 것은 별로 좋은 일이 아닐 것이다. 그것은 듣는 이들에게 두려움을 주며 거리감을 준다. 누가 툭하면 치고 패는 하나님 앞에 가까이 갈 수 있겠는가?

나는 하나님을 믿는다. 나는 사랑의 주님을 믿는다. 매사에 두렵고 엄하신 주님이 아닌, 따뜻하고 아름다우며 사랑으로 가득하신 주님을 믿는다.

나는 삶에서 많은 실패를 하고 고통을 겪고 어려움 속에 있었지만 그 때마다 주님은 나의 힘이 되어주셨고 위로가 되어주셨다. 그분은 엄하고 두려운 분이 아니라 연인같이 아름답고 부모처럼 인자하시며 따뜻한 사랑의 주님이셨다.

나는 기도할 때마다 그분의 사랑의 체취를 느낀다. 사랑의 향취를 느낀다. 그것은 두려움의 냄새가 아니고 너무나 달콤한 사랑의 냄새, 향취였다.

나는 많은 이들이 하나님에 대한 두려움의 믿음을 버리고 그분의 온전한 사랑을 받아들이게 될 것을 희망하고 있다. 치시는 하나님에 대한 간증을 그치고 따뜻하고 아름다우며 위로와 긍휼이 가득하신 분에 대한 경험과 사랑을 간증하는 것을 보고 싶다. 자기를 패시며 망하게 하시는 주님이 아니라 예전에 알지 못했던 새로운 세계, 놀라운 영광의 세계로 인도하신 주님에 대한 간증을 듣고 싶다. 그 어떤 세상의 영광과도 비교할 수 없는 그 놀라운 은혜와 사랑에 함몰된 그러한 이야기를 듣고 싶다.

  그러한 사랑의 주님을 직접적으로 경험하게 될수록 우리는 느끼고 깨닫게 될 것이다. 징계에 대한 두려움이 우리를 변화시키는 것이 아니라 그 사랑과 따뜻함과 아름다움이 우리를 변화시켜 간다는 것을.. 마치 사나운 바람이 옷을 벗기는 것이 아니라 따뜻한 햇살이 나그네의 옷을 벗기는 것처럼 말이다.

  하나님은 사랑이시다. 나는 그것을 믿는다. 그것을 믿고 고백할수록 우리는 일상의 삶 속에서 그러한 주님의 터치를 더욱 더 경험할 수 있게 될 것이다.

5. 교회를 옮기면 정말 저주를 받을까

아내가 전화통화를 한참 하고 나더니 연신 한숨을 내 쉰다.
우리 집에는 상담을 요청하는 전화가 수시로 온다. 처음에는 내가 열심히 상담을 해주다가 나중에는 지쳐서 포기를 했다. 그래서는 하루 종일 아무 일도 할 수가 없으니까.. 그래서 주로 메일로 상담을 받고 간단한 전화는 아내가 받는다.
아내에게 독자가 상담을 요청한 모양이다. 나는 내용을 물었다.
"왜 그래요?"
"세상에, 기가 막혀.."
"무슨 일인데?"
"어느 성도가 어떤 단체에 속해있었는데 자기와 잘 안 맞는 것 같고 많이 힘이 들어서 거기에서 나오겠다고 했더니 거기를 떠나면 저주를 받을 것이라고 해서 망설이고 있나 봐요."
아이고.. 심하다.
나는 다시 묻는다.
"그래서 뭐라고 했어요?"
"직접 나오라, 말라고 이야기할 수는 없잖아요. 그런 것은 본인이 기도하고 결정할 문제니까.. 다만 하나님은 억지로 강요하시는 분이 아니고 어떤 곳을 나온다고 해서 저주하고 치시는 분은 아니라고 대답해주었지요."

"잘 했어요."

사실 비슷한 내용의 상담을 전화나 메일로 참 많이 받은 편이다. 여러 가지 이유로 교회를 떠나고 싶은데 목사님이 저주를 하시는 것이 두려워서 떠나지 못하고 있다고 한다. 그러니 어쩌면 좋으냐고 묻는 것이다.

어떤 목사님은 강대상에서 직접적으로 떠난 이들을 욕하고 저주를 퍼붓는 경우도 있다고 한다. 그래서 성도들은 그 곳을 떠나고 싶어도 혹시라도 무슨 나쁜 일이 생기지 않을까 두려워한다고 한다. 참으로 슬픈 일이 아닐 수 없다.

과연 어떤 영적인 단체나 교회를 떠나면 하나님이 진노하시고 저주를 퍼부으시는 것이 사실일까? 나는 그렇게 믿지 않는다.

믿는 사람이 신앙을 버리고 세상의 길로 간다면 그것은 가슴 아픈 일이다. 하지만 나름대로 자기에게 맞는 신앙을 찾기 위해서, 더 주님을 알아가기 위해서 소속을 옮기는 것이라면 그것이 나쁜 범죄는 아니지 않을까?

나는 주님께서 특별히 명령하여 교회를 옮기는 성도들을 추적해서 심판하는 역할을 하는 천사 부대를 창설하셨다고 믿지 않는다.

어떤 성도가 교회를 옮겼다. 그의 행동은 즉시 교회 이동을 감시하고 있는 천사단에게 적발된다. 천사단에서는 즉시 재앙의 저격수를 파견한다.

그 날 밤, 천사들은 중무장을 하고 그 집에 쳐들어간다. 그리고 큰 칼을 들고 무시무시한 목소리로 말한다. '너.. 교회를 옮겼지? 이

배신자! 그러고도 네가 무사할 것 같으냐?

그런 이야기는 들어본 적이 없다. 그런 이야기는 조폭 영화에서야 나오는 것이니까..

그와 같은 위협은 아니지만 회유와 애원으로 설득하는 이야기도 사실 많이 들었다. 어떤 목회자는 간곡하게 부탁을 하기도 한다. 이렇게 목사의 마음을 아프게 하고 가서야 되겠느냐고.. 심지어 자기를 죽이고 가라고 말씀하시는 분들도 있다.

그분들의 마음은 이해는 간다. 하지만 그것은 좀 지나친 일이 아닐까.. 성도가 목회자를 의지하는 것이지 목회자가 성도를 의지하는 것은 조금 우스운 일이 아닐까.. 그래서야 주님의 말씀과 의도를 전달하는 전달자로서의 권위가 많이 손상 받게 될 것이니까 말이다.

나의 경우에도 목회 사역을 하는 동안 많은 성도들이 떠나갔다. 그래서 그 이별의 느낌이 어떤 것인지 안다. 사랑하고 교제를 나누던 이들과 헤어지는 것은 정말 아픈 느낌이다. 그것은 일종의 실연과 비슷한 감정이다. 가슴의 일부가 떨어져 나간 것과도 같다. 한동안 아무 일도 손에 잡히지 않는다.

하지만 목회 사역이란 원래 자녀를 키우는 것과 비슷한 것이 아닐까.. 언젠가는 사랑하는 자식들은 장성하게 되고 부모와 헤어질 날이 있을 것이다. 사랑하는 딸의 손을 잡고 결혼식장을 걸어가는 아버지의 마음은 겉으로는 웃지만 속으로는 운다. 딸은 신이 나서 웃으면서 걸어가지만 아버지는 그 날 밤새동안 잠을 이루지 못한다.

그는 딸의 어린 시절의 모습을 생각하며 지난 세월들이 그냥 그립고 그리울 뿐이다. 하지만 어쩌겠는가.. 그는 딸의 행복을 위하여 그러한 그리움을 접어둔다. 그러한 애틋함을 가슴 속 깊이 밀어 넣는다.

부모란 원래 그러한 존재가 아닌가.. 자식들에게 주고 또 주어도 더 주고 싶고.. 그리고 그들을 그리워하고.. 하지만 그들을 위해서 희생을 하면서 그것을 즐거움으로 삼는다. 자식들을 통해서 덕을 보려고 하는.. 그러한 마음과는 거리가 먼 것이다.

목회도 그러한 것이 아닐까.. 영적으로 어린 성도들에게 주님의 말씀과 사랑을 가르친다. 헌신과 행복을 가르친다. 참 삶에 대해서 가르치고 나눈다. 그리고 그렇게 오랜 세월을 지내다보면 서로 혈연을 넘어서는 애정과 일체감이 생긴다.

하지만 어느 순간 이별이 생긴다. 거주의 이전과 같은 물리적인 것이 원인이 되기도 하고 사소한 마찰이 원인이 되기도 한다. 신앙 스타일에 대한 갈등이 생기는 경우도 있다. 또한 오래 동안 쌓여진 사랑의 관계가 아무 것도 아닌 일로 인하여 마음에 벽이 생기게 되는 경우도 있다.

좌우간 어떻게 되었든 간에 이별은 아픈 것이다. 하지만 그러한 것을 각오할 수밖에 없는 것이 부모의 입장이고 목회자의 입장이다. 부모란, 목회자란 희생의 기초 위에서 살아가야 하기 때문이다.

나도 목회를 하면서 많은 이들이 떠나갔지만 내게 문제가 있다거나 떠나간 이들이 문제가 있다고 생각하지는 않는다. 우리에게는 각자 다른 인도하심이 있었을 뿐이다.

나는 사람을 보내시는 분도, 떠나게 하시는 분도 오직 주님이시라고 믿는다. 그러니 내게 오라고 권면하고 싶은 마음도 없고 떠나려는 이들에게 제발 가지 말라고 붙잡고 싶은 마음도 없는 것이다. 주님이 내게로 인도하시는 이들을 도우며 주님이 보내시는 이들을 감사함으로 축복할 뿐이다.

그러한 자세가 목회자로서 편안한 마음의 자세가 아닐까.. 그렇지 않고 붙잡고 위협하고.. 하는 자세는 일종의 집착에 속한 것이다. 그것은 영적인 것이 아니다. 그것은 자연스러운 흐름이 아니다.

갈 사람은 가는 것이 좋고 올 사람은 오는 것이 좋다. 그러나 인위적으로 그러한 흐름을 막고 있으면 영적인 장애가 오게 된다. 내게로 올 사람도 오지 못하며 평화가 깨어지고 영적 에너지를 상실하게 된다. 주님의 임재도 멀어지게 된다.

목회란, 신앙이란 참 자유의 길을 제시하고 가르치는 것이다.

육신에 속한 사람들, 세상에 속한 사람들은 집착과 욕망에 사로잡혀 산다. 그러나 영에 속한 사람들, 주님께 속한 이들은 자유함과 초월과 비워짐으로 사는 것이다. 그리고 그 길을 가르치는 것이다. 그러니 적어도 세상 사람들과 같은 수준에서는 벗어나야 하지 않겠는가.

사랑에 빠진 연인들이 있다. 그런데 사랑을 하다가 여러 문제가 생겨서 여자 쪽에서 떠나려고 한다. 이 때 남자가 말한다.

"네가 나를 떠나간다고? 그게 네 마음대로 될 것 같아? 너는 절대로 나를 벗어날 수가 없어. 나는 끝까지 너를 쫓아갈 거야. 그리고 너에게 복수를 하고야 말겠어. 너는 반드시 후회하게 될 거야."

이 말을 들으면 여자의 마음이 어떨까? 상대방 남자에게 떨어졌던 정이 다시 붙을까? 아니면 그나마 있는 정도 다 떨어져 버릴까? 아마 두 번째의 경우가 대부분일 것이다. 그녀는 할 수 있는 한 이 남자에게서 빨리 도망가려고 할 것이다.

또한 이런 식으로 반응하는 사람도 있다.

"네가 떠나? 내가 그 동안 너에게 들인 돈이 얼마인데.. 이제 와서 떠난다고?"

이건 정말 치사한 이야기다. 이 말을 들으면 여자가 그 남자에게 존경심이 생길까? 아마 헤어지기로 한 자기의 결정이 옳았다고 여기게 될 것이다.

이런 반응은 어떨까?

"당신을 참 사랑했었는데.. 우리는 서로 잘 안 맞았었던 것 같아. 하지만 당신은 참 좋은 여자야. 당신과의 기억을 참 아름다운 추억으로 간직할 거야. 부디 좋은 사람을 만나서 행복하게 잘 살기를 바래."

여자의 마음은 어떨까? 비록 헤어지기는 하지만 서로를 향해서 좋은 감정으로 떠날 수 있을 것이다. 아니, 사실은 여자들은 막상 헤어지려고 하다가도 이런 따뜻한 이야기를 들으면 마음이 흔들리는 경우도 있다.

아무튼 중요한 것은 사랑하고 같이 있을 때만이 아니라 헤어질 때도 좋은 관계가 필요하다는 것이다. 같이 있을 때는 열심히 사랑하고 헤어질 때는 원수가 되고.. 그런 것은 정말 유치한 것이다.

유감스럽게도 오늘날 한국 교회의 수준은 헤어짐에 있어서 유치한 수준에 속하는 것 같다. 대부분의 성도들이 같은 교회에 다닐 때는 아주 친밀하게 지내지만 어떤 이유로 그 교회를 떠나게 되면 서로간의 모든 왕래가 끊어져 버린다. 아주 가까운 곳에서 살아도 모든 교제는 끊어진다. 어쩌다가 길에서 눈이 마주쳐도 지극히 어색한 표정으로 고개를 돌릴 뿐이다.

이것은 너무나 유치한 수준이 아닐까.. 내게 속한 이들은 다 내편이며 그렇지 않은 자들은 적으로 여기는.. 정말 너무나 낮고 편협한 가치관에 속한 것이 아닐까..

보편적인 그리스도인들의 의식 수준이 대체로 이러한 수준에 있기 때문에 그들은 사회에서 잘 적응을 하지 못하며 편협하다는 이야기를 듣는 것이다. 융통성과 여유로움으로 사람들을 포용하고 리드할 수 있어야 세상 사람들을 주님 앞으로 인도할 수 있을 텐데 말이다.

교회를 옮기면 과연 저주를 받을까.. 그렇지 않을 것이다.

오늘날 많은 이들이 주님께 대한 목마름을 가지고 있다. 그래서 교회에서 영적인 욕구가 채워지지 않는 것에 대해서 너무나 힘들어한다. 내게는 영적으로 성장할 수 있고 주님을 가까이 경험할 수 있는 교회를 추천해달라는 전화와 부탁이 수도 없이 온다.

본 교회 목사님께 이런 이야기를 드리면 다른 곳은 다 이단이라고 하는 바람에 어찌해야 할 지 모르겠다고 이야기하는 많은 성도들을 본다.

하지만 나도 어떤 교회가 영적인지 잘 모른다. 교회가 크고 많이 알려져 있다고 영적이며 주님께로 가까이 가는 데에 유리하다고 할 수는 없을 것이다. 그러니 어떤 교회를 추천을 해야 할 지 알 수가 없다. 그것은 각자가 구해야 할 문제다.

굳이 한 마디 하자면 교회는 담임 사역자의 목회철학에 의해서 가장 큰 영향을 받으니 담임 목회자가 사역이나 외형적인 성장 자체보다도 주님 자신을 추구하는 분이 있으면 그 쪽으로 가는 것이 좋지 않겠느냐는 이야기를 할 수 있을 뿐이다.

교회에서 시키는 대로 많은 봉사와 일을 하고 교회의 행사에 참여하지만 기쁨이 없고 힘들고 지치기만 할 뿐이라는 이야기를 나는 많이 듣는다. 그러면서 정말 주님 안에서 안식하면서 주님께 가까이 나아갈 수 있는 교회를 찾고 싶다는 이야기를 나는 많이 듣는다. 그러다가 왜 목회사역을 하지 않느냐고 나에게 항의를 하기도 한다. 하지만 나는 글을 쓰고 책을 만드는 것만 해도 너무 벅차니 목회는 엄두가 나지 않는다.

어떤 교회가 좋은 교회인가. 그것은 알 수 없다. 모두가 다 각자에게 맞는 교회가 있을 것이다. 자기가 다니고 있는 교회에서 기쁨과 영적 만족을 얻는다면 그것처럼 좋은 일도 없을 것이다. 하지만 채워지지 않는 영적인 갈망 때문에 몹시 어렵다면 기도함으로 주님의 인도를 구하는 것도 나쁘지 않다고 생각한다. 주님께서는 그들을 그분이 원하시는 대로 인도하실 것이다.

성도들은 사역자를 위해서 존재하는 것이 아니다. 사역자가 성도를 위해서 존재하는 것이다. 성도를 세우기 위해서 주님께서 일을 시키시려고 사역자를 부르신 것이다.

나는 성도들이 섬기는 교회에서 제대로 봉사를 하지도 않고 달콤한 은혜의 경험만을 쫓아서 방황한다고 비난하는 이야기들을 많이 들었다. 그것도 일리가 있을 것이다. 어떤 소속감이 없이 무작정 신기한 체험만을 쫓아다니는 것도 결코 건강한 것은 아니다.

하지만 나는 주님을 알기 위해서 영혼이 발전하기 위해서 방황하고 찾고 헤매는 것은 근본적으로 아름다운 일이라고 생각한다. 그리고 그 방황의 과정에서 우리가 조금 실수하는 일이 있다고 하더라도 주님은 우리를 저주하지 않으실 것이다.

당신이 아버지라면 당신의 딸이 당신과 멀리 있는 곳으로 떠나간다고 해서 그녀를 저주하지는 않을 것이다. 당신은 그녀를 자주 볼 수 없을지라도 그녀가 행복하게 살기를 소원할 것이다.

그것이 아버지의 마음이다. 그것이 주님의 마음이다.
주님은 우리를 사랑하시는 분이다.
그분은 우리가 악할 지라도
우리에게 좋은 것으로 주시는 분이다.
부디 주님을 두려워하지 말라.
당신이 주님을 추구하고 또 추구한다면
주님은 당신에게 임하실 것이며
그분의 은혜와 사랑을 당신에게 나타내실 것이다.
그러므로 저주를 두려워하지 말라.
주님은 너무나 좋으신 분이시기 때문이다.

6. 당신의 확신을 강요하지 말라

대체로 열정적인 그리스도인들은 확신이 많다. 자기의 생각이 옳다고 굳게 믿는다. 그런데 문제는 이 확신이 많은 경우에 평화를 깨뜨린다는 것이다.

그들은 별로 그렇게 중요하게 보이지 않는 것들에 대해서도 자신들의 주장을 강하게 밀어붙이기 때문에 주위 사람들을 피곤하게 할 때가 많다.

어느 날 어떤 청년과 대화를 나누게 되었다. 이 청년이 바로 그렇게 확신이 많은 스타일의 사람이었다. 그는 아주 진지하게 이야기를 시작했다.

"목사님.. 이제 주님 오실 날이 아주 가까워졌어요. 정말 열심히 주님의 일을 하고 복음을 전해야겠다는 생각이 듭니다."

이 형제는 하루에도 몇 시간씩이나 지하철에서 복음을 전하는 열정적인 형제였다. 나는 그에게 주의 일을 열심히 하는 것은 좋지만 왜 주님이 아주 가까운 날에 오신다고 생각하느냐고 물어보았다.

"당연하지요. 성경에는 하루가 천년 같다고 했습니다. 하나님이 6일 동안 세상을 창조하시고 7일이 되는 날에 안식을 하셨잖아요. 지금 세계의 역사가 6천년이 이제 거의 다 되었습니다. 7일이 되는

7천년 때부터는 천년 왕국이 시작되는데 그 전에 먼저 환란이 시작되기 때문입니다. 그러니 환란도 주님의 재림도 아주 가까워졌지요."

나는 형제의 이야기에 제동을 걸었다.

"형제가 하는 이야기는 세대주의자들의 성경해석에 근거한 이론이예요. 하지만 인류의 역사가 6천년이라는 것은 하나의 견해일 뿐 절대적인 진리라고 볼 수는 없어요. 형제는 세대주의적인 전천년설을 믿고 있나 보지요?"

형제는 선뜻 대답했다.

"물론 믿지요. 전천년설이 성경적입니다."

독자들에게 조금 따분한 이야기가 되겠지만 천년왕국에 대해서는 세 가지의 견해가 있다. 전천년설, 후천년설, 무천년설.. 그리고 전천년설에는 역사적 전천년설과 세대주의적 전천년설이 있다. 그래서 합치면 네 가지의 견해이다. 별로 재미도 없고 내가 잘 알지도 못하니까 그냥 넘어가기로 하자.

나는 계속 질문을 했다.

"전천년설이 성경적이라면 무천년설이나 후천년설은 잘못된 것인가요?"

"물론입니다. 그것은 성경적인 것이 아닙니다."

"그렇다면 전천년설이 성경적이라는 것이 성경의 어디에 분명하게 쓰여져 있나요?"

형제는 조금 주저하기 시작했다. 하지만 아직까지 흔들리지 않고 그의 주장을 되풀이했다.

"성경에 명시적으로 기록된 것은 아니지만 성경을 통해서 충분히 입증할 수 있습니다."

나는 그의 확신을 흔들기 시작했다.

"형제.. 형제는 전천년설에 대한 형제의 확신에 형제의 목숨을 걸 수 있습니까? 다시 말하자면 '만약에 전천년설이 틀린다면 나는 지옥에 가도 좋다'는 마음이 있습니까?"

그는 주저하다가 말했다.

"그 정도는 아닙니다."

"한 번 더 묻지요. 그 전천년설을 위해서 형제의 삶을 걸 수 있나요? 다시 말하자면 형제는 그 원리, 전천년설을 위하여 살겠다고 할 수 있습니까?"

"아이고.. 뭐, 그렇지는 않습니다."

"한 가지만 더 묻지요. 솔직하게 대답해야 합니다. 형제가 전천년설이 옳다고 믿게 된 동기는 형제가 오랜 시간동안에 기도하고 성경을 연구하고 여러 관련 서적이나 논문 등을 살펴보고 그 결과로 그것이 옳다는 확신을 얻게 된 것인가요? 아니면 다른 이에게 그렇게 배웠기 때문인가요?"

그는 얼굴이 벌게지면서 고개를 떨어뜨리고 말했다.

"사실은.. 후자입니다."

나는 그에게 부드럽지만 단호하게 이야기했다.

"형제님.. 그렇다면.. 형제가 그렇게 확실하게 알고 있는 것도 아니고 거기에 목숨을 걸 정도도 아니라면 그렇게 함부로 너무 확신 있게 이야기하지 마세요. 그리고 함부로 남들을 마귀취급 하지도 마세요. 그러한 것들은 지엽적인 것들이고 그렇게 중요한 것이 아닙니다. 중요한 것은 우리가 주님을 붙들고 살아야 한다는 것이지요. 전천년설보다는 주님을 사랑하고 이웃을 사랑해야 한다는 것이 훨씬 더 중요한 것입니다."

그는 고개를 떨구었다. 이 형제는 순진하기는 했지만 툭하면 자기와 견해가 다른 이들을 마귀 취급하고 정죄를 하는 경향이 있어서 조금 준엄하게 이야기할 필요가 있었다.

왜 이렇게 사소한 것들을 가지고 대수롭게 여기며 자신이 옳다고 주장하는 이들이 많을까? 그것은 아마 그들이 그들을 가르치는 이들에게서 그렇게 배웠기 때문일 것이다.

오래 전에 청년 시절에 교사를 하던 적이 있었다. 일주일에 한 번씩 담당 목사님께 교리를 배우는 시간이 있었는데 칼빈주의에 대해서 배우게 되었다.

예정론이 얼마나 바른 것이며 진리인가에 대해서 우리는 열심히 배웠는데 어떤 나이 지긋하신 남자 집사님이 목사님께 질문을 했다.

"목사님.. 그렇다면 그와 반대를 가르치는 감리교는 이단이 아닙니까?"

젊은 목사님은 근엄한 표정을 지으며 대답했다.

"엄밀하게 따지자면 그렇지요."

감리교인들이 들으면 기절할 이야기지만 나는 그런 분위기에서 자라고 배웠다. 그 젊은 목사님의 견해가 장로교의 대표적인 입장은 아닐 것이다. 아무튼 분명한 것은 자기의 신조에 대해서 목숨을 거는 이들이 상당히 많다는 것이다.
나는 어느 젊고 유능한 침례교의 목회자를 기억한다. 그는 나와 대화를 나누며 분명한 어조로 말했다.
"어떻게 침례를 안주고 세례를 줄 수가 있어요? 내 양심으로는 도저히 그렇게 할 수가 없어요."
그는 훌륭하고 열정적인 사역자였다. 하지만 자신이 침례에 대하여 자부감을 가지는 것은 좋지만 그렇지 않은 이들에게 대해서 비양심적인 것으로 모는 것은 그리 바람직하지 않을 것이다.
앞에서 천년왕국설에 대한 이야기를 나누었지만 나는 아직도 뭐가 옳은지 잘 모르겠다.
무천년주의자로 유명하신 목사님과 전천년주의자로 유명하신 목사님이 글로써 논쟁을 한 책을 읽어본 적이 있었다. 두 분 다 신학적으로 무게가 있는 분이시다.
그런데 아무리 집중을 하면서 읽어도 어느 쪽이 맞는지 알 수가 없었다. 두 분 다 성경의 여러 구절을 인용하고 원어를 인용하고 해석하면서 자신의 주장을 입증시키려고 노력을 하는데 한 분의 말을 들으면 그쪽이 옳아 보였고 다음 순간에 다른 분이 반박을 하면 또 그쪽이 옳아 보였다. 결국 나는 둘 다 옳은가보다고 생각하고 이해하기를 포기하고 말았다.
어떤 사람이 하나의 견해를 가지게 되는 것은 어떤 계기에서일까.. 그것은 개인적인 체험이나 연구의 결과이기도 하겠지만 대체로는 그가 소속하고 처한 곳의 입장을 받아들여서 그렇게 되는 것이 아닐까? 예를 들어서 어떤 성도가 교회를 정할 때 집에서 장로교회가 가깝고 그 교회에 가보니 말씀도 좋고 분위기도 은혜스러워서 그 교회에 등록한다고 하자. 그러면 그는 장로교인이 된다. 그것은 그 교회가 집에서 가까웠기 때문이지 그가 감리교의 예지예정설보다 장로교의 예정설이 옳다고 믿었기 때문은 아닐 것이다.

성도들이 교회를 선택할 때 칼빈주의 5대교리와 알미니안 주의의 교리를 꼼꼼하게 비교해보고 나서 교회를 선택하는가? 그런 일은 없을 것이다.

나는 어떤 부인이 무천년설을 지지하는 이들을 비난하는 것을 들었다. 그녀는 전천년설이 옳다고 했다.

그래서 그녀에게 그렇게 믿는 이유가 무엇이냐고 물었더니 그녀가 어렸을 때에 그렇게 배웠다는 것이다. 하지만 그것은 그녀 자신에게는 아주 감동적인 것이겠지만 객관적이고 설득력이 있는 이야기라고 볼 수는 없는 것이다.

어떤 분이 미국에서 신학을 하고 왔다고 하자. 그가 만약 달라스 신학교를 나왔다면 그는 아마 자신을 전천년주의자라고 생각할 것이다. 또한 웨스트민스터 신학을 나왔다면 자신을 무천년주의자라고 여길 것이다. 이것은 사람이 어디에 소속되고 어디에 영향을 받느냐에 의해서 결정되는 것이지 태어날 때부터 결정되는 것이 아니다.

이야기가 조금 복잡해졌지만 나는 사실 이러한 이야기가 싫다. 복잡하기 때문에 귀찮다. 어떤 분들은 요한 계시록이나 말세의 복음을 전한다고 하는 분들도 있는데 솔직히 말해서 나는 요한 계시록에 대해서 잘 모른다. 요한 계시록에는 풍부한 상징과 비유가 있어서 정말 많은 해석들이 있다. 그러나 그 어떠한 해석도 문제가 없는 것은 없다.

전체적인 해석이나 흐름에 대해서 전혀 모른다고 할 수는 없지만 세부적인 의미와 비유에 대해서 잘 모르겠다고 할 수밖에 없다. 다만 성경의 모든 주석을 쓰신 칼빈 선생이 요한 계시록에 대해서는 잘 모르겠다고 쓰지 않았다는 사실이 조금 위안이 될 뿐이다.

성경에는 모를 것이 참 많다. 어떤 이들은 참 알아먹기 어려운 난해한 질문을 하는 것을 즐겨서 사역자들을 골탕 먹이기도 한다.

하지만 나는 이런 이야기를 하고 싶다.

성경에는 우리가 모를 것도 많이 있지만 중요한 것은 우리에게 다 알려져 있다. 예수가 하나님이라는 사실, 우리는 전심을 다해서 그분을 사랑해야 한다는 것, 이웃을 사랑하라는 것, 가족들에게 잘해주어야 한다는 것, 눈에 보이는 것들보다 영원한 것들을 더 사랑하고 추구하라는 것, 남에게 받고 싶은 만큼 남을 대접하고 잘해주라는 말씀.. 등등 우리가 알아야 하고 실천해야 할 것은 너무나 많이 있다.

그런데 우리는 왜 알고 있는 것은 실천하지도 않으면서 분명하지도 않은 것을 가지고 서로 미워하고 파를 만들고 자기가 옳다고 주장하고 남을 비난해야 하는가?

정말 중요한 것은 무엇인가? 그것은 난해하고 알기 어려운 새로운 지식을 깨닫는 것은 아닐 것이다. 그것은 이미 우리가 알고 있는 대로 주님을 사랑하고 영혼들을 사랑하는 일이다.

오늘날 자기 확신을 가지고 있는 그리스도인들은 참으로 많다.

확신이란 좋은 것이다. 그 확신이 그를 그리스도에게로 가까이 나아가게 한다면 그것은 좋은 것이다. 그러나 그 확신을 남에게 강요하거나 그 확신을 가지고 남을 정죄한다면 그것은 좋은 것이 아니다.

우리에게는 사랑이 필요하다. 우리에게는 서로 불쌍히 여기는 것과 용서해주는 것이 필요하다. 우리는 가족들에게 친절하게 대해주어야 하며 서로에 대해서 세심하게 마음을 써주는 것이 필요하다.

내가 생각하기에는 그러한 것들이 지엽적인 의견의 차이보다 중요하다. 누가 더 옳은지를 밝히는 것보다 더 중요한 일이다.

견해가 틀리다고 서로에 대해서 마음을 닫는 것은 불행한 일이다. 우리와 다른 견해를 가지고 있는 사람들이 우리보다 더 사랑이 많고 따뜻한 사람일수도 있다. 그렇다면 그것은 부끄러운 일이다.

우리는 좀 더 중요하고 의미 있는 삶에 대해서 사랑에 대해서 열려져 가야 한다. 정말 중요한 것은 이론에 대한 싸움이 아니다. 단순히 서로 사랑하는 것이다.

우리가 그렇게 단순해져 갈 때에 우리는 좀 더 자유롭고 풍성한 주님의 사람이 될 수 있을 것이다. 세상은 좀 더 평화로워지며 우리는 좀 더 따뜻한 사람이 되어갈 수 있을 것이다.

7. 자기 비하를 하지 말라

   그리스도인들 가운데 부정적인 고백으로 자기비하를 하는 이들이 참 많이 있다. 그러한 고백들은 자신이나 듣는 사람을 참으로 피곤하게 만든다. 예를 들면 이런 식이다.
   "저는 참 보잘 것 없는 인간이에요."
   "아니, 그렇지 않습니다. 잘 찾아보면 자신에게도 훌륭한 점이 있다는 것을 발견하실 거예요."
   "그렇지 않아요. 저를 모르셔서 그래요. 저는 정말 제대로 하는 것이 하나도 없어요."
   "하지만 성실하시지 않습니까? 그리고 하나님을 바라보는 믿음도 있으시구요. 그것만 해도 대단한 것 아닙니까?"
   "아이고, 제가 성실하다니요. 얼마나 게으르고 불성실한데요. 그리고 겉보기에만 그렇고 사실은 믿음이 하나도 없답니다."
   이런 식의 이야기를 하루 종일 하다보면 정말 지치게 된다. 즐거웠던 기분도 다 엉망이 되어버리고 만다. 그러한 고백을 하는 이도 비참하고 옆에서 열심히 위로를 하고 있는 이도 같이 비참해진다. 열심히 위로를 할 때 그것이 조금이라도 먹혀들어 간다면 보람이라도 있을 텐데 이런 이들은 위로를 받을수록 비극적인 이야기를 더 많이 늘어놓는 경향이 있다.

이들은 왜 이렇게 열심히 자신을 비하하고 있을까? 어쩌면 옆에서 '아니야, 당신은 그렇지 않아요..' 이런 식의 이야기를 계속 듣고 싶어서 그렇게 엄살을 부리고 있는지도 모른다. 그럴 때 이러한 사람들의 마음을 잘 이해하지 못하고 '맞아요. 당신은 정말 부족하군요.' 하고 맞장구를 치면 큰일이 나는 수가 있다. 그 사람은 당신이 자기를 모자라는 인간으로 매도했다고, 어쩌면 그럴 수가 있냐고 소문을 내고 다닐 지도 모른다.

가장 좋은 것은 이러한 어두움의 고백을 하는 이들에게서 될 수 있는 한 멀리 도망을 치는 것이다. 그가 위로를 얻기 위하여 일부러 부정적인 고백을 하던, 아니면 정말 그렇게 느껴서 그러한 자기 비하의 고백을 하던 어느 쪽이든 간에 그는 자신을 향한 비극적인 미래를 끌어당기고 있으니까 굳이 당신이 옆에서 그들을 거들어 줄 필요가 없는 것이다.

첫 번째의 경우라면 그것은 정직하지 않은 것이다. 위로를 얻기 위해서 마음에도 없는 이야기를 하고 있다면 거기에 동참을 하고 있는 것은 그에게 계속적으로 거짓의 영이 들어가도록 협조하는 것이 된다. 또한 두 번째의 경우라면 그는 자신의 어두운 미래를 스스로 선택하고 있는 것이기 때문에 그것은 누가 옆에서 말릴 수 있는 것이 아니다.

하지만 이러한 이들에게서 도망을 치는 것은 그렇게 간단하지 않을지도 모른다. 인간관계란 묘하게 얽혀있어서 우리가 원하지 않을 때에도 계속 얼굴을 대하여야 하는 상황이 어디든 있게 마련이니까. 그리고 그러한 경우에 당신이 그들에게 매정하게 대한다면 그는 당신이 자신의 입장을 이해해주지 않는 사랑도 없고 정도 없는 냉정한 사람이라고 여기며 적개심을 품게 될 것이기 때문이다.

우리가 만나는 그 어떤 사람이든 그것은 주님께서 우리에게 무엇인가 가르치실 것이 있어서 허용하시는 것이기 때문에 어쩌면 우리가 무조건 도망을 치는 것이 항상 좋은 것은 아닐 것이다.

어쨌든 당신이 그러한 이들로부터 빠져나올 수 없다면 분명히 기억을 하고 있어야 한다. 스스로 자신을 비하하는 이들은 그러한 신앙고백을 통하여 우리를 지으시고 우리를 사랑하시는 주님을 멸시하는 것이며 그것은 어두운 미래를 창조한다는 것을 말이다. 그러므로 그러한 어둠의 기운이 우리에게 덮이지 않도록 우리는 주님의 보호를 구해야 한다.

우리는 어떠한 경우에도 자기비하의 고백을 해서는 안 된다. 비록 많은 실패와 실수를 경험했다고 하더라도 말이다. 열심히 잘난 척을 하면서 자신을 높이는 것도 보기에 좋지 않지만 반대로 열심히 자신을 비난하고 있는 것도 보기가 괴로운 것은 마찬가지이다.

우리는 주님을 통하여 계속적으로 만들어져가고 있다. 그러므로 우리 자신을 향한 기대와 소망을 가져야 한다. 우리가 우리에 대한, 그리고 우리를 향하신 주님의 배려와 사랑을 인식한다면 우리는 창조적인 고백을 드려야 한다.

우리에게는 영혼의 창조적인 능력과 힘이 있다. 우리가 이 능력을 바르게 사용할 때에 우리의 삶은 아름답고 풍성한 것이 될 것이다.

8. 하고 싶지 않은 일을 하지 말라

　나는 목회자들이 자신이 목회를 하게 된 동기를 이야기할 때 자신은 그것이 전혀 하고 싶지 않았지만 하나님께서 강권하셔서 할 수 없이 목회를 하게 되었다는 이야기를 참으로 많이 들었다. 참으로 슬픈 일이다.
　내가 처음으로 소명을 느끼고 늦은 나이로 신학교에 가려고 어느 목사님께 상담을 요청했을 때 그 목사님의 반응도 그러했다.
　그는 얼굴을 찡그리면서 왜 신학교에 가려고 하느냐고 반문했다. 그러면서 자신의 경험을 이야기해주었다. 자신은 전혀 신학교에 가고 싶지 않았으며 그것을 여러 번 거부했다고.. 그러나 하나님께서 너무 강요하셨기 때문에 그 길로 갈 수밖에 없었다는 것이다.
　나는 그러한 목회자들이 과연 행복할까 궁금한 생각이 든다. 사람이란 자신이 가장 하고 싶은 일을 할 때 행복한 것이 아닌가? 그런데 그렇게 마지못해 신학을 하고 마지못해 목회를 해야 한다면 얼마나 피곤하고 지친 삶이겠느냐는 말이다.
　그들은 어떻게 성도들에게 신앙의 길을 가르칠 것인가?
　목사님이 어느 집사님에게 어떤 봉사할 일을 맡긴다. 그러자 집사님이 난색을 표한다.
　"아이고, 목사님.. 조금 곤란한데요.. 저 요즘에 너무 바쁘고 게

다가 그 일은 제가 좋아하는 일이 아닌데요. 잘 하지도 못하구요..”
목사님은 대답한다.
“아이고, 그래도 하세요. 누군 목사 일이 하고 싶어서 하는 줄 알아요?”
이런 식이라면 조금 곤란하지 않은가?
우리는 삶에서 우리를 향하신 하나님의 뜻을 발견해야 한다. 자신의 사명을 발견해야 한다. 우리가 해야 할 일을 발견해야 한다. 그런데 어떻게 그것을 발견할 수 있을까?
아주 쉬운 방법이 있다. 그것은 우리에게 즐거움과 기쁨이 되는 일을 찾는 것이다.
빌립보서 2장 13절은 이와 같은 원리를 분명하게 보여준다. “너희 안에서 행하시는 이는 하나님이시니 자기의 기쁘신 뜻을 위하여 너희로 소원을 두고 행하게 하시나니”
하나님께서는 그분의 뜻을 행하게 하시려고 우리의 마음속에서 감동을 일으키신다. 소원을 일으키신다. 그래서 우리는 기계적으로, 억지로 주의 일을 하게 되는 것이 아니라 신이 나서 즐거운 마음으로 하게 되는 것이다.
일시적으로 주님이 시키시는 일이 싫을 수는 있다. 아직 충분히 자신을 주님께 드리지 않았을 때에 주님이 원하시는 일이 싫게 느껴질 수도 있다.
그러나 그것은 일시적인 것이다. 자신을 주님께 드리고 주의 인도를 기다리는 이들에게는 반드시 주님의 인도와 감동과 소원이 온다. 그렇지 않다면 그것은 바른 인도라고 할 수 없다.

나는 날마다 주님의 인도를 기다린다. 날마다 주님께서 기뻐하시는 일을 찾는다. 그것을 찾는 방법은 무엇인가? 그 날, 그 순간에 가장 기쁨이 되고 흥분이 되는 일을 찾는 것이다. 나는 그것이 주님이 인도하시는 방법이라고 믿는다.

육신의 감동과 즐거움은 순간이다. 그래서 그것은 오래 가지 않는다. 그러나 주님께서 인도하시는 감동과 소원은 아주 강렬하고 충만한 것이다. 그것은 내 영혼을 고양시킨다. 주님께서는 우리를 기계로 사용하기를 원치 않으시기 때문에 우리에게 그러한 소원과 기쁨을 주시는 것이다.

목회든지 다른 일이든지 만약 지속적으로 하기가 싫은 일이라면 어떻게 할 것인가? 나는 그것을 그만두는 것이 주님의 뜻이라고 믿는다. 신앙이든 봉사든 목회든 억지로 하고 즐거움이 없이 하는 일에는 생명력이 없으며 다른 이들에게도 별로 도움을 주지 못한다.

그러니 주님이 억지로 이끄셨다고 푸념을 하는 것보다 빨리 그것을 집어치우고 자신이 즐겁고 행복하게 할 수 있는 일을 찾는 것이 더 나을 것이다.

마음에는 들지 않지만 지금 하고 있는 일을 집어치우면 먹고 사는 일이 난감하다고 항의할 지도 모른다.

하지만 그것은 옳지 않다. 자신의 소원도 아니고 사명도 아닌 일에 단순히 먹고 살기 위해서 어떤 일을 한다면 그것은 자신의 삶과 존재 자체를 비참하게 하는 것이다. 그것은 정말 피곤한 인생이다.

문제는 그렇게 힘들게 살면서도 경제적으로도 그리 풍족할 수도 없다는 것이다. 누구든지 마지못해 일을 하면서 그 일을 통해서 풍성한 삶을 사는 사람은 없다. 그저 간신히 굶어죽지 않을 정도로만 살 수 있을 뿐이다.

하지만 자신이 진정으로 좋아하고 사명이라고 여기는 일을 한다면 문제는 달라진다. 일시적으로는 그것이 경제적으로나 사회적으로 여러 어려움이 있다고 보일지는 모르지만 내면의 감동과 소원과 기쁨을 따라 걸어가는 길에는 반드시 이상하게 길이 열리게 되며 경제적으로도 보상을 받게 된다. 마치 우주의 모든 힘이 자신을 도와주는 것같이 느껴지는 일들이 계속 일어나게 되는 것이다. 물론 그것은 주님께서 도우시는 것이다.

나는 자신이 하고 싶지도 않은 일을 의무감에서 억지로 하고 있는 이들을 참으로 많이 보았다. 사실 나도 전에는 그렇게 살았었다. 그러나 그것이 바른 것이 아니라는 것을 깨닫게 된 후에는 그렇게 살고 있지 않다.

하고 싶지 않은 일을 억지로 해야 한다고 믿고 있는 이들은 참으로 많다. 그들은 지금 비록 견디기 힘들어도 그렇게 억지로 하다보면 나중에는 좋은 열매를 거두게 되며 행복해지게 된다고 생각하는 것이다. 그리고 그러한 것이 주님께 봉사하는 것이라고 생각한다.

신앙생활도 그런 식으로 하는 이가 많다. 하나님은 우리가 싫어하는 일을 억지로 시키는 분이라고 생각한다. 물론 그렇게 생각하면서 사는 사람이 즐겁고 행복하게 산다는 것은 있을 수 없는 일이다.

흔히 사람들은 이렇게 이야기한다. '아니, 사람이 어떻게 꼭 자신이 하고 싶은 일만 하고 살수가 있어요?' 라고. 그러므로 그들은 힘들어도 꾹 참고 자신의 의무를 감당해야 하며 언젠가는 자신이 하고 싶은 것을 할 수 있을 때가 올 것이라고 생각하는 것이다.

하지만 그것을 어떻게 믿을 수 있을까. 지금은 자신이 싫어하고 있는 일을 하지만 나중에는 자신이 좋아하는 일을 하게 되며 행복해지게 된다는 말을 어떻게 믿을 수 있단 말인가.

우리의 인생은 짧으며 우리의 시간은 그렇게 무한정 있는 것이 아니다. 아니 그렇게 힘든 시간을 보낸 후에도 막상 자신의 그러한 희생에도 불구하고 여전히 보상과 행복이 돌아오지 않는다면 그때 가서 그것은 자신의 팔자라고 생각해야 할까?

우리가 재미있어 하지도 않으며 좋아하지도 않는 일을 의무감으로 억지로 한다면 그것은 우리의 삶을 비참하게 만들 것이다. 또한 우리가 애쓰는 수고에 비해서 별로 열매도 얻을 수 없을 것이다.

아마 그러한 일에 매달리는 것은 자신이 좋아하는 일이 무엇인지 모르거나 또는 새로운 일에 뛰어드는 데는 현실적인 어려움이 있어서 그 일에 뛰어드는 것이 두렵기 때문일 것이다.

하지만 우리가 좋아하는 일을 발견한다면 우리는 어려움이 있다 할지라도 기도함으로 주님의 인도를 구하면서 그러한 일에 뛰어 들어야 한다. 그것은 주님께서 우리에게 맡겨주신 일이기 때문이다. 주님은 우리의 길을 인도하실 것이며 우리는 곧 어려움을 극복하게 될 것이다.

우리는 기억해야 한다. 하나님께서는 우리 모두에게 고유한 각자의 기질과 재능과 사명을 주셨다. 그러므로 우리가 우리에게 주어진 주님의 일을 발견하게 될 때 우리는 그 일에 대하여 즐거움과 기쁨을 누리게 될 것이다. 그것은 우리에게 지금 이 순간에 행복을 주는 일이다!

부디 기억하라. 당신이 억지로 하고 있는 일은 결코 좋은 열매를 맺을 수 없다. 투덜거리며 불평을 하면서 해야 하는 일이라면 욕을 먹는 한이 있더라도 그것을 그만 두라. 그리고 당신이 즐거움과 기쁨을 느낄 수 있는 그러한 일을 발견하고 행하라.

하나님은 결코 압제자가 아니시며 당신이 즐거워하지 않는 일을 억지로 시키시는 분은 아니시다. 주님은 당신의 안에 감동과 소원을 일으키시며 이를 통하여 그분의 선하신 뜻을 이루기를 원하신다.

그러므로 억지로 의무감으로 일을 하지 말라.

하기 싫은 일은 하지 말라.

당신이 즐길 수 있고 보람이 있는 일을 찾으라. 그러한 즐거움과 기쁨은 오직 당신의 영혼으로부터 오는 것이며 당신은 그것을 발견할 때 진정으로 행복해질 수 있다.

지금은 불행해도 나중에 언젠가는 행복해질 것이라는 말을 믿지 말라. 우리는 지금 이 순간 행복해져야 한다. 당신이 지금 불행하다면 나중에 행복해질 것이라는 것은 더욱 더 믿기 어려운 것이다. 지금 불행의 씨앗을 심고 있는 데 어떻게 나중에 행복의 열매를 거두겠는가?

당신의 기쁨, 당신의 즐거움을 찾으라.

찾을 수 없다고 생각하지 말라.

하나님께서는 당신을 행복하고

아름다운 도구로 사용하기 원하신다.
부디 당신의 기쁨을 발견하라.
당신은 그 순간부터 행복한 사람이 될 수 있을 것이다.

9. 먹는 것이 그렇게도 중요한 일인가?

음식을 먹는 것은 삶에 있어서 중요한 즐거움이다. 맛이 있는 음식을 먹는 일은 분명히 행복한 일임에 틀림이 없다. 그러나 그것이 그 무엇보다도 더 중요한 일일까? 특히 그리스도인들이 만났을 때 맛있는 음식을 먹는 것이 그리스도인들이 가장 사모하고 추구해야 하는 대단한 일일까?

그리스도인들은 함께 모였을 때에 무엇을 먹을 것인가에 대하여 깊이 기도하고 묵상하며 그것에 대해서 온 몸과 마음의 정성을 기울여야 할까?

나는 그렇게 생각하지 않는다. 하지만 그렇게 생각하고 있는 것으로 보이는 이들을 참으로 많이 보고 만나고 경험하였다. 그것은 참으로 어처구니없는 경험들이었다.

어떤 부인이 전도를 받아 교회에 등록을 하고 신앙생활을 하게 되었다. 그녀는 한 구역에 소속이 되었고 매주 금요일마다 구역원들의 집에서 돌아가면서 열리는 구역모임에 참여하게 되었다.

그녀에게 있어서 그러한 구역모임은 즐거운 경험이었다. 신앙을 처음 시작하는 그녀로서는 이미 신앙생활을 하고 있는 선배들의 신앙 이야기, 살아가는 이야기를 듣는 것이 흥미로운 일이었다.

그리고 각 집에 들를 때마다 정성을 담아 만든 음식을 먹는 것도 색다른 즐거움이었다. 음식의 맛은 각 집에 따라 독특한 맛이 있는 것이다.

그녀는 초신자였기 때문에 그녀에게는 집을 오픈하고 음식을 대접하는 일이 요구되지 않았다. 그래서 그녀는 매주 돌아가면서 그냥 얻어먹기만 하면 되었다. 하지만 시간이 흐르면서 그녀는 점점 더 불안해졌다. 언제까지나 남의 집의 음식을 공으로 먹을 수만은 없으며 언젠가는 그녀도 자기의 차례가 오리라는 것을 알고 있었기 때문이다.

대체로 살림을 해본 적이 없는 아가씨들은 어디에 가든지 그저 먹기만 하고 설거지라든가 하는 데는 신경을 쓰지 않는 이들이 많다. 하지만 살림을 하는 아주머니들은 그렇게 하면 욕을 먹기 십상이라는 것을 잘 알고 있다. 겉에서는 욕을 하지 않지만 속으로는 누구나 다 욕을 한다.

이 부인은 다른 구역원들이 정성껏 만든 맛있는 음식을 먹으며 점점 더 걱정이 되었다. 그녀는 음식을 만드는 일에는 도무지 자신이 없었기 때문이다.

결국 그녀는 구역모임에 나가지 않게 되었다. 그리고 그것이 계기가 되어 신앙생활도 끝이 나고 말았다. 결국 먹는 문제 때문에 한 영혼의 영적 여정이 멈추어지고 만 것이다. 슬프지만 이러한 일은 어디서나 흔하게 볼 수 있는 일이다.

이보다 조금 더 심각한 일을 본 적도 있다.

오래 전 아는 형님이 교회를 개척한 적이 있다. 이 형님은 지성과 영성을 겸비하고 열정도 많았기에 교회는 금방 부흥이 되고 그리

넓지 않은 공간이었지만 그 곳에는 사람들이 가득 차게 되었다. 그 때 나는 봉사하는 교회가 없었기에 그 교회에 몇 번 참석한 적이 있었는데 어느 날 오랜만에 그 교회에 참석을 했더니 예전의 뜨겁고도 포근한 분위기가 다 사라져버리고 아주 썰렁하고 삭막한 느낌이 드는 것이었다. 갑자기 분위기가 이렇게 바뀌어 버린 것이 이상해서 예배가 끝난 후에 형님에게 그 이유를 물어보자 그는 한숨만 쉬는 것이었다.

크리스마스가 되어 어떤 자매가 떡을 하겠다고 제안을 했다고 한다. 그래서 교회 식구들과 다 같이 먹자고 했다는 것이다. 목사님은 별 생각 없이 그저 좋은 일이니 그렇게 하라고 허락을 했는데 나중에 교회의 중추적인 역할을 하고 있던 여 집사님이 노발대발했다는 것이다. 자기에게 일언반구 묻지도 않고 그렇게 할 수가 있느냐는 것이었다.

그래서 그 자매와 친한 그룹들과 그 집사님과 친한 그룹 사이에 벽이 생겨버렸다. 작은 교회에서 두 그룹이 서로 미워하고 있으니 예배 분위기가 썰렁할 수밖에 없는 것이다. 결국은 여집사님의 그룹들이 그 교회를 떠나는 것으로 문제가 끝이 나게 되었다. 결국 먹는 문제 때문에 교회가 갈라지게 된 것이다.

이런 시시한 문제 때문에 서로 벽이 생기고 미워하고 교회가 갈라지게 된다는 것은 참 우습고 어처구니없는 일이다. 그러나 막상 당사자들은 아주 심각하게 여겨지는 모양이다. 아무튼 먹는 문제는 그리스도인들의 모임에 있어서 그다지 본질적인 문제라고 여겨지지는 않는데 막상 현실에서는 그것이 간단하지 않은 것 같다.

예수님도 그의 사역 가운데에서 이러한 먹는 문제에 부딪히셨다. 그가 마리아의 집에서 말씀을 전하고 계실 때 마리아의 언니인 마르다는 음식 준비에 정신이 없었다.

남자들은 자기 집에 사람들이 와도 그리 신경을 쓸 일이 없다. 하지만 여자의 경우에는 다르다. 그들은 누군가 손님이 온다고 하면 아주 허물이 없는 관계가 아닌 한 그 때부터 마음이 분주해진다. 무슨 음식을 준비해야 하나? 이런 생각으로 마음이 바쁘게 움직이기 시작하는 것이다.

더러 그렇지 않은 사람도 있다. 나는 몇 십 명의 손님들이 갑자기 들이닥쳐도 까딱하지 않고 순식간에 음식을 만들어 내는 자매를 본 적이 있다. 그녀는 정말 음식을 준비하는 것을 일로 여기지 않았다. 그녀는 그런 면에서 뛰어났으며 오히려 그것을 즐거움으로 여겼다.

하지만 그것은 특별한 달란트이며 특별한 재능이라고 할 수 있다. 대부분의 여성들은 그러한 상황이 되면 마음이 그리 편치 않을 것이다. 어떤 자매들은 손님들이 오기 며칠 전부터 심각한 고민에 빠질 수도 있다.

특별히 음식을 만들고 사람들을 대접하는 은사가 있는 여성이 아닌 한 이러한 일은 몹시 슬픈 일이다. 여성들이 하루 종일 음식 장만에 매달리고 애를 써도 그것은 먹고 나면 그만이니까.. 게다가 치우는 일도 간단하지 않다. 고생 끝에 일이 끝나도 그것은 표가 나는 일도 아니다.

아무튼 여성들이 음식을 준비하고 치우는 데에 많은 시간을 보내야 한다는 것은 정말 서글픈 사실이다. 물론 그것이 좋다고 여기는 이들에게는 다행이지만 말이다.

마르다의 입장도 그러했으리라. 그녀는 모처럼 자기 집에 오신 주님께 맛있는 음식을 대접하고 싶었다. 그러나 그녀는 음식 만들기에 그다지 달란트가 있었던 것은 아닌 모양이다. 그녀는 할 일은 많고 마음은 쫓기는 데 무엇을 어떻게 해야 할 지 헷갈렸다. 거기에다 더 열을 받는 일은 자기를 도와서 음식 장만을 거들어야 할 동생 마리아가 예수님의 발 앞에서 편하게 말씀을 들으며 놀고 있는 것이다.

마르다는 화가 폭발한다. 아니, 누구는 은혜 받는 것이 좋은 줄 모르나? 저렇게 경우 없는 아이가 내 동생이라니.. 그녀는 참다못해 예수님께 따진다. 주님, 뭐 저런 아이가 다 있어요? 저는 지금 바빠서 죽을 지경이라구요.

마르다가 더욱 더 뒤집어진 것은 자기의 편을 들어주실 것으로 하늘처럼 믿고 있던 예수님께서 마리아의 편을 들어주셨다는 것이다.

마르다야.. 음식 준비 안 해도 된다. 나는 아무 것이나 먹어도 상관없단다. 정 하고 싶으면 아무 거나 한 가지만 해라. 그리고 마리아가 더 나를 기쁘게 하는 것이란다..

예수님의 이 메시지 속에는 복음의 한 특성이 나타난다. 주를 위하여 애쓰고 노력하고 고생하는 것보다 편안하게 주를 누리고 맛보고 즐기는 것이 더 주님의 은총 가운데 가까이 나아가며 주님을 즐겁게 한다는 것이다.

주님은 말씀하시는 것이다. 마르다야.. 너 혼자 고생하는 것 같고 마리아가 편해 보이니? 그럼, 너도 그렇게 하면 될 것 아니냐? 라고.

마르다의 입장은 여성의 입장에서 보면 충분히 이해가 갈 것이다. 명절 때에 며느리는 죽어라고 주방에서 일을 하는데 남편을 포함한 남자들은 TV를 보면서 시시덕거린다. 그런데 남자들은 그렇다 치고 시누이들도 손가락 하나 까딱하지 않고 열심히 놀면서 수다에 바쁘다. 그렇다면 당연히 스트레스를 받지 않겠는가? 그러나 그러한 마르다의 입장은 예수님의 지지를 받지 못했다.

주님의 메시지는 분명하다. 그리스도인들의 모임에서 무엇보다 더 중요한 것은 먹는 문제가 아니라는 것이다. 그것은 주님을 나누는 것이다. 주님을 기쁘게 하는 것은 주님의 말씀을 듣고 깨닫는 것이지 주님께 맛있는 음식을 먹이는 것이 아니다.

목사로서 나는 많은 가정을 방문한 바 있다. 그리고 많은 이들에게 대접을 받은 바 있다. 마르다가 주님께 그렇게 했듯이 사람들은 내게 비싼 음식을 먹이려고 한다. 특별한 것을 대접하려고 한다. 그것은 내게 몹시 고통스러운 일이지만 나의 항변은 잘 통하지 않는다.

나는 고기를 좋아하지 않는다. 값비싼 음식에는 무조건 거부감이 있다. 회니 뭐니 하는 음식도 좋아하지 않는다. 입에 집어넣으면 소화가 안 되는 것은 아니지만 먹는 일에 돈을 많이 사용하는 것은 몸에도 마음에도 별로 기쁨이 없다.

초대받는 집에서 짜장면을 시켜서 먹자고 하면 사람들은 농담으로 여긴다. 식당에 가게 되면 순두부나 된장찌개 이상 비싼 것은 싫다고 하면 사람들은 농담으로 여긴다. 그냥 인사로 하는 말이라고 생각한다.

성도들의 집에 방문하면 그들은 음식을 산더미같이 쌓아놓고 이렇게 말한다. "차린 것이 없습니다."

그것은 거짓말이다. 차린 것이 있는지 없는지는 음식 개수를 세어보면 안다. 그것은 악의적인 거짓말이라고 할 수는 없지만 그렇다고 맞는 말은 아니다. 허례허식에서 나온 말이다.

명절이라든가, 그렇게 많은 음식에 포위될 수밖에 없는 상황이 있다. 그럴 때 사람들은 열심히 음식을 권한다. 심방을 갔을 때 사람들은 열심히 음식을 권한다.

사람의 위장이 감당할 수 있는 음식의 양은 별로 많지 않다. 나도 음식을 그리 많이 넣을 수 있는 위장을 가지고 있지 않다. 하지만 그 집요한 권유 아래서 나는 갈등한다. 이러한 권유도 일종의 사랑이기 때문이다.

음식을 많이 먹으라는 것은 사실 상대방에게 빨리 죽으라는 권유와 같은 것이다. 그러나 무지에서 기인된 권유이기는 하지만 그래도 사랑에서 나온 것이다.

할 수 없이 나는 대체로 그 제안을 받아들인다. 그리고 나서 명절이 지난 후에, 심방을 마친 후에 며칠 동안은 앓는다. 몇 달 동안 위장이 아파서 고통을 겪은 적도 있다. 하지만 사랑을 받아들이기 위해서는 몸의 고통을 어느 정도 각오할 수밖에 없는 것이다.

음식은 단순하고 소박한 것일수록 좋다. 비싸고 기름지고 좋은 것을 먹을수록 사망률이 높아질 뿐이다. 실제로 명절이 지나면 평소보다 노인들의 사망률이 갑자기 높아진다. 그들의 위장은 풍성한 음식을 잘 감당할 수 없기 때문이다.

음식을 통하여 기쁨을 얻기를 원하는 이들은 좀 더 가치관을 높여야 할 필요가 있다. 사람은 영적인 존재이며 우리의 몸을 기쁘게 하는 것보다 훨씬 더 놀랍고 풍성한 기쁨이 많이 있다는 사실을 이해할 필요가 있다.

주님은 분명하게 말씀하셨다. 그리스도인들의 만남, 모임에는 음식 문제가 그렇게 중요한 것이 아니다. 가볍게, 간단하게 하라. 안 해도 되고 정 하고 싶으면 한 가지만 하라..

그리고 주님의 사랑과 임재, 그 은혜와 말씀을 나누는 교제가 좋은 것이다. 먹는 것 때문에 마음이 긴장이 되고 집중이 다른 데에 쏠리게 된다면 그것은 결코 바람직한 것이 아니다. 그것이 주님의 말씀이다.

하지만 주님께서 그렇게 분명하게 말씀하셨음에도 불구하고 현실의 상황을 보면 마르다 당시의 상황과 별로 다른 것 같지가 않다. 만약 마르다에게 하신 주님의 말씀이 없었더라면 오늘날의 그리스도인들은 먹는 것에 목숨을 걸었을지도 모른다.

음식을 먹는 문제에 대한 갈등은 초대 교회에서도 여전히 있었던 것 같다.

"그런즉 너희가 함께 모여서 주의 만찬을 먹을 수 없으니 이는 먹을 때에 각각 자기의 만찬을 먼저 갖다 먹으므로 어떤 이는 시장하고 어떤 이는 취함이라 너희가 먹고 마실 집이 없느냐 너희가 하나님의 교회를

업신여기고 빈궁한 자들을 부끄럽게 하느냐"(고전 11: 20-22)

"만일 누구든지 시장하거든 집에서 먹을지니"(고전 11:34)

 주님의 사역 중에도, 그리고 성령의 역사가 왕성했던 초대 교회 시절에도 먹는 문제가 신앙의 갈등을 일으키는 중요한 문제 중의 하나였다면 어쩌면 지금의 상황은 당연한 모습인지도 모른다. 하지만 그래도 여전히 비극인 것은 사실이다.
 맛있는 음식을 먹는 일은 분명히 즐거운 일이다. 그러나 더욱 더 분명한 사실은 그리스도인들의 모임에는 그것보다 더 중요하고 의미 있는 일이 있다는 것이다. 그것은 주님을 높이는 일이며 주님을 나누는 것이며 서로의 영혼이 깨어나고 성장하도록 서로 격려하고 교제하며 축복하는 것이다. 그렇기 때문에 맛있는 음식을 만들고 먹는 문제가 더 본질적인 만남의 목적이 되어서는 안 된다는 것이다.
 실제로 그런 일을 겪은 적이 있다. 오래 전에 어떤 여집사님의 집에 여러 명의 청년을 데리고 심방을 간 적이 있었다. 이 집사님은 맛있는 음식을 만들고 대접하는 것에 큰 보람과 의미와 긍지를 느끼는 분이었다.
 나는 그 가정에 주님의 풍성하심과 임재가 임하시기 위한 가정예배를 인도하기 위하여 그 곳에 간 것이다. 그러나 집사님은 그런 데에는 그다지 관심을 보이지 않고 오직 음식 준비에 몰두하고 있었다. 음식을 만드는데 시간이 예상이상으로 오래 걸리자 집사님은 내게 말했다.
"목사님.. 시간이 좀 더 걸리겠네요. 저는 음식을 좀 더 준비해야 하니까 청년들을 데리고 가까운 산에 가서서 예배를 드리고 오세요. 조금만 나가시면 아주 경치가 좋은 곳이 나오거든요.."
나는 어처구니가 없었다. 그녀의 관심은 예배가 아니었다. 주님의 임재가 아니었다. 오직 맛있는 음식이었다. 그 음식을 먹고 나서 내가 그녀에게 이렇게 맛있는 음식은 처음 먹어보는 것이라고 말한다면 그것은 아마 그녀에게 평생 잊을 수 없는 기쁨과 감격이 되었을 것이다.
다시 말하지만 나라고 맛있는 음식을 싫어하는 것은 아니다. 그것은 좋은 일이다. 하지만 먹는 문제에 그렇게 마음을 쓴 나머지 본질적이고 더 중요한 일에 마음을 빼앗겨서는 곤란하다는 것이다.
오랫동안 흩어졌던 가족들이 만나는 명절을 보면 정말 음식을 만들고 먹는 것이 주목적이 된다. 사람들이 자신의 깊은 마음을 나누고 애정을 나누는 경우는 별로 없는 것 같다. 사람들은 그저 음식을 만들고 먹고 치우느라고 시간을 보낸다. 그것은 먹는 모임이지 마음을 나누는 모임이 아니다.
사람들은 TV 앞에서 시간을 낭비하고 별로 중요하지 않은, 마음이 담기지 않은 무의미한 대화로 시간을 때운다.
그나마 여자들은 먹는 시간이 지나도 주방 앞에서 설거지를 하고 치우느라고 그러한 대화에도 끼지 못한다. 여기서 누가 설거지나 일을 많이 하고 적게 했느냐에 따라서 마음에 깊은 상처가 남기도 한다. 마르다처럼 말이다.

명절이 되기 전의 전날 밤이 깊도록 음식을 준비하는 이들도 있고 새벽부터 일어나 음식을 준비하는 이들도 있다. 물론 그들은 명절이 지나면 몸져눕는다.

왜 이렇게 명절이 되면 음식 때문에 고생을 해야 하는 것일까? 그냥 편하게 사서 먹으면 안 되는 것일까?

세상에는 명절에 음식을 시켜서 먹거나 하면 하늘에서 벼락이 떨어진다고 믿는 이들이 너무나 많은 것 같다. 하지만 그게 뭐가 어떤가? 집에서 직접 만든다고 해서 사 먹는 것에 비해 가격이 그리 저렴한 것도 아니다.

흔히 음식은 정성이라고 말한다. 하지만 물질을 나누는 것보다 마음, 영혼을 나누는 것이 더 중요한 것이 아닐까? 보이는 것은 잠깐 이지만 보이지 않는 것은 영원하기 때문이다.

불신자들은 어차피 그렇다고 치자. 나는 그리스도인들의 모임은 달라질 수 있기를 사모한다. 먹는 것은 아주 간소하고 소박하게 한다.

할 수 있다면 아무 데서나 대강 시켜먹는다. 많이 먹으면 화장실에 많이 가는 일밖에 없으니 가볍게 소박하게 먹으면 몸에도 영혼에도 좋다. 몸을 비울 줄 모르는 이가 마음을 비울 수는 없는 법이다. 음식을 탐하고 맛있는 음식을 좋아하며 과식하는 이들은 그 영혼도 탐욕으로 가득할 가능성이 많다.

이런 날이 올 수는 없는 것일까? 그리스도인들이 명절에 가족끼리 같이 모였다. 어머니가 며느리에게 말한다.

"애.. 맛있는 음식들이 많구나.. 이거 하느라고 수고했겠구나.."

며느리가 대답한다.
"아이고, 수고라뇨. 이거 다 시장에서 사 온 거예요."
"그래? 어디서 얼마 주었니?"
"예.. 이것은 어디에서 얼마 주었어요."
"아.. 그러니.. 어디에 가면 더 싸게 살 수 있단다.."
뭐 그런 식이 되면 안 되는 것일까?
목사가 성도의 집에 심방을 온다.
집사님이 음식을 내온다.
목사님이 말한다.
"아, 오늘은 짜장면이 아니네요?"
집사님이 대답한다.
"예.. 이제 라면과 짜장면은 조금 지겨우실 것 같아서요. 그래서 반찬 집에서 몇 가지 사왔어요."

이런 날이 올 수는 없는 것일까? 먹고 음식 차리는 데에 신경을 쓰지 않고 편안한 마음으로 마음을 열고 주님을 나눌 수는 없는 것일까?

이상하게도 목회자들은 먹는 문제에 대해서 참 많은 관심을 보인다. 목회자들의 모임에서 흔히 많이 다루어지는 문제가 바로 음식에 대한 것이다. 주님을 나누는 것에 대한 대화는 별로 찾아보기 어렵다. 주로 무엇이 몸에 좋고 어떤 음식이 어디에 좋은가 하는 문제가 다루어진다.

언젠가 나는 그 지역의 목회자 모임에 갔다가 하루 종일 먹는 문제에 대한 이야기만을 나누는 것을 보고 환멸을 느꼈던 적이 있다.

거기에다가 점심을 먹기 위해서 왕복 여섯 시간이 걸리는 장소를 같이 다녀오게 된 뒤로는 다시는 그 모임에 가지 않았다. 그건 정말 시간이 아까운 일이다.

한번은 친구 목회자에게 여러 가지로 고마운 일이 있어서 식사를 대접하기로 했었다. 비싼 음식을 대접할 형편은 아니고 그저 편하게 먹을 수 있는 찌개 종류를 사기로 했다. 그런데 이 친구가 어디 근처에 맛이 있는 집이 있다고 하면서 그 근처에서 그 집을 찾느라 한참을 차로 헤매는 것이었다.

나는 음식 값보다 차의 기름 값이 더 들것 같아서 그를 말렸지만 그는 한사코 그 집을 찾는 것이었다. '어디였지.. 여기, 이 근처였는데..'를 연신 되뇌어 가면서.

그렇게 그는 30분이 넘게 헤매고 있었다. 나는 그 동안 배가 고파서 까무러칠 지경이었다. 대강 아무 데나 가자고 해도 그는 꼭 그 집의 음식 맛을 보여주어야 한다고 고집을 꺾지 않았다.

40분 정도가 지나서 드디어 그는 그 집을 찾았다. 그리고 우리는 음식을 시켰다. 드디어 음식이 나오자 그는 음식을 먹으며 득의만면한 모습으로 나에게 물었다.

"어때? 이 집 음식 정말 맛있지?"

나는 정말 맛이 있다고 끄덕였다.

맛이 있었던 것은 사실이다. 하지만 그 때의 나는 아마 길가에 떨어져 있는 돌멩이를 먹었더라도 맛있게 먹었을 것이다. 나는 사람이라도 잡아먹고 싶었으니까. 그 상황에서 맛이 있지 않는 음식이 세상에 어디 있다는 말인가?

맛있는 음식을 먹는 것은 즐거운 일이다. 하지만 그것이 그렇게도 감동적이고 극적이고 놀랍고 감격적인 일인가? 맛있는 음식을 먹은 그 감동과 희열은 우리에게 평생을 고난과 역경에서 승리할 수 있는 감동과 은총을 베풀어주는가?

맛이 있다고 열심히 많이 먹어 봤자 배가 거북할 뿐이며 그 다음에는 소화제를 먹고 소화를 하려고 난리를 꾸민다. 그것은 코미디가 아닌가? 기껏 좋고 비싼 음식을 많이 먹어 봤자 화장실 한 번 갔다 오면 그만인 것을 말이다.

그리스도인들의 모임에는 그보다 훨씬 더 본질적이고 풍성하고 아름다운 일들이 있다. 나는 그리스도인들의 문화가 먹는 것을 나누고 즐기는 것보다 마음을 나누고 주님을 나눌 수 있는 만남이 되기를 소원한다.

하지만 유감스럽게도 그러한 변화가 그리 쉬운 것은 아닐 것이다. 그런 변화는 먼저 가치관이 바뀌어야 가능한 것이며 그것은 근본적으로 영혼의 변화, 깨어남을 통해서 이루어지기 때문이다.

사람은 몸과 영혼으로 구성되어 있다. 몸은 보이는 것이며 영혼은 보이지 않는 것이다. 그러나 영혼은 보이지 않지만 분명히 존재한다.

어떤 이들은 몸의 감각만이 발달되어 있다. 어떤 이들은 몸의 감각보다 영혼의 감각이 더 발달되어 있다. 몸의 감각이 발달된 이들은 오직 보이는 것, 느낄 수 있는 것, 몸의 감각을 통해서 주로 만족과 행복을 느끼게 된다.

맛있는 음식, 육체의 쾌락, 건물이나 부동산 같은 눈에 보이는 소유물, 남들이 알아주는 명예.. 이러한 이들은 아마 유명하고 큰 건물을 가지고 있는 교회가 성공한 교회이며 성공한 목회자라고 여길 것이다.

하지만 영혼의 감각이 눈을 뜨고 발전한 이들은 그렇게 보이고 느껴지고 맛보고.. 그러한 차원이 아닌 다른 차원의 만족을 안다.

음식을 나눔보다 마음을 나누고 내면의 사랑을 나누며 심령 깊은 곳의 평화를 경험하고 대부분의 사람들에게 알려지지 않는 영적 세계에서의 아름다운 교류와 풍성한 은총을 안다. 세상의 파도에서 자유로우며 삶과 죽음을 초월하고 감추어진 내면세계의 영광과 향취를 알고 누린다.

그러한 것은 다 영혼의 감각이 얼마나 깨어났느냐에 달려있는 것이다. 그러한 세계를 아는 이들은 더 이상 세상에서 유명해지는 것이나 사람들의 평판이나 육체를 즐겁게 하는 것들에서 만족과 행복을 느끼지 못한다.

그러므로 먹는 문제에 대한 집중, 깊은 내적 교류가 아닌 피상적인 만남과 교제에 대해서 회의를 느끼는 것도 영혼이 깨어나지 않는다면 그리 쉬운 일은 아닐 것이다.

나는 그래도 사모하고 있다. 오늘의 기독교, 오늘의 피상적인 껍데기의 신앙이 진정 깊은 세계를 발견해갈 수 있기를.. 그리하여 그리스도인들의 만남과 모임이 그저 음식을 먹고 즐기는 수준의 것이 아니라 아름답고 풍성한 내적 세계의 무한함을 서로 나누고 누리는 그러한 만남이 되는 날이 오는 것을 말이다.

음식을 먹는 것은 좋은 일이다. 그러나 거기에 목숨을 걸 필요는 없다. 우리 그리스도인들은 그보다 훨씬 더 놀랍고 귀한 것을 가지고 있는 사람들이다.

그것은 바로 주님이고 영혼이며 우리의 내면에 숨겨져 있는 아름다운 보화들이다. 할렐루야.

10. 사역자에 대하여 기죽지 말라

믿음이 좋고 신앙생활에 열심인 이들은 대체로 목회자들에게 깍듯하다. 그들은 목회자들을 잘 섬기고 대접하려고 하는 경향이 있다.

물론 그것을 그리 나쁘다고 볼 필요는 없을 것이다. 그들이 목회자들을 하나님을 대변하는 자로 여기고 그들을 대접하는 것이 주님을 대접하는 것 같이 생각하는 것을 누가 뭐라고 할 수 있을 것인가.

하지만 어떤 경우에는 그러한 경향이 사역자에 대한 일종의 열등감같이 비쳐지기도 한다. 목회자들은 하나님이 선택하신 특별한 그릇이며 그들은 그보다 못한 존재이기 때문에 목회자들을 잘 대접해야 하나님께 잘 보이는 것이며 복을 받을 것이라는.. 그러한 의식을 가지고 있는 이들을 더러 보았기 때문이다.

얼마 전 집을 이사했는데 커튼의 사이즈가 하나도 맞지가 않아서 할 수 없이 새 커튼을 맞추려고 아내와 같이 커튼가게에 간 적이 있다.

가격이 저렴한 것으로 결정을 하고 나서 시공을 부탁했는데 가게 주인은 시간이 없다며 난감한 표정을 짓는 것이었다. 그러니 알아서 커튼을 박으라는 것이다. 하지만 커튼 걸이를 천정에 박아야 하는 그런 작업에는 도무지 재주가 없는 나로서는 엄두가 나지 않았다. 못을 박는 데 사용해야 하는 드릴도 없었고 단순히 망치로 작업을 하는 것은 몹시 힘들 것 같았다.

우리는 계속 부탁을 하고 아저씨는 곤란하다고 이야기하는 중에 어쩌다가 내가 목사인 것이 드러나게 되었다. 그러자 갑자기 주인아저씨의 태도가 바뀌는 것이었다. 그는 갑자기 아주 공손해진 모습으로 이렇게 말하는 것이었다.

"아이고, 주의 종님이세요? 그러시면 미리 말씀을 해주셔야죠. 그러면 제가 최대한 빨리 가서 해드리겠습니다."

갑자기 돌변해버린 그의 태도에 어처구니가 없어서 나는 물었다.

"아니, 시간이 별로 없으시다고 하셨잖아요?"

"아이고, 시간이 없어도 만들어서 내야죠. 걱정 마세요. 제가 가서 해드릴 게요."

나는 그 분이 혼자 있을 때에 성경을 읽고 있는 것을 본 적이 있었다. 그래서 그가 믿는 분이라는 것을 알았었다. 그러나 굳이 목사라는 사실을 밝히고 싶지는 않았다. 성도들에게 목사라는 입장을 밝히게 되면 일종의 어떤 프리미엄을 요구하는 것이나 마찬가지가 되는 것 같았기 때문이다. 실제로 기독교 서점에 가면 가격도 할인해주고 일종의 대접을 해주기 때문에 부담이 되는 면도 없지 않았던 차였다.

커튼 가게를 하시는 집사님은 곧 우리 집에 오셔서 즐거운 마음으로 시공을 해주셨다. 헌금이라고 하면서 가격도 당초에 이야기했던 것에서 10%정도를 할인해주었다. 아무리 돌려주려고 해도 한사코 헌금이라고 받지 않았다. 결국 나의 책 몇 권을 선물하는 것으로 감사의 마음을 표현하기는 했지만 미안한 마음을 금할 길이 없었다.

같이 차와 과일을 나누며 잠시 대화를 하였는데 그 중에도 몇 번이나 주의 종님, 주의 종님..을 붙이는 바람에 참 쑥스럽고 어색한 마음이었다.

그분은 참으로 신실한 믿음의 소유자인 것으로 보였다.

이 분이 왜 그리 바쁜가 했더니 교회에서 하는 행사란 행사는 모두 다 빠짐없이 참여하고 있으니 바쁠 수밖에 없었다. 그렇게 교회 일에 열심이고 충성을 하다 보니 목사를 대접하고 섬기는 것도 아주 중요한 일이라고 생각하시는 것 같았다. 그분의 순수한 신앙의 모습에 대해서는 참 감사한 일이었지만 마음은 그리 개운하지 않았다.

목사라는 이유 때문에 대접을 받는 일이 더러 있다. 그런 일을 겪다보면 좀 낯이 간지럽다. 자신이 다니고 있는 교회의 담임 목사라면 그러한 대우를 받는 것이 어느 정도 이유가 될지도 모르지만 이렇게 잘 알지도 못하는 이에게 대우를 받는 것은 실로 죄송한 일이다. 나중에 주님 앞에 서게 되면 주님을 제대로 섬기지 못한 목사가 대접만 많이 받았다고 혼이 나는 것은 아닌지.. 하는 생각이 들 때도 있다.

성도들이 목사를 볼 때 목사 자체를 대우하는 것이 아니고 그가 주님을 대변하는 입장에 있기 때문에 주님을 모시는 마음으로 대접하는 것은 상을 받아 마땅한 일이다. 그러나 혹시라도 성도들이 목회자에 대해서 어떤 일종의 열등의식과 같은 것이 있다면 그것은 별로 아름답지 않은 일이다.

목사에 대한 성도들의 열등감 - 그것은 흔하게 느끼고 볼 수 있는 현상이다. 적지 않은 성도들의 자신들의 신앙은 목회자에 비하면 아주 많이 부족하며 자신들은 일종의 이류 신자라는 의식을 가지고 있다.

흔히 신앙이 가장 좋은 사람은 목사라는 인식이 만연되어 있다. 또한 주님께서 가장 사랑하는 이들도 역시 목사라고 생각한다.

목사님들이 주님과 좀 더 가깝기 때문에 목사님의 기도를 받으면 자기의 일이 잘 풀릴 것이라고 믿는 이들도 상당히 많이 있다. 내게도 특별 기도에 대한 요청이 참 많다. 특별히 축복하고 기도해달라는 것이다.

과연 목회자들이 특별히 기도하면 그 기도가 특별히 잘 응답될까? 그것은 의문이다. 기도의 대상이 변화되지 않고 그들의 의식과 가치관이 바뀌지 않고 있는데 단순히 목회자가 기도한다고 해서 주님이 응답하시고 기도에 역사하신다면 그렇다면 사람들은 자기가 열심히 믿는 것보다 응답이 잘 떨어지게 하는 목사들을 계속 찾아다니는 것이 더 나을 것이다. 물론 그런 의식은 별로 바르지 않다.

목회자가 성도들을 축복하면 성도들은 복을 받을까. 아마 복을 받을 만하면 그 복이 임할 것이다. 그러나 받을 만한 영적 상태가 아니라면 아무리 축복하고 기도해도 그 복과 평안이 임하지 않을 것이다. 목회자는 주님의 의도와 영계의 법칙에 따라 일할 수밖에 없으며 결코 슈퍼맨이 아니다.

성도들이 사역자를 통해서 복을 받는다면 그것은 사역자를 통해서 바른 가르침을 받고 그 영혼이 깨어나고 진리 안에서 변화되고 새로워지는 것일 것이다. 단순히 축복기도를 남발한다고 해서 그 모든 기도와 기원이 이루어지지는 않는다.

목회자는 주님의 통로이다.

그가 주님과 바른 관계에 있다면 주님은 그를 사용하실 것이다. 그러나 그가 주님의 뜻과 관계없이 움직인다면 그는 아주 무능할 것이다. 그는 결코 슈퍼맨이 아니며 특별한 존재가 아니다.

목회자가 특별한 존재라는 인식 - 그것은 신약 시대에 있어서 바른 것이 아니다. 목회는 단순히 하나의 부르심일 뿐 부름을 받은 자들이 잘났거나 특별하거나 해서 된 것은 결코 아니다.

선생님으로 부름 받은 사람이 공무원으로 부름 받은 사람보다 영적인 것이 아니며 국어 선생님으로 부름 받은 사람이 수학 선생님으로 부름 받은 사람보다 영적인 것이 아니라면 마찬가지로 목회자로 사역을 하는 사람이 포장마차에서 떡볶이를 파는 사람보다 더 영적이라고 할 수는 없는 것이다.

주님께서 제자를 삼으신 기준을 보면 오히려 조금 덜떨어진 사람들의 순서로 수제자를 삼고 둘째로 삼고.. 하신 것이 아닌가 싶다. 얘는 도무지 안 되겠다.. 싶은 사람을 목회자로 부르지 않았을까 싶을 정도로 주님의 제자들의 수준은 지적인 면에서나 인격적인 면에서 모두 부족한 이들이었다.

분명한 것은 무엇이든 자신이 부름 받은 일에 대하여 주님을 섬기듯이 기쁨으로 하는 이들은 영적인 것이며 믿음이 좋은 것이라는 사실이다. 좋은 수학 선생님이 있고 나쁜 수학 선생님이 있는 것처럼 좋은 목사가 있고 나쁜 목사가 있다. 그것은 개인의 믿음과 영성에 대한 문제이지 직업 자체의 문제는 아니다.

좋은 목사도 있지만 좋지 않은 목사도 많이 있다는 것에 대해서는 누구나 경험이 없지 않을 것이다.

나는 목회를 하다가 경제적으로 어려워서 목회를 중단하고 일반적인 직업을 가지거나 일을 하면 그것을 아주 수치스럽게 생각하고 믿음이 없고 타락한 것으로 여기는 이들이 많은 것을 보고 놀랐다. 그러나 사역에 어려움이 있으면 스스로 일을 해서 필요를 공급하는 것은 하나도 육적인 것이 아니다.

바울도 자신의 사역을 위해서 개인적인 일을 했었다. 물론 경제적인 어려움이 있음에도 불구하고, 특별한 뜻이 있어서 일을 하지 말고 주님의 공급만을 기다려야 한다는 주님의 메시지를 받았다면 그 때에는 순종을 해야 할 것이다. 그러나 그것은 어디까지나 예외적인 경우일 것이다.

목사는 영적인 존재이며 그러므로 일을 해서는 안 된다는 의식은 목사뿐만 아니라 일반 성도들도 많이 가지고 있는 것 같다. 그러한 의식의 배경에는 목사들이 하는 것, 설교를 하는 것과 예배를 인도하는 일은 아주 영적인 일이며 세상에서 일을 하는 것은 육적인 일이라는 의식이 깔려있는 것이다.

이러한 의식은 결코 성경적인 것도 아니며 주님의 뜻도 아니다. 그것은 오히려 일하는 것을 천하게 여기는 유교문화의 잔재와 같은 것이다.

어떤 이들은 사역자로 부름을 받는다. 그리고 어떤 사람은 평신도로 부름을 받는다. 어떤 사람은 목수로 부름을 받으며 어떤 사람은 교사로 부르심을 받는다.

그러한 부르심은 주님께로부터 오는 것이며 각자에게 그러한 기질과 재능을 주시는 분도 주님이시다. 그런데 어떻게 어떤 부르심은 거룩한 것이며 어떤 부르심은 시시한 것이라고 할 수 있을까?

성도들은 자신의 사명과 부르심에 대하여 긍지와 자부심을 가져야 한다. 그들은 주님께서 자신에게 부여하신 일과 사명에 대하여 긍지와 즐거움으로 감당해야 한다. 그들은 천국에 갔을 때 결코 사역자의 밑에서 찬밥 신세가 되지 않을 것이다.

어떤 기도원에서 나는 어느 집사님과 대화중에 그 분이 말끝마다 사명자, 사명자.. 하고 언급하는 것을 들었다. 그는 자신이 사명을 받은 사명자라는 것을 아주 강조하여 말하고 있었다. 그래서 나는 물었다.

"집사님이 말씀하시는 사명자란 목회자로 부름 받은 사람을 말하는 것입니까?"

그는 그렇다고 대답했다. 그래서 나는 이어서 말했다.

"그렇다면 너무 사명자, 사명자, 하지 마십시오. 이 세상에서 사명자 아닌 사람은 하나도 없습니다. 우리는 모두 사명자입니다. 목사도 사명자이고 아내도 사명자이고 학생도 사명자이고 장사군도 사명자입니다. 주님은 우리 모두에게 사명을 맡기셨습니다."

아마 그 분은 목회가 가장 귀한 것이며 그 사명에 부름을 받은 이들은 가장 귀한 존재이며 특권층에 속한 자들이라고 가르침을 받았는지도 모른다. 사실 그러한 특권 의식에 잠겨 있는 사역자들도 꽤 있다. 그러한 이들은 이른바 주의 종들을 잘 대접해야만 복을 받는다고 가르친다.

기독교 백화점을 운영하고 있는 어떤 집사님이 흥분하면서 말씀하시는 이야기를 들은 적이 있다. 어떤 분이 자신을 목회자라고 소개하면서 책의 정가를 30% 할인해서 달라고 요구했다는 것이다.

30%의 할인이라면 그것은 거저 달라는 것과 같다. 왜냐하면 보통 서점의 경우 70%의 가격으로 책을 받아오기 때문이다. 그러니 책을 한 권 판매할 때 서점의 이익금이 30%이고 그것으로 직원 월급도 주어야 하고 가게의 세도 내야 하는데 그 이익금을 하나도 내지 말라는 것은 지나친 요구다. 그는 말하기를 하나님께 선교 헌금 하는 셈 치면 되는데 뭐가 아까우냐고 했다는 것이다.

그것은 물론 억지다. 바른 사역자라면 자신에게 잘 하라고 그러한 요구를 하지는 않을 것이다. 바른 사역자라면 자신의 부르심에 대해서 특권의식을 가지지는 않는다.

어느 정도 영혼이 성장한 이들은 섬김을 받는 것이나 대접을 받는 것보다는 오히려 대접하고 섬기는 것을 즐거워한다. 그러니 자기에게 하는 것이 하나님께 하는 것과 같다고 요구하는 이들은 엉터리거나 영혼이 아주 어린 상태에 있는 것이다.

목회를 하는 것, 영혼을 살리는 것은 진정 귀중한 일이다. 그러나 그것은 목사만 하는 것이 아니라 주님을 사랑하는 모든 이들이 해야 하는 것이다.

목사는 자신의 직업을 통해서 그것을 감당하는 것뿐이며 다른 이들은 역시 자신의 직업을 통해서 복음을 전하고 사람을 도우며 주님의 뜻을 이 땅에 드러나게 해야 하는 것이다.

어떤 면에서 사역자는 자신이 목사이기 때문에 불신자의 마음을 열기가 어려운 측면도 있다. 그러나 예를 들어서 포장마차에서 오뎅 장사를 하는 집사님이 영적이며 신실한 분이라면 그는 주님의 풍성한 실제를 많은 사람들에게 공급하며 나누어줄 수 있을 것이다.

그는 단순히 돈을 벌기 위해서 오뎅을 파는 것이 아니다. 그가 주님을 사랑하며 영적으로 충만한 사람이라면 그의 가게에는 친절함과 감사와 따뜻함이 흐르게 될 것이다. 그리고 그러한 기운은 지친 영혼에게 스며들어 갈 수 있다.

설교를 통해서 마음을 여는 불신자는 많지 않지만 친절한 그리스도인을 통해서 마음이 열리는 이들은 많이 있다. 그것은 직업의 문제가 아니고 영성의 문제이다.

성도들은 사역자에 대하여 기가 죽을 필요가 없다. 영적인 길과 진리의 길을 제시하는 사역자에게 존경을 품는 것은 나쁜 일이 아니지만 상대적으로 자신의 일이나 사명에 대하여 열등감을 가질 필요는 없다.

우리의 부르심은 모두 다 귀한 것이다. 우리는 모두 각자의 기질과 재능과 관심을 따라 부르심을 받았다. 그러므로 우리가 각자에게 주어진 일을 잘 감당할 때 그것은 목회 못지않은 훌륭하고 아름다운 일이다.

부디 당신의 사역에 대하여 긍지를 가지라. 당신의 신앙에 대하여 긍지를 가지라. 주님은 당신의 기도를 들으시며 당신의 일을 소중하게 생각하신다.

당신이 사역자로 부름을 받았다면 그것으로 인하여 감사하고 긍지를 가지는 것은 좋은 일이다. 그러나 그로 인하여 자신을 대단한 존재로 여기거나 높이지 말라. 그것은 바른 것이 아니다.

당신이 평신도로 부름을 받았다면 그것을 감사하고 기뻐할 것이며 사역자로 부름 받지 않은 것에 대해서 속상해 하거나 남을 부러워하지 말라. 모든 부르심은 귀하고 아름다운 것이다.

부디 이등 신자가 되지 말고 일등 신자가 되라. 자신의 일을 통하여 주님을 드러내며 그 무엇보다도 더 주를 사랑하고 추구하는 그러한 사람이 곧 일등 신자인 것이다.

사족 한 마디.. 아까 처음에 언급한 집사님은 처음에는 길거리에서 물건을 쌓아두고 장사를 시작하셨다. 그런데 조금 있다 보니 형편이 좀 나아졌는지 조그만 가게를 얻어서 장사를 하는 것이었다. 그렇게 한참 있더니 최근에는 가게를 확장했다. 바로 옆에 있는 가게를 인수해서 매장을 두 배로 넓힌 것이다.

최근에 경기가 좋지 않아서 그 근처의 가게들이 하나 둘씩 다 문을 닫고 있는 상황에서 그 가게의 그러한 선전은 몹시 인상적인 일이었다. 아마 주님께서 그분에게 풍성하신 은총을 베푸셨을 것이다.

주님이 그분에게 물질적인 풍성함의 복을 주셨다면, 그것은 그가 소위 주의 종들을 잘 대접했기 때문일까? 아니면 그의 성실한 삶의 자세와 믿음 때문일까?

  그것은 주님만이 아실 것이다. 아무튼 자신의 부르심이 어떤 것이든 성실하고 순수한 마음으로 매사에 주를 섬기듯이 살아간다면 그는 풍성한 삶을 살 수 있을 것이다. 중요한 것은 부르심 자체가 아니라 어떻게 살아가는가 하는 것이다. 그러니 사역자에 대해서 기죽지 말라. 주님은 당신을 차별하지 않으신다.

  당신이 어디에 있든지 무엇을 하든지 당신이 주를 사랑한다면, 주님을 추구한다면 당신은 이미 복을 받은 것이다. 주님은 당신의 기도를 들으시며 당신의 삶의 헌신을 받으실 것이다. 그리고 당신의 삶이 아름답고 풍성한 것이 되도록 인도하여 주실 것이다.

11. 원하지 않는 요구를 거절하라

 남의 부탁을 거절하지 못해서 피곤한 인생을 살아가는 이들은 너무나 많이 있다. 그것은 정말 비극적인 일이다.
 예를 들면 보증을 서는 것에 대한 부탁을 받을 때가 있다. 그런데 이러한 부탁을 받을 때 그것을 거절하는 것은 정말 쉽지 않다. 관계가 불편해질 것도 걱정스럽고 상황이 몹시 어려워서 어려운 부탁을 하는 것일 텐데 그것을 나 몰라라 하는 것은 너무 매정해 보이기도 한다.
 그러면 이에 대한 성경의 입장은 어떠한가? 그것은 아주 명백하다. 잠언6장 1,2절에 이런 말씀이 나온다.
 "내 아들아 네가 만일 이웃을 위하여 담보하며 타인을 위하여 보증하였으면 네 입의 말로 네가 얽혔으며 네 입의 말로 인하여 잡히게 되었느니라"
 이처럼 성경의 입장은 분명하다. 특히 현재의 법률은 보증을 서는 이들에게 거의 무한책임을 요구하고 있기 때문에 재산권을 포기할 의사가 없이 보증을 서는 것은 좋은 일이 아니다.
 정 보증을 서고 싶다면 결과가 잘못되어서 자기가 모든 책임을 지는 한이 있더라도 그것을 즐거이 감당할 마음을 가지고 있어야 한다. 물론 그런 사항에 대해서 배우자와 뜻을 같이 해야 하는 것은 말할 나위도 없다. 하지만 그런 각오를 가지고 보증을 서는 이들은 드물다. 대부분 차마 거절을 할 수 없는 어정쩡한 상태에서 '뭐 별 일이야 있겠어..' 하는 마음으로 보증을 선다.

나는 이 보증을 통해서 가족의 관계가 깨어지고 친구 사이가 벌어지고 이혼 등으로 가정이 깨어지는 것을 많이 보았다. 그러한 비극은 어디에서 시작된 것일까? 바로 거절을 하지 못해서 시작된 것이다.

보증 외의 일상의 사소한 문제에 대하여도 거절을 하지 못하는 이들은 아주 많다. 친구들 여럿이 같이 있어도 항상 요구를 하는 사람이 있고 자신은 원하지도 않으면서도 다른 이들의 요구에 끌려 다니는 사람이 있다.

대체로 리더적인 기질을 가지고 있는 이들은 남들을 지배하고 싶어 하며 자신이 원하는 쪽으로 모든 것을 결정하려고 한다. 그리고 상대방이 그것을 싫어해도 강요를 해서 꼭 관철을 시키려고 한다.

그런데 이러한 사람의 옆에는 항상 이러한 이들에게 끌려 다니는 사람이 붙어있다. 어떤 이들은 너무 심약해서 스스로 어떤 결정을 내리지 못하기 때문에 그렇게 끌려 다니는 쪽이 편하다고 생각하기도 한다. 하지만 대체로 정신적으로 건강한 사람이라면 그러한 강요와 압박에 불쾌감을 느끼게 될 것이다.

비록 겉으로는 상대방의 요구에 응한다고 하더라도 집에 와서 혼자가 되면 그 날 하루가 그리 즐겁게 느껴지지 않을 것이다. 사람은 원래 인격적인 존재로 만들어졌으며 로버트나 기계와 같은 존재가 아니기 때문이다.

　남의 요구를 잘 거절하지 못하는 이유는 여러 가지가 있을 것이다. 상대방의 요구를 거절하게 될 때 상대방과의 관계가 깨어지는 것이 두려워서 일수도 있다. 또한 거절에는 용기와 힘이 필요한데 그런 힘이 없는 이들은 거절을 하기 어려울 것이다. 그들은 거절에 따른 긴장이나 갈등을 잘 견디기가 어렵기 때문이다.

　그래서 그러한 이들은 조금 불만이 있더라도 참고 해주는 것이 당장은 평화스러울 수 있기 때문에 웬만하면 거절을 하지 못하고 타협을 하고 만다.

　하지만 그렇게 참고 견디는 관계는 건강한 관계가 아니며 어떤 의미에서는 진정한 우정이라고 보기 어렵다. 한쪽은 그 관계가 편안하지만 다른 쪽에서는 그 관계가 짐이 될 수도 있는 관계이기 때문이다.

　이런 사례도 적지 않다. 외견상으로는 아주 친하게 보이는 두 사람이 있었는데 한 사람은 상대방을 정말 좋아하며 그들의 관계가 아주 좋다고 생각한다. 그런데 다른 한 사람은 의외로 속에는 상대방에 대한 분노와 적개심이 숨겨져 있는 그러한 경우이다.

　우연히 한 사람이 다른 사람의 속마음을 알게 되었다고 하자. 그럴 때 한 쪽은 상대방의 그러한 모습에 충격을 받게 될 것이다. 어쩌면 상대방이 자기를 속여 왔다고 생각할 지도 모른다.

　그러나 이러한 경우는 의외로 많다. 그리고 이 경우에 속으로 분노를 쌓아놓고 있는 사람은 평소에 항상 친구의 부탁을 거절하지 못하고 끌려 다닌 쪽이다. 당연히 그렇게 되면 속에서는 스트레스가 많이 쌓이게 된다. 그러니 이러한 관계는 겉보기에는 평화로운 것 같아도 진정으로 건강하고 바람직한 관계는 아닌 것이다.

아무리 가까운 사이라고 하더라도 자신의 의사 표현은 분명해야 한다. 자신이 표현하지 않은 것은 상대방이 알 수가 없다. 자신이 상대방의 요구에 대하여 분명하게 싫다고 표현하지 않고 자기 속에서 스트레스가 쌓이기만 하는 것은 자신의 잘못이며 그것은 상대방에게만 책임을 돌릴 수는 없는 것이다.

흔히 거절이 더 어려운 경우는 그 요구하는 대상이 부모님이거나 영적인 지도자들일 때이다. 특히 사역자들이 어떤 요구를 하게 될 때는 사람들이 그것을 하나님의 뜻일지도 모른다고 생각하기 때문에 더욱 더 거절이 쉽지 않은 것이다.

언젠가 어떤 집사님과 대화를 나누는 중이었는데 그분이 말끝마다 이렇게 말하는 것이었다.

"예. 목사님. 순종하겠습니다."

내가 무슨 명령을 한 것도 아니고 그저 일상의 여러 가지 이야기를 나누는 중이었는데 그가 계속 그런 식으로 말을 하니까 마치 무슨 조직의 상하관계에 있는 사람들과의 대화 같이 느껴지는 것이어서 어색하기 짝이 없었다. 그래서 나는 말했다.

"집사님. 자꾸 순종, 순종.. 하지 마세요. 지금이 무슨 이조시댑니까? 아니면 제가 무슨 조폭의 왕초입니까?"

그분은 웃음을 터뜨리며 죄송하다고, 목사님들과의 대화에서는 그렇게 대답하는 것이 습관이 된 것 같다고 말씀하시는 것이었다.

목회자, 사역자는 절대 권력자가 아니다. 그리고 성도들은 무조건 사역자의 말이라면 머리를 조아려야 하는 것은 아니다.

나는 사역자들이 자기의 말에 순종해야 복을 받는다는 식의 이야기를 하는 것을 더러 들었다. 그러나 그것은 반드시 옳은 말은 아니라고 생각한다.

사역자는 주님의 뜻을 대변할 때에 비로소 권위가 주어진다. 하지만 사역자도 실수할 수 있기 때문에 그가 언제나 주님의 뜻을 대변한다고 단언할 수는 없다. 그리고 그러한 경우에 사역자의 뜻대로 하지 않았다고 해서 불경죄를 범하는 것은 결코 아니다.

물론 그렇다고 사역자에 대해서 대적하거나 불편한 관계에 있는 것이 좋다는 것은 아니다. 상호간에 겸손하고 예의바른 자세는 필요한 것이다. 다만 사역자의 요구와 자신에게 주어진 주님의 감동이 다를 때에는 겸손한 자세로 그것을 거부할 수 있는 용기가 필요한 것이다.

사역자도 성도들에게 일방적으로 어떤 것을 강제로 요구할 수는 없다. 다만 조금 앞서서 주님을 붙들고 걸어가는 자로서, 주님으로부터 받은 부분에 대하여 권면을 할 수 있는 것뿐이다.

그리고 권면을 하는 경우에서도 결정권은 본인에게 주어야 한다. 그것이 무조건 피동적으로 따르는 기계적인 신자로 만들지 않고 적극적이고 분명하게 주님을 따르는 신자가 되도록 돕는 길이다. 일방적인 명령을 하면서 그것이 하나님의 뜻이니 순종을 하라는 식의 태도를 가지는 것은 옳지 않다. 하나님의 이름을 함부로 자기에게 편리하게 사용하는 것은 정말 무서운 일인 것이다.

나는 사리에 맞지 않는 사역자의 요구를 차마 거절할 수가 없어서 고통을 겪는 순진한 성도들을 많이 보았다. 형편이 전혀 되지 않는 상황에서의 무리한 헌금 요구라든지, 가정의 상황을 돌아보지 않고 무조건 교회의 집회나 행사에 참석할 것을 요구한다든지, 여건이 허락하지 않는 데에도 일군이 없다고 일을 일방적으로 맡긴다든지.. 하는 일로 인하여 고민하고 있는 이들을 많이 보았다.

그들은 마음에는 전혀 감동이 없다고 말한다. 그리고 너무나 부담스럽다고 말한다. 그러나 그것을 거절하는 것은 너무 두렵다는 것이다. 자신들의 게으름이나 불순종 때문에 어떤 나쁜 일이 생기면 어떡하나 하는 마음들이 그들에게는 많이 있었다.

즉 그러한 요구들은 하나님의 뜻인데 자신들이 부족해서 그것을 잘 감당하지 못하고 있기 때문에 그들은 죄스러움과 두려움을 동시에 느끼고 있는 것이다.

과연 그러할까? 상황과 여건이 허락지 않으며 기도해도 감동이 없는 것을 무조건 억지로 죽으면 죽으리라.. 하면서 행하는 것을 주님께서 원하시고 기뻐하실까? 나는 그렇지 않다고 믿는다.

어떤 이들이 주님의 뜻에 관심이 없으며 자신의 삶이 주님께 드려지지 않고 오직 자신이 편하게 살기를 원한다면 그들은 주님의 뜻과 감동을 알 수 없을 것이다. 그러한 이들은 기도해도 주의 뜻을 알 수 없다.

그러나 기본적으로 자신의 삶을 주님께 드리고 주님을 알아가기 원하며 주님께 순종하기 원하는 이들은 기도할 때 주님께서 소원과 감동을 주신다. 물질이 부족한 중에도 기도하면 자꾸 드리고 싶은 감동이 온다. 몸도 피곤하고 여건이 허락지 않아도 기도를 드리면 자꾸 봉사하고 싶은 마음이 온다. 그것이 주님의 응답이며 감동이다. 그렇듯이 주님의 뜻과 감동은 내적인 기쁨과 소원과 감동으로 오는 것이다.

그런데 기도해도 그러한 기쁨과 감동이 없다면 그것은 주님의 뜻으로 보기 어려운 것이다. 그럴 때에는 지혜롭게 행하는 것이 필요하겠지만 사역자의 말을 거절한다고 해서 주님께서 진노하시는 것은 아니다. 주님은 치유자이며 위로자이시지 우리에게 부담과 억압을 주시는 분이 아니기 때문이다.

부모의 뜻에 대한 거절도 쉽지 않은 일이다. 특히 부모에게 순종하는 것이 대체로 하나님의 뜻이라고 생각하기 때문에 더욱 어렵다.

그러나 부모 역시 하나님의 뜻을 온전하게 반영하고 있다고 보기는 어렵다. 그리고 부모들이 다 성숙한 사람인 것은 아니다.

성숙한 사람은 결코 다른 사람의 의지를 억압하지 않는다. 그리고 그것은 자녀에 대해서 마찬가지이다. 성숙한 부모는 자녀들에게 자신의 뜻을 일방적으로 주입시키지 않는다. 남의 의지를 억압하는 것은 지옥의 특성이며 천국의 속성과는 거리가 먼 것이기 때문이다.

부모가 어떤 것을 강요할 때 자녀들은 자신이 싫으면서도 부모의 뜻을 거부하는 것에 대한 죄책감을 가지게 된다. 그리고 자신이 못된 불효자라고 생각하게 된다.

물론 그것은 옳은 생각이 아니다. 우리에게 필요한 것은 부모님을 사랑하는 자세이며 감사하고 그들의 고생과 헌신의 은혜를 잊지 않는 자세이다. 그러므로 부모들을 향해서 예의와 겸손하고 온유한 태도를 가지고 있어야 한다. 그러나 부모의 이야기가 자신에게 주어진 하나님의 감동과 소원과 같지 않다면 온유한 자세로 그것을 거절해야 한다. 그리고 그것은 결코 불효가 아니다. 주님께 순종하기 위해서 부모의 뜻을 거절해야 한다면 그것은 결코 불효가 아니다.

어떤 자매는 이십대 후반에 이르기까지 항상 어머니의 지배와 요구 속에서 살았다. 그녀는 자신의 의지적인 선택이 거의 없었고 항상 어머니의 말을 들어야만 하는 것으로 생각하였다. 심지어 자신이 입는 옷을 선택하는 것까지도 어머니를 거스를 수 없었다.

그녀는 영적인 눈을 뜨게 되기 시작하면서 그러한 것은 부모님께 대한 진정한 사랑과 순종이 아닌 것임을 알게 되었다. 그녀는 어느 날 어머니가 골라준 옷을 보고 말했다.

"어머니. 그 색깔의 옷은 입고 싶지 않아요."

그녀의 어머니는 딸의 말을 듣고는 자기 방에 들어가 통곡을 했다. 그리고 여태껏 키워 주었는데 배은망덕 하다고 온갖 욕을 퍼붓기 시작하였다.

이러한 사례는 극단적인 경우일 것이다. 그러나 정도의 차이는 있지만 이와 비슷하게 자녀들을 자기 마음대로 지배하고 다스리려고 하는 부모들은 많이 있다.

그것은 결코 정상적이고 아름다운 관계가 아니다. 그것은 부모와 자녀를 둘 다 망치는 길이다. 자녀에 대한 극단적인 무관심도 나쁘지만 이러한 지배적 성향도 역시 나쁜 것이다.

의외로 신앙생활을 하는 이들이 더 남을 지배하려고 하는 경향을 보이기도 한다. 특히 기도를 많이 하는 이들은 참 무서운데 이들은 툭하면 자기가 말하는 것이 하나님의 뜻이라고 하기 때문에 정말 피곤하다. 정말 무슨 확신이 그렇게도 많은지 모른다.

이렇게 하나님의 뜻을 입에 달고 사는 이들은 대체로 하나님의 뜻과는 상관이 없는 경우가 대부분일 것이다.

나는 자녀가 싫어하는 결혼에 대해서 어머니가 말하기를 자기가 기도해 보았는데 그것이 하나님의 뜻이라고 하는 이들을 많이 보았다. 그것은 참으로 무서운 일이다. 하나님의 이름으로 하나님의 뜻을 함부로 자기 편리한 대로 갖다 붙이는 것은 결코 작은 죄가 아니다.

나는 어떤 어머니가 자기 딸에게 어떤 형제와 결혼하는 것이 하나님의 뜻이라고 강요하는 것을 알게 되었다. 그런데 조금 지나자 그 어머니는 다시 다른 형제와 결혼하는 것이 하나님의 뜻이라고 하는 것이다. 무슨 하나님의 뜻이 그렇게 수시로 바뀌겠는가. 그것은 정말 곤란한 일이다.

이런 경우에 온유하고 겸손하면서도 또한 분명한 자세로 나는 거기에 순종할 수 없음을 고백해야 한다. 그것은 불순종이나 악이 아니다. 그리고 아무리 부모와 어른이라고 하더라도 그렇게 일방통행적이고 종속적인 인간관계를 가져서는 안 된다.

진정한 사랑의 관계는 상호 간에 서로를 인정하고 세워주는 것에서 시작된다. 상대를 내 밑에 두려고 하는 자세, 내 말대로 움직이려는 자세로는 결코 행복하게 살 수 없다.

자기 자녀라고 해서 자기 마음대로 그의 삶을 결정하려고 하는 것은 자신을 하나님의 위치에 두는 것이 된다. 한국의 가정에서 흔히 문제가 되는 고부간의 갈등은 상대방의 인격을 존중하지 않고 지배하려고 하는 속성에서 흔히 나타나게 되는 것이다.

우리는 거절하는 것을 배워야 한다. 겸손하지만 분명하게 거절하는 것을 배워야 한다. 자유로운 삶을 살기 위하여 우리에게는 그러한 용기가 필요하다. 우리가 싫어하는 것을 할 수 없이 굴복해서 하는 것을 주님이 기뻐하신다고 나는 믿지 않는다.

우리를 지배하려고 하는 이들이 있다면, 우리는 할 수 있는 한 그 지배에서 벗어나야 한다. 우리는 존중되어야 하며 억압을 받으면서도 그것을 당연하게 여기면 안 된다.

순종이란 적극적인 의사의 표현이다. 자신이 스스로 그것을 원하고 기도 속에서 주님의 인도하심과 감동을 느끼고 순종하게 될 때 그것은 우리 영혼을 충만하게 한다.

그러나 순종을 하기 전에 먼저 자신의 의지를 자유롭게 사용할 수 있는 권리를 얻어야 한다. 항상 언제나 순종을 할 수밖에 없는 관계에서는 순종이 나올 수 없다. 그것은 압제이며 굴복일 뿐이다.

그리스도인들은 흔히 반항적이고 공격적인 사람이라는 인상을 주는 것을 두려워한다. 그리고 다른 이들로부터 착한 사람이라는 평가를 듣고 싶어 한다. 그리고 그러한 자신의 선한 이미지를 망가뜨리고 싶어 하지 않는다.

하지만 진정 중요한 것은 남들에게 좋은 평가를 받는 것이 아니라 우리의 주인이신 주님께 인정을 받는 것이다. 주님은 우리에게 자유를 주셨으며 그 자유를 가지고 우리가 선택을 하기를 원하신다.

어떤 요구가 있을 때 오직 주님께 나아가서 기도하라. 오직 주님만이 당신에게 명령할 수 있다. 그리고 당신이 받은 감동이 다른 이들의 요구와 다른 것이라면 당신은 거절을 해야 한다. 조용하고도 냉철하게 분명하게 싫다고 말해야 한다. 다만 그러면서 예의를 갖추기 위해서 노력해야한다.

우리는 자유인이다. 그러므로 어떤 이들에게도 종속적인 위치에 있어서는 안 된다. 우리에게 주어진 마땅한 의무는 수행해야 하지만 자신의 인격이 무시되어서는 안 된다.

그러므로 이것을 위하여 기도하라. 당신의 영혼이 남들에게 지배되지 않으며 또한 당신도 다른 이들을 지배하게 되지 않게 해달라고 기도하라.

당신이 지금까지 차마 거절을 하지 못하고 살아왔다면 당신이 이 거절에 대하여 조금씩 경험해갈 때 당신은 진정 자유함을 경험하게 될 것이다.

더 이상 사람에게 묶이지 말고 오직 주님께 묶이라. 사람에게 묶이는 것은 정말 속박이지만 주님께 묶이는 것은 진정한 자유를 얻는 길이다.

부디 당신의 자유를 선택하라. 거절을 배우라. 거기에서부터 자유는 시작되는 것이다.

12. 사역의 부담을 내려놓으라

　사역자들은 사역에 대한 많은 부담을 가지고 있다. 그들은 복음을 위해 주님의 일을 위해 부름을 받았으며 그러므로 이를 위해 마땅히 자신의 열정과 힘을 다 바치는 것이 당연하다고 생각한다.
　성실한 사역자라면 대체로 그러하다.
　그래서 그들은 성도들의 여러 어려움에 동참하고 자신의 몸과 상황을 돌보지 않고 주야로 뛴다. 그들은 자기의 목숨이라도 주를 위하여 내놓으려고 한다.
　그러한 의식과 부담은 문자 그대로 사역자를 죽음으로 몰아넣기도 한다. 아침과 낮과 밤과 휴식이 없이 뛰는 그러한 삶은 죽음까지는 아니더라도 그에 방불한 상황으로 사역자를 이끌어간다.
　성도가 별로 없어서 한가한 사역자들도 있다. 그러나 그러한 사역자들도 대체로 그러한 삶을 원하고 있다. 지금과 같은 한가한 상태가 아닌, 성도들이 많고 그들의 요청이 많아 정신없이 바쁘고 쉴 틈이 없는, 그러한 상태가 되기를 소원하고 기도한다.
　그리고 그러한 것을 성공이라고 생각한다. 그래서 바쁘고 열심히 뛰는 사역자들에 대해서 부러움을 느끼며 한가하고 여유가 있는 자신을 부끄럽게 생각한다.
　그러나 그것이 과연 바람직하고 성공적인 상태일까? 그것은 몸도 마음도 지치고 피곤한 삶이다. 그것은 많은 부담과 스트레스를 준다.

목회자의 아내가 쓴 글을 읽어본 적이 있다. 남편이 탈진한 몸으로 집에 들어와 너무 지쳐서 말도 못 하고 있는데 어떤 성도로부터 상담 전화가 왔다. 그러자 전화기를 붙잡더니 조금 전의 그 탈진은 어디로 갔는지 열정적으로 한참을 통화하더라는 것이다. 한국의 목회자들은 대체로 이렇다. 이렇게 열정적이다. 그들은 자신의 몸과 건강을 돌보지 않는다.

이 시대의 성도들은 지나치게 목회자 의존적이다. 그들은 목회자를 하나님의 대리인으로 믿는다. 그래서 모든 좋고 나쁜 일에 사역자들이 와야 한다고 생각한다.

사역자들은 중매자이다. 즉 성도와 주님을 서로 결혼시켜서 잘 살게 소개하고 인도하는 것이 사역자의 일이다. 그런데 이 중매를 제대로 하지 못하면 중매쟁이가 바쁘게 된다. 크고 작은 모든 일에 자신이 끼어들어야 한다. 결혼식, 장례식, 개업예배, 환자 병문안, 환갑연, 회갑연, 돌잔치.. 등 사역자들이 참여해야할 일이 끊이지 않는다.

각 성도들이 주님을 직접 경험하고 주님을 맛보고 주와 동행하며 그 안에서 그 영으로 살도록 가르치고 훈련하면 이것은 간단한 일이다. 그러나 성도들이 그렇게 주님을 직접 붙잡는 것을 몰라서 사역자를 통해야만 은혜를 받고 복을 받을 수 있다고 믿는다면 이것은 정말 심각하다.

주를 알지 못하는 성도들은 결국 사역자 중독이 될 수밖에 없다.

그래서 좀 더 사역자의 사랑과 관심을 많이 받기 위해서 교회에서 전쟁이 일어나기도 한다. 성도들이 서로 사역자를 독차지하려고 싸우는 것이다.

이것은 성도들이 주님을 개인적으로 잘 모르는 것을 보여주는 것이다. 이처럼 성도들이 직접 주와 교제하고 교통하는 것을 알지 못한다면 신앙이란 참 피곤해지는 것이다.

사역자는 주님 자신을 공급하고 주님 자신을 나누어주어야 한다. 성도들이 주님을 먹고 마시게 될 때 그들은 모든 것이 만족스러우며 더 이상 세상에 구할 필요가 존재하지 않음을 알게 된다. 물고기를 일일이 잡아주는 것보다 물고기를 직접 잡을 수 있도록 방법을 가르쳐주는 것이 훨씬 더 효율적인 것이다.

하지만 누구나 모든 사람이 주님의 생명을 받고 진리를 경험할 수 있도록 준비된 것은 아니다. 적지 않은 사람들이 단순히 문제를 해결하고 고통이 사라지기를 원할 뿐이지 주님과 생명과 진리를 원하지 않는다.

사역에 대한, 일에 대한 도움을 요청하는 끝없는 요구에 대해서 사역자들은 어떻게 반응해야 할까?

사역자는 자신이 슈퍼맨이 아님을 인식해야 한다. 사역자들은 대체로 해결사가 되고 싶은 소망으로 가득하다. 그렇기 때문에 자신이 성도들의 문제를 잘 해결할 수 없으면 무력감과 좌절에 빠진다.

하지만 그것은 어처구니없는 생각이다. 사역자는 만능인이 아니다. 그리고 모든 일에 부름 받은 것은 아니다. 그는 성도들에게 부름 받은 것이 아니고 주님께 부름 받은 것이다. 그러므로 그는 오직 주님의 인도하심과 명령하심에만 민감해야 한다. 주님의 감동과 인도하심, 그것을 넘어서는 사역은 주의 사역이 아니고 자신의 사역이며 거기에 대해서는 주님이 책임지시지 않는다.

얼마나 많은 사역자들이 주님의 내적 경고에도 불구하고 움직이는가. 선한 사마리아인이 되기 위해서 무리하게 움직이다가 삶을 마치게 되는가. 그러한 일들이 많이 있다. 그것은 분량을 넘어섰기 때문이다.

가까이 지내는 어떤 자매가 있었다. 그녀는 주님의 음성과 영감에 민감해서 사람들을 많이 상담하고 도와주고 기도해주었다.

하지만 도움을 요청하는 이들은 점점 더 늘어났고 그녀는 그것을 감당하기 어려웠다.

영이 열려있지 않은 이들은 영적 전이현상에 대해서 알지 못한다. 그러나 영이 열려있고 예민한 이들에게는 영의 전이현상이 온다. 그것은 상대방의 영적 상태가 옮아오는 것이다. 질병이든 마음의 상처이든 악한 영이든 도움을 받는 자에게서 그 영과 기운들이 도와주는 이에게 옮아오게 된다.

기도 받고 도움을 받는 이들이 깨닫고 회개하면 그를 둘러싸고 있는 악한 기운이 완전히 소멸되고 떠나간다. 그러나 도움을 받는 이가 자신은 전혀 변화되지 않고 오직 기도해주는 사람의 영력에만 의지한다면 그를 둘러싸고 있는 악한 기운과 재앙과 저주는 치유자에게로 이전되게 된다. 다시 말하면 치유 사역자는 상대방을 위해서 자신의 목숨을 내놓아야 하는 것이다.

이러한 영적 원리를 아는 이들은 아무나 함부로 기도해주지 않는다. 거기에는 대가지불이 필요하기 때문이다. 그러나 요청자는 많고 시간과 에너지는 한계가 있다. 이때 어떻게 해야 할 것인가? 그것은 주님의 인도를 받는 것이다. 주님이 인도하시고 허락하실 때만 응하는 것이다. 그 분량을 넘어서는 것은 위험하다.

이 자매에게 어떤 요구가 왔다. 주님께서는 그녀에게 가지 말라고 말씀하셨다. 그래서 그녀는 갈 수 없다고 완곡하게 거절했다. 하지만 상대방은 완강하게 요구했다. 은혜 받은 사람이 와서 도와야지 남이 힘들다는데 모른 척 할 수 있느냐고 따지고 들었다.

결국 그녀는 거절하다 못해 가서 기도를 하고 도와주었다. 그리고 그 후부터 앓기 시작해서 얼마 후에 하늘나라로 갔다. 그녀는 그 전까지 감기 한번 걸려본 적이 없는 사람이었다.

이러한 일이 납득이 가지 않는가? 아니다. 이것은 흔히 일어나는 일이다. 특히 영성 사역을 하는 이들은 그 영적 원리를 잘 알지 못하고 무리하게 일하면 오래 살기가 어렵다. 영에는 그 법칙과 원리가 있으며 그것을 거스르게 되면 대가를 지불하게 된다.

영성 사역을 하지 않는 일반 사역자들도 무리하게 움직여서는 안 된다. 그것은 자기의 생명을 담보하는 것이다. 사역자는 오직 주님의 인도하시고 감동하시는 분량만큼 움직여야 한다. 사람이 원한다고 가서는 안 된다.

사역자는 성도들을 무한 책임지는 사람이 아니다. 그는 주님의 종이다. 그는 주님의 분부를 듣는 사람이다. 그가 안타까운 마음으로 긍휼히 여기는 마음으로 일한다면 그는 선한 사람이기는 하지만 주님의 사람은 아니다.

모든 열정과 힘을 다 바쳐 도왔음에도 불구하고 그렇게 애정을 베푼 성도들이 나중에 떠나가고 온갖 돌을 던지는 일은 목회 현장에서 아주 흔한 일이다. 그러한 일은 사역자의 용기를 상실케 한다. 깊은 좌절과 절망에 빠지게 하는 일이다.

하지만 세상이 원래 그런 것이다. 그것이 당연히 일어나는 일이다. 그러한 일로 좌절해서는 사역을 할 수 없다. 어린 영혼은 당연히 이기적일 수밖에 없으며 모든 부모들은 자녀들이 이기적인 것을 알면서도 키운다. 나중의 보상을 바라지 않고 그냥 먹이고 사랑을 베푸는 것 자체에 즐거움을 느끼고 키운다.

사역자의 움직임은 주님의 감동과 인도하심의 분량이다. 그렇게 주님께 순종할 때 주어지는 주님과의 친밀함, 가까움이 사역자의 유일한 보상이 되어야 한다. 성도들이 어떻게 보답하든 말든 그것은 사역자의 관심이 아니다.

사역자는 일에 대한 부담을 가질 필요가 없다. 자기 힘에 지나친 것은 부담 없이 거절해야 한다. 세상에 가난한 이들은 수도 없이 많고 힘든 사람도 수도 없이 많다. 절망하고 병든 이들도 수도 없이 많다. 그러나 그 모든 이들이 자신에게 맡겨진 것은 아니다. 사역자는 자기에게 맡겨진 사람이 누구인지, 자기에게 맡겨진 일이 무엇인지, 자기가 움직여야 할 때가 언제인지 알아야 한다.

그 감동과 인도하심의 분량대로 움직인다면 사역자는 자유롭고 행복하다. 그는 진짜로 주님의 종이며 주님의 풍성하심을 맛볼 수 있을 것이다. 주님은 공짜로 일만 시키시는 분이 아니다.

주님은 그에게 자신을 나타내신다. 자신을 보여주신다. 그리고 그에게 갖가지 풍성함과 임재와 보상을 베풀어주신다. 그것이 바로 사역자의 행복이다.

그러나 주어진 틀과 요구와 시간표에 따라 움직인다면 사역자들은 기계나 노예에 불과한 것이다. 그것은 부담과 억압과 눌림과 각종 부작용을 일으킨다. 감동이 없을 때 설교하고 감동이 없을 때 위로하며 감동이 없을 때 그는 돕고 사역한다.

주님의 인도하심이 있을 때 거기에는 자연스러운 흘러나옴이 있다. 그러나 그러한 감동이 없이 사역해야 할 때 그것은 그가 그 모든 것을 쥐어 짜내야 하는 것을 의미한다. 그렇게 되면 그는 서서히 탈진하며 병들어가게 되는 것이다. 영감도 망가지고 기쁨도 없어지며 사역의 열정은 서서히 사라져버리고 스트레스만이 남는다.

그는 점점 세상의 허무한 것으로 위로를 얻고 싶은 마음이 생기기 시작한다. 바로 그러한 것이 영의 마비다. 여기에서 넘어가면 그는 직업적인 종교인이 된다.

이 시대의 현실목회는 형식과 틀로 가득 채워져 있다. 그런 현실에 있어서 오직 주님의 인도와 감동 속에서 사역하고 움직이는 것은 쉽지 않을 것이다. 그러나 그런 방향으로 사역의 방향을 바꾸지 않으면 사역은 점차로 생명력을 상실해버리게 된다.

세상에 사역자의 영감이 병들게 된다는 것처럼 비극이 어디 있겠는가! 축구 선수가 다리를 다치는 것보다 사역자가 주님의 감동과 음성을 잃어버리는 것이 더 무섭고 비극적인 일인 것이다. 그러므로 개혁과 변화가 필요하다.

사역자들은 사역에 대한 부담으로 몸도 마음도 쉬지 못한다. 그러나 또한 어떤 사역자들은 시간이 여유가 있어서 괴로워한다. 바빠지게 해달라고 기도한다. 성도가 없어서 도울 사람이 없다고 괴로워하며 새 신자를 달라고 간구한다. 바빠져 봤자 좋을 것이 하나도 없는데 하여간 그 상황이 되게 해달라고 눈물로 주님께 호소한다.

하지만 그것은 별로 의미가 없는 기도이다. 일을 주시는 분도 주님이시며 성도를 보내시는 분도 주님이시다. 그것은 사역자가 결정할 문제가 아니다. 사역자는 주님의 종이며 주님의 시키시는 분부대로만 살면 되는 것이다.

세상에는 영적으로 굶주린 상태에 있는 이들이 너무나 많다. 안타까운 것은 주님이 사역자보다 더하시다. 그러니 사역자는 주님께 모든 것을 맡기고 사역자로서 준비가 되는 것이 필요하다. 정말 일은 많은데 일할 사람이 없다. 생명을 공급할 사람이 절대 부족하다. 그러므로 성도를 보내달라고, 안타까이 애를 쓸 필요가 없다. 사역자가 준비되는 것이 더 급한 것이다. 사역자가 주님의 통로가 될 수 있는가, 그 주의 영을 공급할 수 있는가.. 그것이 더 중요한 것이다.

사역자는 성도가 없다고 울 필요가 없다. 동료들은 큰 교회에서 사역하는데 자기는 조그만 개척교회라고 낙담할 필요가 없다. 그러한 비교는 세상 사람들이 하는 것이지 하나님의 사람들이 하는 것이 아니다.

사역자는 주님의 사람이다. 주님의 인도를 받는 사람이다. 주님이 성도를 보내시고 인도하시면 성도를 돕는다. 성도가 없으면 주님과 같이 놀면 된다. 그리고 주님이 시키시는 일을 하면 된다.

큰 교회는 구조적으로 틀과 시스템에 의해서 움직여지는 경향이 많다. 전도사나 부사역자가 성령의 인도와 감동을 따라서 하겠다고 하면 곧 쫓겨날 것이다.

하지만 작은 교회, 개척 교회는 그것이 쉽다. 그냥 주님만 붙들고 있으면 된다. 주님이 시키시는 대로만 하면 된다. 그는 하루 종일 주님께 묻고 주님이 이끄시는 대로 움직이기만 하면 되는 것이다.

사역자의 가장 중요한 일은 무엇인가? 그것은 주님과 같이 노는 것이다. 주님과 같이 움직이는 것이다.

어떤 이들은 기도를 아주 살벌한 것으로 묘사하고 있다. 죽기 살기로 해야 하는 의무 같은 것으로 표현한다. 그것은 조금 곤란한 가치관이다.

연애를 하면서 죽기 살기로 데이트를 하는 사람은 없을 것이다. 그러한 결혼은 안 하는 것이 낫다. 데이트와 사랑은 즐거운 것이다. 사역자는 하루 종일 주님과 데이트하는 사람이다.

주님과 같이 노는 사람이다.

그리고 그것은 아주 즐거운 일이다.

먹어도 즐겁고 굶어도 즐겁다.

사람들이 알아주어도 즐겁고 몰라주어도 즐겁다.

그러한 즐거움은 세상이나 환경에서 오는 것이 아니다.

사역자가 행복해질 때 그 행복과 즐거움은 주변에, 성도들에게 쉽게 감염된다. 그것이 바로 사역이다. 즉 사역자는 주님의 생명과 기쁨을 전염시키는 사람들이다.

사역자는 사람의 종이 아니다. 그러므로 의무감으로 일할 필요가 없다. 사역자는 주님의 감동이 아니면 움직이지 않는 사람이라는 인식이 있어야 한다. 그러므로 누가 요청해도 주님의 감동이 아니면 가지 않아도 된다.

유력한 사람이 불렀기 때문에 가야하고 만약 가지 않으면 그가 삐지기 때문에 교회가 어려워지게 되고.. 그런 식이라면 이미 그 교회는 주님이 운행하실 수 있는 공간이 아니다. 그것은 주님이 거하는 곳이 아니며 사람이 거하는 곳이다. 교회를 그런 소굴로 만들어서는 안 된다.

부디 모든 부담을 내려놓으라. 억지로 무리하게 움직이지 말라. 오직 주님의 마음과 눈물과 그 감동에 예민한 사람이 되라. 그것이 사역이며 사역자이다.

사람들이 칭찬하든 욕하든 내버려 두라. 그것은 사역자의 관심이 되어서는 안 된다. 할 수 있는 한 주님도 기쁘게 하고 사람도 기쁘게 해야 하지만 때로는 동시에 둘 다를 기쁘게 할 수 없을 때가 있다. 그럴 때 사역자가 선택해야할 것은 뻔 한 것이다.

부디 일의 종이 되지 말고 사람의 종이 되지 말고 주님과 함께 즐거운 시간을 보내라. 인도하시는 주님의 분량만큼, 주님의 요구하심만큼만 움직이게 될 때 사역이란 이 세상에서 가장 아름답고 즐겁고 행복한 일이 될 수 있을 것이다.

13. 우리는 휴머니스트가 아니다

사역자들은 사역에 대한 많은 부담을 가지고 있다. 그들은 순교 콤플렉스를 가지고 있다. 주를 위하여 일하다 쓰러져 죽는 것이 가장 아름다운 죽음이라는 의식을 가지고 있는 것이다. 그래서 피곤을 무릅쓰고 열심히 일한다.

또한 슈퍼맨 콤플렉스를 가지고 있어서 모든 이들의 문제를 해결해주고 싶어 하는 성향을 가지고 있다. 모든 이들의 문제에 대해서 해결책을 제시하고 싶어 한다.

그러한 성향은 주님의 인도하심 안에서 일해야만 사역에도 열매를 맺으며 주님과 연합할 수 있다는 사역의 기초 원리를 벗어나는 것이기 때문에 많은 고통과 후유증을 가져오게 된다. 그런데 이러한 사역에 대한 부담은 사역자들에게만 있는 것이 아니다.

그러한 사역자들에게 배우기 때문에 평신도들이나 평신도 지도자들도 비슷한 중압감에 시달리게 된다. 그리고 비슷한 증상을 가지게 된다.

기쁨과 가벼운 상태가 아닌 데도 의무감 속에서 일하는 것 - 그것은 정말 좋지 않다. 그것은 세상에서 가장 아름답고 가치 있는 일인 주님의 사역을 아주 피곤하고 비참한 것으로 만든다.

선교 단체도 그러한 성향을 많이 가지고 있다. 간사나 리더 급의 사람들은 거의 사역자들이나 마찬가지다. 그들도 역시 피 사역자들에 대해서 거의 무한 책임을 지려고 한다. 게다가 사역의 원리가 거의 강압에 가까운 경향도 많다. 사람들을 주께 헌신하도록 하기 위해서 거의 강제적으로 이끌어간다. 또한 리더 급은 조원들을 위해서 엄청난 헌신과 봉사를 요구받게 된다.

달아나는 조원들과 그들을 붙잡으려고 씨름하는 리더들의 혈투.. 그것은 정말 살벌한 전쟁이다. 그 와중에서 조원들은 피곤하고 리더들은 지치고 탈진한다.

영적으로 건강하고 풍성하지 않은 상태에서 사역하는 것은 일종의 자살 행위와도 같다. 그것은 영적 자살이다.

사역의 기본 원리는 영의 흐름과 감동 속에서 움직이고 일하는 것이다. 그것이 사도행전에 나타난 초대교회 사역자들의 한결같은 원리였다. 성경 어디에도 주의 영과 동행이 없이 움직이는 이야기는 없다.

마귀는 영적인 존재이며 주의 영과 천사들의 동행 없이 우리가 이길 수 있는 존재가 아니다. 그것이 인간적인 열심이 영적인 열매를 맺을 수 없는 이유이다.

영적으로 지쳤을 때는 쉬어야 한다. 놀아야 한다. 주님과 같이 놀면서 영의 충전이 이루어져야 한다. 씨름선수가 몸이 아픈 상태에서 시합에 나간다면 그 결과는 뻔 한 것이 아닌가?

하지만 현대 교회와 신앙의 체제는 그런 이야기가 통하지 않는다. 그것은 이른바 배부른 이야기가 된다. 그래서 죽도록 충성하라고 다시 격려 받는다. 죽도록 충성하라는 것은 그렇게 열심히 주를 위하여 살라는 것이지 정말 죽으라는 것이 아니다.

일하기 전에 그 무엇보다 더 중요한 것은 주님으로 충전이 되는 것이다. 영적 충전이 되는 것이다. 그 시점에서는 사역만큼 재미있고 즐겁고 행복한 일이 없다. 그것이 사역의 상태이다.

그런데 사람 만나는 것이 부담스럽고 피곤하고 일을 하는 것이 부담된다면 그것은 사역을 해야 할 상태가 아니다. 그럼 교회 꼴이 뭐가 되겠느냐고? 그렇게 억지로 움직일 때 교회 꼴이 더 엉망이 된다.

어떤 사람이 영의 움직임에 대해서 조금 느끼게 될 때 그는 사역에 유용한 사람이 된다. 이 땅에 많은 사역이 있다. 많은 사역자가 있다. 목사든 평신도든 주의 일을 하는 사람은 다 사역자이다.

그러나 영성의 사역은 많지 않다. 그렇기 때문에 많은 사역들이 사람들의 깊은 곳을 터치하지 못한다.

어떤 사람이 영의 흐름을 조금 알게 되고 영혼의 감각에 대해서 조금씩 깨어나게 되면 그의 사역은 조금씩 실제적인 것이 되어간다.

그는 사람의 마음을 느끼게 된다. 사람들의 문제를 보면서 문제의 영적 근원을 파악하게 된다. 그가 손을 얹고 기도할 때 사람들은 시원함을 느낀다. 그가 아주 평범한 이야기를 할 때 사람들은 해방되고 치유되며 자유함을 얻기 시작한다.

자, 이제 문제는 무엇인가?

그는 곧 도움을 요청하는 사람들로 둘러싸이게 된다는 것이다. 그는 사역자들에게는 시기와 비난을 받게 되며 성도들로부터는 둘러싸임을 당하게 된다. 그것이 바로 주님의 길이다. 주님도 사역자들로부터는 공격을 받고 사람들로부터는 칭송을 들으셨다.

그러한 이는 곧 교회나 단체에서 어려운 입장에 처하게 된다. 좀 더 지혜롭게 행동하지 않으면 이단이나 불순분자 취급을 받게 될 것이다.

그 무엇보다 더 힘든 문제는 도움을 요청하는 수많은 사람들이다. 사실 도움을 간절하게 요청하는 많은 사람들이 도움을 받고 문제가 해결되고 나면 나중에는 대적자나 비난하는 사람이 된다. 더 많이 도와주지 않는다고 비난하는 이들도 있고, 도움을 받았다는 사실을 부끄럽게 여기는 이들도 있다.

전자는 주로 신자의 경우이고, 후자는 주로 사역자의 경우이다. 그것은 결코 이상한 일이 아니며 영적 법칙 안에 다 포함되는 일이다.

그렇다고 나중에 등을 돌릴 것이 걱정되어서 도움요청을 거절할 수는 없다. 아무튼 그것은 나중 문제이고 우선 당장은 그 모든 이들의 요청을 들어줄 수 없다는 것이다.

좀 더 많은 사역자들이 영의 흐름을 알고 그 흐름 안에서 사역하는 법을 알고 있다면 이들은 그리 많은 사람들에게 시달리지 않아도 될 것이다. 교회에 항상 주의 임재가 있으며 기도와 찬양에는 항상 거룩한 천국의 임재가 흐른다면 이들의 역할은 그리 많지 않을 것이다.

그러나 그것은 현실과 거리가 먼 이야기이기 때문에 사람들은 실제적인 영의 흐름이 있는 조력자들을 찾는다. 교회 안에는 많은 인간적인 냄새가 있으며 혼란스러운 영들이 자리를 차지하고 있다. 순결하고 아름다운 주님의 향취를 경험하는 것은 쉬운 일이 아니다.

그래서 사람들의 심령은 곤고하고 비참하다. 그래서 사람들은 자신의 심령을 회복시켜주고 이끌어줄 사람을 열심히 구하고 찾으며 찾게 되면 열심히 매달리게 된다.

하지만 그렇게 많은 요구를 받고 있는 이들은 곧 지치게 된다. 그는 자신의 힘으로 많은 이들의 모든 요구를 들어줄 수 없는 것이다. 그래서는 곧 탈진해버리게 된다.

그렇다면 그러한 요구들 앞에 서게 되었을 때 어떻게 해야 할까? 그것은 간단하다. 도망치는 것이다. 그것은 자신의 영을 보존할 수 있는 아주 쉬운 방법이다.

언젠가 어떤 자매가 비슷한 고민을 내게 털어놓은 적이 있었다. 일에 지쳐서 정신을 차릴 수가 없다고.. 도움을 요청하는 사람을 볼 때마다 너무 피곤하고 힘들다고.. 그래서 나는 간단하게 조언했다. 도망치라고.

성경을 보면 모세도 나름대로 민족을 위한다고 일하다가 잘 안 되자 도망쳤고 엘리야도 도망갔다고.. 무슨 위대한 명분이 있어서 도망간 것이 아니라 단순히 살고 싶어서 도망간 것이라고.. 그렇게 위대한 하나님의 사람들도 도망을 갔으니 갈등하지 말고 힘들면 도망가라고..

죽든 살든 일해야 한다고 믿고 있던 그 자매는 놀라서 물었다. 그러고 싶지만 죄책감에 빠지게 된다고.. 그러다가 주님을 위해 일을 하지 못하게 되는 것은 아니냐고..
나는 대답했다. 우리는 주님의 주시는 분량 속에서 일해야 하며 그것을 넘어서는 것은 주의 일이 아니라고.. 그리고 아픈 사람은 병원에 누워있을 수 있지만 건강한 사람이 이불을 펴고 며칠을 누워 있으라면 그것이 더 고민이라고 말해주었다.

우리가 피곤하고 지치게 된다면 그것은 우리에게 주님과의 교제와 안식이 필요하다는 신호이다. 이때는 일을 하고 싶지 않다. 그러나 몸이 회복되어 건강해지면 사람들을 만나고 싶고 돕고 싶으며 축복하고 싶고 기도해주고 싶어진다. 그것은 주님께서 우리 안에서 이제 사역을 다시 시작하시는 것이다.

우리는 그 흐름 속에서 움직여야 하며, 프로그램과 틀 속에서 움직이다보면 그 흐름을 거스르게 된다고.. 그래서 영이 죽게 된다고 나는 조언했다. 자매는 곧 자유함을 얻게 되었다.

우리는 유능한 존재인가? 우리가 주 안에 있을 때는 그렇다. 우리 안에서 주님이 움직이실 때는 그렇다.

그러나 주님이 우리와 함께 움직이지 않으신다면 우리는 전혀 무능하다. 그러므로 주님이 우리 안에서 운행하시지 않을 때 의무감 속에서 일하는 것은 자신의 영을 병들게 할 뿐이며 상대방에게도 전혀 좋은 도움을 주지 못한다. 그러므로 우리는 억지로 일을 할 필요가 없다.

비슷한 상담의 요청을 받은 적이 있었다.

조그맣고 귀엽게 생긴 자매가 전화를 걸어왔다. 오래 전에 버스 안에서 전도를 하다가 우연히 알게 된 자매이다. 그녀는 20대 중반의 나이인데 교회에서 여러 가지 봉사를 하고 있었다. 교회 문제로 상담을 하고 싶어서 전화를 한 것이다.

그녀는 작은 개척교회에서 봉사를 하고 있었다. 교회가 작다보니 할 일은 많은 데 일할 사람은 별로 없었다. 그녀는 혼자서 많은 일을 감당하고 있었다. 꽃꽂이, 성가대 봉사, 유치부 교사 등의 여러 봉사를 하고 있었다. 하지만 그녀는 지쳤다. 그녀는 쉬고 싶었지만 쉴 수 있는 상황이 아니었다.

그녀에게 무엇보다 힘이 들었던 것은 그 교회에서 영적인 충전이 되지 않는다는 것이었다. 토요일까지는 그럭저럭 버틸 수 있었으나 주일날에 교회에 가서 예배에 참석하고 봉사를 하고 나면 그녀는 너무나 영적으로 침체되었다. 예배에서 은혜를 받을 수가 없다는 것이 그녀에게는 가장 힘든 일이었다.

그녀는 그 교회를 떠나고 싶었다. 하지만 떠날 수가 없었다. 담임 목사님은 아주 인격적이고 따뜻한 분이었으며 그녀에게 아주 잘 대해주었다. 그리고 사모님은 그녀의 고향 선배였다. 그러한 친밀한 인간관계를 버리고 떠난다는 것은 그녀에게는 엄두가 나지 않는 것이었다.

그녀가 그렇게 힘들어하는 것을 알고 친구가 어떤 교회의 찬양집회에 가보자고 했다. 순진했던 그녀는 화를 냈다. 똑같은 하나님을 믿는데 왜 다른 곳을 가느냐고, 거기 이단은 아니냐고, 안 간다고 대답했다.

하지만 나중에 너무 지치게 되자 그녀는 한번 속는 셈치고 친구 따라 경배와 찬양의 집회에 참석했다. 그녀는 그 이야기를 하면서 울먹였다.

"정말 거기는 딴 세상이었어요. 얼마나 기쁨이 오고 감격이 되는지.. 저는 계속 울었어요."

그러면서 그녀는 묻는 것이다.

"도대체 왜 그렇게 다른 것일까요? 똑같은 주님께 똑같이 찬양하고 기도를 드리는데 왜 거기서는 그렇게 감격이 되는 것일까요?"

그것을 간단하게 대답할 수는 없다. 다만 주님은 그 통로를 찾으시는 분이다. 많은 사람들이 주의 이름을 부르지만 그들이 경험하는 주님은 다 다르다.

많은 사역자들이 주님의 통로가 되기를 원하지만 그것은 그들 마음대로 되는 것이 아니다. 그들이 헌신된 정도만큼, 그들의 영이 열린 만큼 주님은 그들을 사용하실 수 있으며 주님의 임재는 사역자를 통해서 나타날 수 있다.

아무튼 영적 지식이 거의 전무한 상태에서 그러한 원리들이 그녀에게 갑자기 인식될 수는 없는 것이다.

아무튼 그 곳에 다녀온 이후로 그녀의 고민은 더욱 더 깊어졌다. 당장 다니던 교회를 그만 두고 그 교회로 옮기고 싶은 마음이 간절했다. 그녀는 목사님을 참 사랑했고 목사님은 참 좋은 분이었지만 목사님은 그녀의 영적인 갈망의 문제를 해결해 줄 수 없었다. 그녀는 절망했다.

하지만 그녀를 무엇보다 더 괴롭게 하는 것은 그녀가 맡고 있는 어린 아이들이었다. 그녀는 아주 지쳐 있었지만 그녀가 떠나고 나면 그 눈이 초롱초롱한 어린아이들을 맡을 사람이 없었다. 그녀는 그 이야기를 하면서 울었다. 자기는 목사님을 배반할 수 없다고, 그리고 그 아이들도 버릴 수 없다고. 하지만 너무나 힘이 든다고.. 그렇게 말하면서 그녀는 울었다.

나는 그녀에게 대답했다.

"자매님은 착각을 하고 있군요. 우리는 주님을 믿는 사람들이지 휴머니스트가 아닙니다. 나는 누구를 배반할 수 없다. 그런 이야기는 조폭들도 많이 하는 이야기지요.

우리는 주님의 사람들입니다. 우리의 사랑도 감정도 다 주님의 것입니다. 우리는 오직 주님께 순복할 수 있을 뿐입니다.

교회를 떠나는 것은 배반이 아닙니다. 자매님이 주를 떠나 불교를 믿는다든지, 아니면 이슬람교를 믿는다든지 한다면 그것은 정말 배신이 되겠지요.

그러나 같이 주님을 추구하는 교회로 간다면 그것은 배신이라고 할 수 없습니다. 다만 문제가 되는 것은 주님께서 그렇게 인도하시는가 하는 것이겠지요.

자매는 자매가 떠나면 어린아이들이 다 죽는 줄로 알고 있는 모양인데 그것은 오해입니다. 모든 생명은 오직 주님이 이끄시고 키우십니다. 자매에게 맡길 수도 있고 다른 이에게 맡길 수도 있습니다.

자매가 지금 영적으로 병들어 있는데 그런 상태로 사역을 하는 것이 과연 주님이 시키시는 일인지 다시 기도하고 생각해봐야 합니다.

또한 목사님에 대한 의리를 이야기하는데 어찌 보면 그것이 인간적인 동정일수도 있습니다. 자매님이 이야기하는 것처럼 목사님을 통해서 영력과 은혜가 흘러나오지 않는다면 그 분이 정말 간절하게 주님을 붙들고 그 영광의 은혜를 경험하도록 도와야겠지요. 자매님이 있는 것이 거기에 도움이 되는지 아닌지는 아무도 알 수 없습니다."

나는 개척교회 사역자들의 마음을 잘 이해할 수 있다. 사랑과 애정을 주었던 많은 이들이 떠나는 것을 수 없이 경험 했었으니까..

설교가 마음에 들지 않는다고 떠나는 이도 있었고 영성 단체에서 훈련을 받고 나더니 사사건건 모든 것을 비판하면서 떠나는 이들도 있었다. 한 때는 생명의 은인처럼 여기고 따르다가 비난하며 떠나는 이들도 적지 않았다.

아내는 그러한 일을 많이 겪은 후에 울면서 주님께 이렇게 기도한 적도 있었다. "주님.. 모두가 다 떠나도 주님은 떠나지 않으시지요. 감사합니다. 감사합니다. 감사합니다.."

그리고 나서 우리의 어린 아이들을 껴안고 그녀는 말했다. "우리는 가족이구나. 가족들은 헤어지지 않겠지.."

그녀는 그렇게 말하면서 펑펑 울곤 했다.

그러한 것들은 대부분의 목회자들의 경험 속에 있을 것이다. 그러므로 나도 그러한 경험이 무엇을 의미하는지 잘 안다. 하지만 나는 무엇보다도 목회자의 입장에서 보다 주님의 입장에서 이야기하지 않으면 안 되었다. 나는 계속 해서 이야기했다.

"모든 사람들이 교회에서 은혜가 안 된다고 해서 무조건 떠나는 것이 주님의 뜻은 아닐 것입니다. 아무도 희생을 하지 않고 은혜만 얻어먹으러 다닌다면 그것은 그다지 바람직한 것은 아니겠지요.
　다만 그것을 인도하는 분은 주님이십니다. 아무도 자매에게 이렇게 해라, 저렇게 해라 하고 말할 수 없습니다. 오직 주님만이 명령하실 수 있습니다. 상담자는 오직 주님께 그가 나아갈 수 있도록 간접적으로 도울 뿐이며 말씀은 주님이 하시는 것입니다.
　주님께서 어떤 이에게는 다른 곳으로 인도하시기도 합니다. 또 반대로 어떤 이에게는 '목회자가 부족하지만 네가 남아서 교회를 위해, 목회자를 위해 중보하여라' 하고 말씀하기도 하십니다.
　그것은 오직 주님이 말씀하실 수 있는 것이며 아무도 알 수 없습니다. 다만 주님께서 어떻게 하라고 말씀하실 때 거기에는 기쁨과 평안이 있다는 사실입니다."
　여러 예화를 들면서 많은 이야기를 했으나 요지는 그런 것이었다. 그녀는 많이 나아진 목소리로 잘 알았다고, 다시 주님께 기도해 보겠다고 대답했다.
　그리고 한 주일쯤 지나서 다시 그녀의 전화를 받게 되었다. 그녀는 밝은 목소리로 말하는 것이었다.
　"저, 다시 기도했는데요.. 응답을 받았어요. 교회에 그대로 남기로 했어요."
　그녀는 기쁨을 가누지 못하며 말했다.
　"제가 정말 제대로 기도하지 않고 고민만 했나 봐요. 그 문제를 주님께 가져가지 않고 제가 붙들고만 있었나 봐요. 제가 다시 기도했을 때 주님께서는 제게 목사님을 위해서, 교회를 위해서 중보하고 기도해야 할 것을 보여주셨어요. 그리고 아이들을 가르치는 것도 주님께서 힘을 주시겠다고 하셨어요. 이제는 잘 할 수 있을 것 같아요. 얼마나 기쁜지 모르겠어요. 도와주셔서 정말 감사드립니다."

전화를 받고 나도 기뻤다. 나는 어떤 결론이나 조언을 주는 사람이 아니었다. 나는 하나의 원리를 제시하고 그 적용을 하는 것은 당사자이며 최종 대답은 오직 주님이 하시기 때문이다.

이 자매는 결국 좋은 방향으로 결론이 났다. 자매는 일종의 휴머니즘적인 의리로 봉사를 하고 있다가 너무 지치게 되었고 그것을 주님께 가져가자 주님께서 그녀에게 구체적으로 말씀하셨던 것이다.

이와 비슷한 상황에 있는 다른 사람들은 어떤 응답과 인도하심을 받게 될까? 그것은 모른다. 주님께서 각자 마다 다 다르게 인도하실 것이다.

아무튼 중요한 것은 이것이다. 우리는 휴머니스트가 아니며 주님의 사람이라는 것이다. 우리는 의리로 일하지 않는다. 우리는 윤리나 도덕으로 일하지 않는다. 우리는 주님의 종이다.

언제 어떤 상황에서도 우리는 주님의 사람이며 주님의 종이 되어야 한다. 그리하여 오직 주님의 분부만을 기다리고 있는 사람이 되어야 한다.

주님이 우리에게 어떤 일을 맡기실 지 우리는 알 수 없다. 이곳으로 인도하실 지 저곳으로 인도하실 지 우리는 알 수 없다. 드러나는 일을 맡기실 지 숨어있는 일을 맡기실 지 우리는 알 수 없다.

다만 한 가지는 분명하다. 우리가 그렇게 주님의 분부를 받아서 순종하려고 할 때 우리는 기쁨과 평안을 경험하게 될 것이라는 사실이다. 어떤 상황에 있든지 어떤 여건에 있든지 그 주님의 평안이 우리를 잡을 것이다. 그러므로 우리는 무엇을 어떻게 해야 할까 걱정할 필요가 없다. 오직 그 문제를 주님께 가지고 가야한다.

우리는 휴머니스트가 아니다. 우리는 주님의 종이다. 오직 주님이 시키시는 대로만 하면 된다. 이 혼란스럽고 피곤한 세상에서 이 사실처럼 우리를 자유롭고 행복하게 하는 것은 아마 다시없을 것이다.

14. 무슨 기관차가 지나가는가?

복음을 전해 들으면서 또한 믿음의 삶에 대해서 배우면서 참 많이 듣게 되는 것이 기관차 예화이다.

기관차는 여러 개의 차가 연결되어 움직이는 것이다. 그런데 첫 번째 가는 기관차는 말씀(사실)이라는 기관차이다. 그리고 그 다음에 지나가는 기관차가 믿음이라는 기관차이다. 그리고 맨 나중에 따라가는 기관차가 감정이라는 기관차이다.

요약하자면 믿음 생활에 있어서 중요한 것은 말씀 자체를 믿는 것이 먼저이며 감정은 나중에 따라온다는 것이다. 즉 말씀을 받아들일 때 어떤 감정적인 느낌이 없을지라도 그것을 사실로 받아들이고 믿는다면 나중에 감정이 따라오게 된다는 것이다.

이것은 구원의 확신이나 죄사함 등에 대한 확신을 가르칠 때 요긴하게 사용되는 예화이다. 이 예화와 함께 구원에 대한, 죄사함에 대한 성경 구절을 제시하고 그것을 믿을 것을 권하는 것이다.

구원에 대한, 죄사함에 대한 느낌이나 감각이 없어도 그 사실을 받아들여야 한다는 것이다. 그러면 나중에 그런 느낌과 감동이 따라올 것이니 걱정하지 않아도 된다는 것이다.

이 널리 알려진 예화나 그 논리가 잘못되었다고 주장하는 것은 결코 아니다. 그것은 분명히 진리의 일면을 가지고 있다. 다만 이 이야기가 지나치게 확대하여 적용될 경우에 적지 않은 후유증이 있을 수 있다는 것이다.

우선 논리적인 문제점에 대해서 이야기해보자. 이 메시지의 중심은 '감정보다 말씀이 더 우위에 있다.' 는 이야기인데 여기서 감정과 말씀이 서로 대치되는 개념인가 하는 것이다.

엄밀히 말해서 이것은 맞지 않는다. 감정이란 말씀과 대치되는 것이 아니다. 감정을 중시하는 것을 말씀을 도외시하고 감정과 느낌만을 추구하는 것이라고 단정 지어서는 안 된다. 여기서 표현되는 감정은 말씀에 대한 경험을 의미하는 것으로 말씀을 실제로 느끼고 경험하고 싶은 성향을 의미하는 것이다.

그러므로 여기에서의 감정이란 말씀에 대한 감정적인 반응을 의미하는 것이다. 그러므로 '감정보다 말씀' 이라는 말의 실제적인 의미는 '감정보다 이성' 이라는 말과 같은 것이다. 좀 더 구체적으로 표현한다면 '말씀에 대한 감정적인 반응보다 이성적인 반응이 더 낫다' 는 이야기인 것이다.

말씀을 감정적으로 느낌에 의지해서 믿지 말고 이성적인 판단에 근거해서 믿으라는 것이다. 아무 느낌이 없어도 믿으라는 것은 감정적인 느낌이 없어도 그 말씀이 사실이라는 것을 이성적으로 신뢰하라는 것이다. 이러한 메시지는 이성이 감정보다 더 우위에 있다는 기본적인 전제 위에서 나온 것이다.

'믿음은 감정이 아니다.' 라는 이야기가 있다. 오직 말씀을 믿어야 하며 말씀에 대한 느낌이나 감정이 따라오지 않더라도 믿어야 한다는 이야기이다.

하지만 또한 '믿음은 이성이 아니다.' 라는 말도 있다. 단순히 논리적으로 납득되고 설득되는 것이 믿음이 아니라는 것이다.

그렇다면 믿음이란 무엇인가? 어떤 이들은 '믿음은 경험이다.' 라고 주장하기도 한다. 시편은 말하기를 '**너희는** 여호와의 선하심을 맛보아 알지어다' (시34:8) 라고 말한다. 하나님을 직접 경험하라는 것이다. 하나님을 직접 경험하지 않고 단순히 이해한 것에서 그친다면 그는 영적인 실제를 알 수 없다는 것이다.

또한 어떤 이들은 '믿음은 경험이 아니다. 느낌도 아니다.' 라고 주장하기도 한다. 결국 어느 쪽은 느낌과 감동과 체험을 강조하고 다른 쪽은 그 반대이다.

과연 어느 것이 맞는가? 양쪽 다 자신들의 입장이 옳다고 성경적인 근거를 제시한다. 양쪽 다 성경적인 근거를 제시하려면 몇 권의 책으로도 부족할 만큼 방대한 자료를 제출할 수 있고 입증할 수 있을 것이다.

이러한 문제는 어느 쪽이 옳고 어느 쪽이 틀렸다고 할 수는 없는 문제이다. 즉 그것은 상호보완적인 것이다.

주님께서는 남자와 여자를 만드셨다. 여성은 정서적인 부분이 좀 더 발달되어 있으며 남자들은 이성적인 부분이 좀 더 발달되어 있다.

그런데 어느 쪽이 더 우위에 있고 중요한 존재라고 말할 수 있을 것인가? 양쪽은 서로 다른 성향과 장단점을 가지고 있으며 서로 다른 사명과 달란트를 가지고 있다. 그러므로 양쪽은 서로 돕고 사랑하며 협력해야 한다.

이성과 체험도 마찬가지다. 주님께서는 사람에게 머리와 가슴을 주셨다. 그 중에서 어느 쪽이 더 우월하고 중요한 것이냐고 말할 수 있겠는가? 어느 쪽이 더 옳다고 할 수 있겠는가? 그것은 옳고 그름의 문제가 아니다.

기질적으로 남성들은 머리 쪽이 더 발달되어 있다. 그들은 논리적이다. 여성들은 대체로 정서적인 부분이 발달되어 있다. 모두 다 그렇다는 것이 아니라 일반적으로 그렇다는 것이다.

여성은 애정이 삶의 중요한 이유가 된다. 사랑을 받고 소중히 여김을 받을 때 여성은 행복하다. 남성은 사랑도 중요하지만 먼저 일에 있어서 유능한 사람이 되고 싶어 한다.

기질적으로, 사명적으로 여성은 내적이며 남성은 외적이다. 여성은 생명적이며 남성은 사역적이다. 그리고 이러한 것은 상호보완적인 것이며 어느 쪽이 옳고 다른 쪽이 틀린 것이 아니다.

이성과 감정의 차이는 곧 남성과 여성의 차이와 같은 것이다. 이성은 외적이며 감정은 내면적이다. 이성은 외면적이고 논리적으로 말씀을 경험하며 감정은 내면적으로 주관적으로 말씀을 경험한다.

그러니 어느 쪽이 우선이고 더 중요하다고 할 수가 있겠는가? 어떤 기질의 사람들은 논리적인 이해와 깨달음을 통해서 말씀을 경험하고 신앙을 받아들인다. 어떤 이들은 먼저 감동을 느끼고 하나님의 임재와 사랑을 체험하고 나중에 깨달음이 오기 시작한다. 그것을 어느 쪽이 더 영적이라고 할 수 있겠는가?

이런 기관차 이야기는 근본적으로 서양 사람들이 만들어 낸 이야기라는 것을 알 필요가 있다. 즉 백인들이 만들어낸 이야기이다.

백인들은 지구의 북쪽에 사는 사람들이다. 지구는 인체와 같은 것이며 그들은 인체로 말하자면 머리 쪽에 속한 사람들이다. 한국인들은 어디에 사는가? 황인종이기 때문에 지구의 가운데서 산다. 인체로 말하자면 심장 부위에 산다. 다시 말하자면 한국인은 가슴의 사람들이다. 일반적으로 그렇다는 것이다.

그러므로 한국인들과 백인들은 근본적으로 사고 구조가 다르다는 것을 이해할 필요가 있다. 한국인들은 감정적이다. 물론 그것을 나쁘거나 유치하게 보아서는 안 된다. 그것은 하나의 특징일 뿐이다.

우리나라 사람들은 싸움을 할 때 소리를 지르며 화를 낸다. 차를 몰고 가다가 접촉 사고가 나면 일단 소리를 질러서 상대방의 기를 죽이려고 한다. 그것이 좋다는 것이 아니라 그런 성향이 있다는 것이다.

백인들이 보면 이는 참 이상하다. 왜 싸울 때 화를 내는지 이해가 잘 안 간다. 그들이 생각하기에는 흥분을 하게 되면 논리적으로 자신의 입장을 잘 설명하기 어려운데 말이다.

우리들은 이웃과 싸우더라도 웬만하면 일상의 싸움에서 그치지 법정까지 가는 일이 드물다. '법대로 해!'는 최대의 협박이며 갈 데까지 간 상황을 말한다.

대화나 정을 배제한 법과 논리에 맡긴다는 것은 서로 간에 이미 넘어설 수 없는 선을 넘어선 것을 의미한다.

그러나 백인들은 이웃에서 조금만 소음이 크다든지 하는 등의 사소한 일에 바로 신고를 하고 경찰을 부른다. 그리고 법으로 해결하려고 한다. 그것은 그들은 논리적으로 합리적으로 살아가는 쪽이 편하기 때문이다.

그러나 우리는 아니다. 우리는 논리와 합리보다 정이 더 중요하다. 그러므로 법대로 하는 것을 좋아하는 사람이 드문 것이다.

우리는 사업을 해도 마음이 통하는 사람과 거래하는 것을 좋아한다. 조건이 더 좋은 곳이 있어도 감정적으로 통하면 그 쪽과 거래를 한다. 우리는 정을 중요시한다.

하지만 백인들은 그렇지 않다. 아무리 좋은 관계라고 하더라도 현실적으로 좋은 조건이 있으면 그리로 간다. 이른바 프로 선수들의 '프로 정신'이라는 것도 다 백인들의 문화에서 온 것이다.

복음에 대해서도 그렇다. 백인들은 기독교 문화에서 살아가기도 하지만 그렇지 않은 사람이라도 논리적으로 복음에 접근한다. 복음에 대해서 이해하고 싶어 한다. 그래서 그들에게는 '4영리'와 같은 방식의 논리적인 복음 제시가 먹혀 들어간다.

하지만 우리는 어떤가? 그런 식으로 복음을 이해하고 진리를 깨달은 다음에 교회에 오는 사람은 거의 없다. 대부분 친한 사람의 얼굴을 보고 시달리다 못해서 그러한 인간관계의 기초 속에서 정 때문에 교회에 오는 것이 보통이다.

그래서 교회에 한참 다니다 보면 어느 사이에 하나님과 말씀이 믿어진다. 어느 정도 시간이 지나다보면 그렇게 믿는 것이 당연한 것이 되어 버리는 것이지 갑자기 어느 시점에서 믿는 것을 시작하는 것이 아닌 것이다.

결혼으로 말하자면 오래 동안 어떤 사람과 만나고 데이트를 하다 보니 특별하게 약속한 것이 아닌데 어느 사이에 둘이서 결혼한다는 사실이 당연하게 되어버린 것이다.

그런 것이 한국 사람의 정서이다. 그러므로 4영리라든지, 기관차 이야기라든지 하는 논리는 근본적으로 서양 사람들에게 어울리는 논리라는 것이다.

젊은이들에게는 그러한 논리가 통한다. 젊은이의 때는 어떤 때인가? 사람은 몸과 감정과 이성을 가지고 있다. 몸이 있고 영혼이 있는데 영혼의 두 가지 기능이 이성과 감정이다. 크게 간단하게 나누면 그렇다.

그런데 어린 시절부터 젊은이가 되기까지는 몸이 발달하는 때이다. 몸이 아주 빨리 자란다. 몸이 다 자라고 나면 이성의 시기가 온다. 논리적으로 이해하고 따지는 때이다.

그래서 젊은이들은 지식에 대한 욕구가 많다. 책을 몇 권 읽고 나면 자신이 굉장한 것을 깨달았다고 여기며 기성세대를 열심히 겁 없이 비판하는 때도 이때이다. 그러므로 젊은 시절에는 그러한 논리가 통한다. 실제의 생활 전선에 들어가지 않고 이상과 개념에 치우치는 시기이니까 말이다.

그러나 젊은 시절이 지나가면 사람에게는 세 번째 시기, 감성의 시대, 영혼의 시대, 영감의 시대가 시작된다. 젊었을 때 아주 공부를 잘 하고 똑똑한 여성들도 아기를 낳고 키우면서 아주 유치해진다. 행복한 바보가 된다.

나이가 들고 늙어질수록 사람은 정에 민감해진다. 젊었을 때 냉혹하고 날카롭던 이들도 나이가 지긋해지면서는 사랑하는 사람들과, 가족들과 함께 시간을 보내며 사랑을 나누는 것이 가장 중요하다고 느끼게 된다.

그러므로 섭리적인 면에서 젊은이들은 그러한 논리적 이해를 좋아한다. 그러므로 기관차 이야기가 젊은이들에게는 잘 통한다. 지적인 사람들에게는 잘 통한다.

목회자들은 어떤가? 여러 집회를 인도하면서 느낀 것인데 가장 냉냉하고 썰렁한 집회가 목회자들을 대상으로 한 집회이다. 평신도들은 주의 영이 조금만 임재하셔도 금방 눈물 바다가 된다. 하지만 사역자들은 그렇지 않다. 그들은 가장 영의 흐름을 타기 어렵고 영의 임재를 잘 경험하지 못한다.

그 이유는 무엇일까? 사역자들은 대체로 머리의 사람들이기 때문이다. 그들은 깨닫는 것을 좋아한다. 그러므로 책을 읽어도 아카데믹한 책들은 좋아하지만 가볍게 느껴지는 책들은 잘 보지 않는다.

대체로 사역자들은 머리 중심이며 심령이 잘 발달되어 있지 않다. 그런데 문제는 그러한 사역자들의 성향과 달리 많은 성도들이 정서적이고 감동적인 경험을 원한다는 사실이다.

남편은 아내와 자식을 위하여 열심히 돈을 번다. 그리고 그것으로 자신은 가정에 대한 의무를 다했다고 생각한다. 하지만 아내는 불만이다. 따뜻하고 달콤한 사랑의 고백을 받고 싶어 한다. 그래서 자신을 사랑하느냐고 자꾸 물어본다. 남편은 TV를 보면서 심드렁하게 대답한다. "아, 내가 사랑하니까 같이 살지. 그만 좀 해.."

어느 쪽이 잘못된 것일까? 아니다. 아무도 잘못되지 않았다. 그것은 서로의 기질차이에서 오는 것이다. 그것은 어쩔 수 없다. 서로 이해하는 수밖에.

성도들은 이른바 '은혜체험'을 사모한다. 목회자들이 그것을 못마땅하게 여겨도 그것은 어쩔 수 없는 일이다. 그러한 것을 추구하는 것은 신비주의이며 기관차는 지금도 열심히 지나가고 있고.. 그러니까 말씀을 믿고 기관차를 열심히 따라가다 보면.. 목회자들이 이런 식으로 아무리 가르쳐도 성도들에게는 그게 잘 먹혀 들어가지 않는 것이다.

오히려 누가 천국에 다녀왔다, 누가 무슨 은혜를 받았다.. 하면 그쪽으로 우르르 몰려간다. 목회자가 생각할 때는 정말 속이 다 뒤집어질 일이지만 대체로 성도들의 성향은 그렇다. 그것은 아내가 남편의 사랑을 믿는 것보다 느끼고 싶어 하는 것과 같다. 즉 그들은 하나님의 사랑을 느끼고 체험하고 싶은 것이다.

세계를 돌아다니며 오래 동안 여행을 했던 분이 쓴 글을 어디선가 읽은 적이 있다. 여행에서의 가장 큰 기쁨은 사람을 만나고 알고 사랑하게 되는 것이다.

그런데 많은 사람을 만나면서 느낀 것이 정말 친절한 사람들은 오지에 살고 있는 가난하고 단순한 사람들이었다고 한다. 인디아의 어떤 깡촌에서 한 주일동안 농사를 같이 지어주기도 하면서 지내다가 헤어지는 날이 왔는데 그 사람이 헤어지면서 자기를 붙들고 흘린 눈물과 그 감동을 아직까지 잊을 수가 없다고 한다.

그런데 잘 사는 나라, 유럽이나 북미 지역에도 가 보았지만 그들은 아주 친절하고 부드럽기는 하지만 그것은 표면상의 친절이지 가습속에서 나오는 친절은 아니었다는 것이다.

그것이 백인들의 특성이라고 할 수 있을 것이다. 그들은 머리의 사람들이다. 그들은 자신의 속을 잘 나타내지 않는다. 그래서 한국 사람과 백인들이 거래를 하면 한국 사람들이 실속이 없는 경향이 있다.

그들은 우리의 기분을 적당히 맞추어주고 그리고 모든 실속은 그들이 차지한다. 대체로 이성과 감정의 만남에서 손해 보는 쪽은 감정이다. 우리는 기분이 좋아지기만 하면 모든 것을 다 양보해준다.

우리나라 사람들은 아주 감정적이다. 기분에 많이 치우친다. 축구도 기분이 좋고 사기가 오르면 브라질도 이긴다. 하지만 기분이 좋지 않으면 태국에게도 진다. 그것이 우리의 기질이다.

우리나라가 경제를 발전시키는 과정에서 백인들의 문화에 많이 영향을 받았기 때문에 그러한 물질 중심, 소유 중심, 이성 중심의 세계에 가까워지게 되었다.

우리는 전통적으로 손님을 중시여기고 접대하기를 좋아한다. 그러나 백인들의 문화가 들어오면서 탐욕과 이기심, 물질 숭배, 합리주의, 개인주의 등의 기운이 들어오게 되었다.

교회는 특히 백인들의 영향을 많이 받게 되었다. 외국에서 백인들의 사상을 배워오면 그것이 유능하고 똑똑한 사역자라는 인식도 흔하게 되었다.

기독교는 사실 동양적이다. 유대는 동양이다. 기독교는 유대에서 일어났으나 2천년 동안 백인들에 의해서 발전해왔다. 나는 그 2

천년이 기독교가 논리의 감옥에 갇혀있던 시기라고 생각한다. 개념은 발전하고 신학은 발달했으나 실제적인 주의 임재와 영광은 그리 나타나지 않았다. 간혹 부흥의 시기도 있었으나 그 기간은 길지 않았다. 나는 한국 사람들의 신앙패턴이 백인들의 기독교보다 더 기독교의 본질에 가깝다고 생각한다.

이야기를 하다 보니 처음에는 이성과 감정에 대해서 중립을 지키려는 입장이었으나 감정 쪽으로 더 기우는 것 같은 느낌이 든다. 아마 내가 한국 사람이라서 그럴 것이다.

백인들은 설명하는 이들이 많다. 그러나 주님의 실제를 가지고 아는 이들은 그리 많지 않은 것 같다. 백인들은 영성에 대한 이야기를 해도 어디까지나 이론적인 제시에 그칠 뿐이지 실제적인 체험의 면에서는 아주 약하다. 그들의 체질 자체가 그러한 것이다.

믿음은 진리다. 신앙은 진리다. 그러나 또한 신앙은 체험이다. 살아 계신 주님과의 만남, 말씀과의 만남, 그것은 논리적인 이해 이상의 놀라운 세계이다.

주님을 대적하던 바울은 다메섹에서 빛을 경험하고 바뀌어졌다. 무기력하던 모세는 떨기나무에서 임하신 주님을 경험하고 사역이 새로워졌다. 기드온도, 다윗도, 삼손도, 성경에 나타난 그 모든 사람들은 하나님 체험을 통하여 새롭게 된 사람들이다.

그들은 먼저 사실이라는 기관차가 지나가고 그것을 믿은 후에 다른 기관차가 지나가고.. 그런 과정을 거치지 않았다.

유명한 부흥사 무디도 자신의 사역에 무엇인가 빠진 것이 있음을 알고 그 영의 임재를 구하였다. 홀연히 그가 길을 갈 때 그 영이 임하였으며 그는 거기에 사로잡혔다. 그리고 나서 그가 설교를 했을 때 사람들은 말했다.

"그가 달라졌다. 그는 예전의 그가 아니다. 설교 내용은 똑같지만 그러나 그 힘과 감동이 예전과 다르다."

그것은 믿음이라는 기관차가 지나간 결과가 아니었다. 그것은 분명한 하나님 체험을 통한 변화였던 것이다.

영혼이 깨어나게 될 때 거기에는 느낌이 있다. 어떤 감동이 있다. 그에게는 전에 알지 못했던 새로운 감각이 생기게 된다. 그것은 아주 실제적인 느낌이다.

어떤 이에게 악한 기운이 있는지, 어떤 공간에 어떤 방해가 있는지 그 영의 감각은 그것을 알게 된다. 주의 임재가 왜 막혀 있는지 무엇이 방해하고 있는지 그것을 느끼게 된다.

그것은 논리가 아니다. 그러나 분명한 사실이다. 그것은 오감이 아니다. 하지만 그냥 알게 된다. 그것은 영적 감각이다.

아무런 느낌이 없어도 그냥 믿으라는 가르침을 너무 중시하면 점차로 영이 무기력해질 수 있다. 잠시 그런 상태에 있을 수도 있지만 그러한 신앙의 틀과 체계 속에 있으면 점차 그 영혼은 메마르게 된다.

그것은 교회를 병들고 무기력하게 한다. 영적 단체를 거대한 무덤처럼 만들어 버린다. 거기에는 생기가 없다. 그것은 기쁨으로 가득했던 초대교회와 많은 차이가 있다.

스데반은 돌에 맞아죽으며 그 얼굴이 천사와 같이 빛났다. 환경과 여건에 상관없이 그는 속에서 끓어오르는 것 같은 내적 기쁨을 가지고 있었다. 그 기쁨과 감격은 그를 때려죽이는 돌조차 방해할 수 없었다.

말씀을 이해하고 공부하는 것은 좋은 일이다. 바른 진리의 체계를 이해하고 깨닫는 것은 좋은 일이다. 우리는 마땅히 그렇게 해야 한다. 하지만 우리는 동시에 주님의 체험을 추구해야 한다. 그 감격과 기쁨의 느낌이 어떤 것인지, 주님을 맛보아 아는 것이 어떤 것인지 알아야 한다.

어떤 이들은 그것이 좀 쉬울 것이다. 또한 어떤 이들은 기질적으로 그러한 경험이 쉽지 않을 것이다. 그러나 누구든지 간절하게 주님의 임재와 실제를 사모한다면 나는 그에게 주님의 풍성하신 임재가 나타나게 될 것이라고 믿는다. 왜냐하면 주님께서 그것을 기뻐하시며 원하시기 때문이다.

믿음에는 많은 기관차가 지나간다.
진리의 기관차도 지나가고
체험의 기관차도 지나간다.
다 좋은 기관차이다.
그러나 나는 좀 더 많은 사람들이 그 어떤 것보다도
주님을 경험하고 맛보는 그러한 기관차를 타기를 바란다.
왜냐하면 이 우주 안에서 주님의 임재와 그 아름다우심의 풍성함보다 더 놀라운 것은 전혀 없기 때문이다.
그러한 주님을 맛보게 되면 될수록
우리의 존재와 세상 모든 것들은
점점 더 희미해진다.

그리하여 우리는 오직 주님만을 구하는 사람으로
변화되어 가는 것이다.
우리 모두가 그 놀랍고도 풍성한,
아름다운 기관차에 탑승할 수 있다면 얼마나 좋을까!
그것은 이 세상의 그 어느 것과도 바꿀 수 없는
우리의 삶에서 가장 아름답고 놀랍고
행복한 사건이 될 것이다.
할렐루야.

15. 선한 사람으로 보이려고 애쓰지 말라

　우리는 선한 사람인가? 아마 어느 정도는 그럴 것이다. 그러나 또한 어느 정도는 그렇지 않을 것이다. 그렇다. 우리는 어느 정도는 선한 부분을 가지고 있고 어느 정도는 악한 부분을 가지고 있다. 그것은 어느 누구나 마찬가지일 것이다.
　완전하게 선한 사람은 없다. 또한 완전하게 악한 사람도 없다. 영화나 소설에서는 항상 선한 사람과 악당이 존재하지만 실제의 현실에서는 그렇지 않다. 어떤 선인도 완전하지 않으며 어느 면에서 치사하고 한심스럽다. 또한 어떠한 악인도 어느 정도의 선함을 가지고 있다. 완벽하게 악한 것은 아니다.
　우리는 이 세상에 사는 동안 누구든지 변화되어 가는 과정에 있다. 조금씩 더 선해져 가든지 아니면 조금씩 더 악해져가든지 한다. 점점 더 아름답고 선한 사람이 되어가고 천국에 가까운 사람이 되어가기도 한다. 또한 점점 더 완악하고 사나운 사람으로 점점 더 지옥에 가까워지기도 한다. 그것은 개인의 선택과 날마다의 삶을 통하여 이루어져 가고 형성되어 간다. 인생이란 그렇게 날마다 영원을 만들어 가는 것이다.
　우리 안에는 악성이 있다. 그것은 육체를 가지고 있고 타락을 한 상태에서 태어나기 때문에 어쩔 수 없는 문제이다. 또한 우리 안에는 하나님의 형상이 있기 때문에 우리는 선에 대한 소원을 가지고 있다. 그리고 우리가 악을 행할 때 우리는 그것이 악인 줄 안다. 그것도 역시 우리 안에 형성된 하나님의 형상인 영혼의 기능에 속한 것이다.

자신이 악을 행하면서 그것이 선이라고 믿는 사람은 없다. 화를 내면서 자신이 잘했다고 생각하는 사람은 없다. 성질이 과격한 사람은 그것을 자신이 가장 잘 안다. 남을 미워하면서 자신이 옳다고 생각하는 사람은 없다. 물론 상대방은 아주 나쁜 사람이며 자신은 아무 죄가 없다고 강조하면서 주장하는 사람도 있다. 그럴 때도 사실은 속으로는 자신이 잘못된 것을 잘 알고 있기 때문에 다른 이들의 동조를 구하고 싶은 것이다. 자신이 진정 옳다면 다른 이들의 동의와 동감이 필요하지 않을 것이다.

욕심을 부리지 않고 넓은 마음으로 사랑하고 포용하며 용서할 수 있다면 그것을 나쁘다고 여기는 사람은 아무도 없다. 문제는 그렇게 하는 것이 쉽지 않다는 것이지 그것이 좋고 옳은지는 누구나 안다.

남의 욕을 하거나 비방을 하면서 환한 얼굴로 말하는 사람은 없다. 원망과 불평을 하면서 기쁨이 가득한 사람은 없다. 그렇게 말할 때 우리는 본능적으로 얼굴을 찌푸리고 어두운 표정이 된다. 그것은 그러한 것이 악에 속한 것임을 보여주는 것이다.

우리는 선이 무엇인지 안다. 그러나 우리 안에 악이 있으며 그렇게 선을 행하기가 어렵다. 자, 그런데 여기에서 문제는 무엇인가?

우리는 비록 우리 안에 악이 있고 잘못된 부분이 있다고 하더라도 다른 사람에게는 좋은 사람으로 보이고 싶은 욕망이 있다는 것이다. 바로 그것이 문제이다.

여인들이 화장을 왜 하는가? 물론 아름답게 보이고 싶기 때문이다. 남자들은 대체로 자기의 얼굴이 남들에게 어떻게 보이는지에 대해서 그다지 관심을 가지고 있지 않다.

그러나 여성들은 남들에게 좋게 보이려고 하는 소망이 좀 더 많다. 그래서 자기의 얼굴이나 상태가 좋을 때는 자꾸 외출을 하려고 하고 활동을 하고 싶어 하는 경향이 있다. 반대로 컨디션이 안 좋고 얼굴도 우중충하게 보인다면? 그 때는 별로 밖으로 나가고 싶은 마음이 없게 된다.

여성은 주로 외모에 대하여 좋은 인상을 주기를 원한다. 그러나 외모가 아니더라도 그것은 남자도 마찬가지다. 누구나 다른 이들에게 좋은 사람으로 보이고 싶어 한다. 지적인 사람으로 보이고 싶기도 하고 선한 사람으로 보이고 싶어 하기도 한다.

아주 친한 사람이 아니라면 다른 집에 예고 없이 방문하는 것은 큰 실례이다. 왜 그런가? 아무도 자기 집의 흐트러진 모습을 보여주고 싶지 않기 때문이다. 더러운 모습을 보이고 싶어 하는 사람은 별로 없을 것이다.

우리 안에는 악한 모습이 있다. 그러나 우리는 그것을 보여주고 싶어 하지 않는다. 그것이 잘못인가? 그렇지는 않을 것이다. 그러나 거기에서 더 나아가서 우리는 자신을 옳은 사람으로 포장하고 다른 이들에게 잘 보이려고 한다. 거기까지 나아간다면 그것은 좀 곤란하다. 그것은 우리에게 심각한 묶임을 준다. 그것을 무엇이라고 하는가? 그것이 바로 외식이라는 것이다. 그것은 주님께서 가장 싫어하셨던 것이었다.

유달리 남의 시선에 신경을 쓰는 사람이 있다. 유달리 남들에게 잘 보이고 싶어 하는 사람이 있다. 누구나 그러한 성향이 어느 정도 있기는 하지만 그 정도가 좀 심한 사람이 있다. 그러한 이들은 자유로운 사람이 아니다. 묶여있는 사람이다.

특별히 외모에 신경을 많이 쓰는 이들이 있다. 멋진 옷차림이나 세련된 용모를 보여주기 위해서 지나치게 노력하는 이들이 있다. 그것은 그들의 영적 상태를 보여주는 것이다. 즉 그들은 마르다처럼 바깥에 치우쳐서 내면은 텅 비어있는 공허한 사람에 속하는 것이다.

어떤 이들은 체면을 아주 중시한다. 남들에게 잘 보이려고 아주 노력한다. 사람들에게 좋은 평판을 받고 싶어 한다. 주님께도 이러한 사람이 찾아왔었다. 그리고 자기를 옳게 보이게 하려고 영적인 질문을 퍼부었다. 진리가 궁금해서가 아니라 자신의 체면을 세우기 위해서였다.

바리새인들은 체면을 아주 중시하는 사람들이다. 그들은 외식하고 그럴 듯하게 행동하는 데에 아주 익숙한 사람들이다. 그들은 자신이 지옥에 떨어지게 되었을 때 제일 먼저 이렇게 말할 사람들이다.

"아이고.. 내가 지옥에 간다고? 이거 망신살이 뻗쳤구먼!"

그들이 두려워하는 것은 체면이다. 대제사장의 무리들이 주님을 십자가에 못 박은 후에 주님이 부활하신 것을 그들은 알게 되었다.

그러자 그들의 반응은 바로 이런 것이었다.

"큰일 났다. 이 사실이 백성들에게 알려지면 어떡하지? 그러면 우리 꼴이 어떻게 되는 거야?"

그들의 관심은 그들이 핍박하고 죽였던 예수님이 정말 하나님이실 수도 있다는 것이 아니었다. 그들이 무서운 일을 저질렀을 수도 있다는 사실이 아니었다. 다만 백성들 앞에서 그들의 입장과 체면이 손상되는 것이 더 중요한 문제였다. 그래서 그들은 군사들에게 돈을 주어 예수의 제자들이 시체를 훔쳐갔다고 거짓 소문을 내도록 만들었다. 그들에게 중요한 것은 진리가 아니라 오직 체면이었다.

사울은 왕이 된 후에 여러 번 하나님의 명령을 듣지 않았다. 그는 진멸하라고 한 아말렉의 양과 소들을 진멸하지 않았다. 사무엘이 그것을 지적해도 그는 그것이 욕심 때문이 아니라 하나님께 드리기 위한 것이었다는 등 변명으로 일관했다. 화가 난 사무엘이 그를 떠나려 하자 다급한 사울은 사무엘을 붙잡고 간청했다.

"사울이 가로되 내가 범죄 하였을지라도 청하옵나니 내 백성의 장로들의 앞과 이스라엘의 앞에서 나를 높이사 나와 함께 돌아가서 나로 당신의 하나님 여호와께 경배하게 하소서" (삼상15:30)

이 말을 얼핏 보면 그가 용서를 구하며 하나님께 나아가서 예배를 드리겠다는 경건한 마음을 표현한 것 같지만 사실은 그것이 아니다. 사울은 이렇게 이야기하고 있는 것이다.

"이대로 가시면 어떡합니까? 당신이 이스라엘의 영적인 지도자인데 이렇게 가버리면 백성들 앞에서 제 체면이 뭐가 되겠습니까? 그러니 제발 노여움을 푸시고 제 체면을 좀 세워주십시오."

이것이 육에 속한 사람들의 특징인 것이다. 즉 그들은 속에 악한 것이 있을지라도 그것을 그리 심각하게 생각하지 않는다. 그리고 겉으로만 그럴싸하게 포장하기를 원한다.

야단을 치더라도 좋으니 사람들이 없는 데서 은밀하고 조용히 말하라고 한다. 그들은 체면 때문에 목숨을 걸기 때문이다.

예수님의 수제자 격이었던 베드로는 다른 제자들이 다 보고 듣는 앞에서 공개적으로 망신을 당하고 야단을 맞은 적이 여러 번 있었는데 아마 바리새인들이었다면 벌써 옛날에 도망을 가버렸을 것이다. '제자의 인격을 무시하는 당신을 나는 더 이상 따르지 않겠소.' 하면서 말이다. 그들이 원하는 것은 진리가 아니라 체면이고 입장이고 명예다.

영화 백투더 퓨처에 보면 주인공이 시간 여행을 통해서 과거의 서부시대로 가는 내용이 나온다. 거기서 주인공은 악당 총잡이를 만나서 싸우게 되는 일이 생긴다. 악당 총잡이는 주인공에게 결투를 신청한다. 물론 총으로 말이다.

여기서 주인공은 당황한다. 그는 즐거운 모험을 위해서 과거로 여행을 했을 뿐이지 과거에서 목숨을 걸고 총싸움을 하고 싶은 마음은 전혀 없는 것이다. 게다가 총을 쏘아본 적도 없으니까 그에게는 전혀 승산이 없는 싸움이다. 그는 집 안에 있고 악당은 바깥에서 주인공의 이름을 부르며 나오라고 외치며 그를 기다리고 있다. 주인공은 고심 끝에 외친다.

"싫어!"

그런데 그 한마디가 악당에게 충격을 준다. 싫다고? 사나이가 결투를 하자고 하는데 싫다고? 그런 경우는 당해본 적이 없다. 그 시대의 사람들은 목숨보다 명예를 더 소중하게 여겼다. 따라서 남자가 결투를 거절한다면 그는 비겁한 자이다. 그는 평생을 비겁한 사람이라는 오명 속에서 살아야 한다.

하지만 현대인의 입장에서 그까짓 명예 때문에 목숨을 건다는 것은 생각하기 어려운 일이다. 과거에는 남자들이 명예를 위해 결투를 하고 칼싸움을 하고 총 싸움을 했다. 아버지는 아들에게 말하기를 가문의 명예를 위해서 장렬하게 싸우다 죽으라고 가르쳤다.

현대에 태어난 것은 참 감사한 일이다. 우리들은 자녀들에게 가르치기를 깡패를 만나게 되면 돈을 빼앗기더라도 함부로 싸우지 말라고 가르친다. 그리고 나서 신고하면 된다. 가문의 명예를 위해서 깡패들과 장렬하게 싸우다 죽으라고 가르치지 않는다.

불량배에게 돈을 뜯기고 집에 온 아들에게 "가문의 명예를 더럽힌 놈! 이제 나를 더 이상 아버지라 부르지 마라!" 하는 아버지는 더 이상 없다. 다행한 일이다.

과거에는 명예 때문에 목숨을 걸고 싸워야 했다. 하지만 지금은 사과를 하면 된다. 그것은 바로 자유함이다. 미안함을 표시하면 끝나는 일에 목숨을 걸 필요가 있겠는가?

여기서 중요한 사실은 이것이다. 명예를 포기하면 자유함이 온다는 것이다. 체면을 손상하기를 원치 않는다면 많은 대가를 지불해야 한다. 그러나 그것을 내려놓으면 아주 편하다.

오늘날에는 명예를 놓고 목숨을 건 총싸움, 칼싸움을 벌이지는 않는다. 그러나 여전히 명예와 체면을 목숨처럼 삶의 우선순위에

놓는 이들이 있다. 그들은 자유로운가? 자유롭지 못하다. 그들은 남들의 시선에 묶이게 되며 외식하기 쉬운 상태가 될 수 있다. 명예에서, 남들의 시선에서 자유롭다는 것, 그것은 정말 놀라운 자유함이다.

바리새인들은 구원을 받기 아주 어려운 위치에 있었다. 그들은 예수님을 만나고 그의 가르침을 받아들이는 데에 아주 불리했다.

이유는 그들의 체면 때문이었다. 그들은 지도자들이었으며 가문이나 이름조차 불확실한 주님의 가르침을 받아들이는 것은 그들의 위신이 서지 않는 일이었다. 니고데모가 밤에 주님을 찾아온 것도 그러한 그의 입장과 무관하지 않다. 만약 누군가가 체면 때문에 지옥에 간다면, 은혜를 받지 못한다면 그것처럼 비참한 일이 있을까?

언젠가 안면이 있는 목사님이 영성으로 유명한 어떤 목사님을 만날 수 있게 다리를 놓아달라고 부탁을 한 적이 있었다. 내가 그에게 그 목사님을 만나고 싶으면 그가 하는 집회에 가면 되지 않느냐고 하자 자신도 어느 정도 이름이 있는 사람이기 때문에 공개적으로 그런 집회에 참석하기는 곤란하다는 것이었다.

한번은 어떤 사모님이 방언을 받고 싶다고 부탁을 해서 기도를 해 준 적이 있었는데 어디에서 목회를 하고 있느냐고 묻자 그녀의 대답도 비슷했다. 남편이 유명한 분이기 때문에 밝힐 수 없다는 것이었다. 아무튼 어느 정도 위치에 있기 때문에 체면에 신경을 써야 한다는 것은 몹시 피곤한 일이다.

반면에 세리와 창기들은 그러한 불편함이 없었다.

그들은 이미 버린 몸이었다. 그들은 이미 신흙탕에 구르고 있는 사람들이었다. 아무도 그들을 존경하지 않았다. 그들은 체면을 차리고 말고 할 필요가 없었다. 그들은 우아하게 폼을 잡으면서 주님 앞에 나아갈 필요가 없었으며 그냥 자기 모습 그대로 주님께 나아갈 수가 있었다.

존경을 받고 남들에게 인정을 받는 다는 것은 그와 같은 묶임 속으로 들어가는 것을 의미하는 것이다. 그것은 사람의 자유를 억압하는 것이다. 오, 그러나 그러한 묶임 속에 들어가기를 원하는 이들은 왜 그렇게도 많은지! 그것은 실로 비참한 일이다.

어떤 이들은 존경을 원하는 것은 아니지만 남들에게 나쁜 이야기를 듣는 것을 몹시 싫어하고 두려워한다. 그들은 남들에게 안 좋은 이야기를 듣고 살지를 못한다. 치사해서 싫다고 한다. 그래서 그들은 남들에게 흠을 잡히지 않도록 최대한 조심하면서 산다. 원하지 않는 일도 남들에게 욕을 먹지 않기 위해서 열심히 한다. 그것은 어떠한 삶인가? 그것 역시 묶여있는 삶이다.

물론 남들의 입장을 돌아보지 않고 자기 멋대로 사는 것은 좋지 않은 일이다. 그러나 거기에서 더 나아가서 남들의 시선 때문에 마음과 생각이 구속된다면 그것은 이미 자유로운 삶과는 거리가 먼 것이다.

항상 불평하고 트집을 잡는 이들은 어디에나 있다. 우리는 그들의 비위를 맞추기 위해서 노력할 필요가 없다.

우리는 모든 사람을 만족시킬 수 없다. 우리는 사람의 종이 아니며 오직 주님의 종이 되어야 한다. 마지막 날에 우리를 심판하실 이는 우리의 주변에 있는 까다로운 사람이 아니라 바로 주님이시다.

그러므로 우리는 사람보다 주님을 두려워해야 한다. 사람에 대한 조심은 묶임이지만 주님의 시선을 의식하는 것은 자유함과 기쁨을 준다.

많은 이들이 '덕을 세워야 한다'는 메시지에 묶여서 산다. 그렇게 덕을 세워서 불신자들의 마음 문을 열어야 하며 복음으로 이끌어야 한다고 배운다.

물론 그것은 좋은 일이다. 하지만 그것도 억지로 할 수는 없다. 이른바 덕을 세운다고 하면서 눈치를 보며 세상 사람들에게 끌려가면서 사는 무기력한 사람들도 적지 않은 것이다. 그것은 자유한 삶이 아니다.

구원이란 주님의 뜻과 때에 달려 있는 것이다. 주님으로부터 나온 것이 아니라면 우리가 아무리 덕을 세우고 또 세워도 그 영혼은 주님 앞에 이르지 못한다. 중요한 것은 우리가 주님께 순종하는 것이다. 우리는 사람의 눈치를 보는 사람이 아니라 주님의 눈치를 보는 사람이 되어야 한다. 주님의 감동과 인도를 따라서 덕을 세우는 것에는 항상 기쁨과 행복이 따른다.

오늘날 사람들은 다른 사람들의 시선에 얼마나 중독이 되어있는지 잘 인식하지 못한다.

예를 들어서 어떤 집사님이 대표기도에서 기도를 더듬고 서투르게 했다고 하자. 그는 어떤 생각에 잡힐 것인가? 주님께 죄송하다는 마음은 별로 없을 것이다. 그의 생각은 '다른 사람들이 나를 어떻게 볼까?' 하는 것이다.

이렇게 주님이 무시되고 사람이 중시되는 그러한 요소는 우리의 신앙생활에서 너무나 흔하게 발견된다. 이것이 오늘날 사람들이 그리스도와의 친밀한 교제를 가지지 못하는 중요한 이유가 되는 것이다. 즉 항상 사람을 의식하고 남에게 욕먹기 싫어하며 남의 시선을 의식하는 사람은 주님을 의식할 수 없으며 주님과 가까워질 수 없는 것이다.

친절한 사람이 되는 것은 좋은 일이다. 그러나 친절한 사람으로 보이려고 애쓰는 것은 좋지 않다. 그것은 묶임이다. 거기에는 자유함이 없다. 자연스럽게 나오지 않는 것은 다 묶임이다.

자선을 하고 구제를 하는 것은 좋은 일이다. 그러나 억지로 하는 것은 좋지 않다. 주고 싶지 않다면 주지 않아도 된다. 의무감 속에서 하는 것에는 아무런 상급이 없다. 아까움에도 불구하고 주는 것은 스트레스만 일으킬 뿐이다.

남에게 좋은 인상을 주려고 애쓰는 것은 좋은 일이 아니다. 그것은 묶임이다.

칭찬은 일종의 결박과 같다. 그것은 사람을 중독 시킨다. 칭찬을 받은 사람은 자기가 받은 칭찬과 좋은 인상을 유지하고 싶어 한다. 그래서 칭찬을 해 주는 사람에게 묶인다.

그에게 계속적으로 칭찬을 받고 좋은 인상을 주고 싶어서 상대의 원하는 대로 해야 한다는 부담을 받게 된다. 그러한 부담은 주님께로부터 오는 것이 아니다. 그것은 사람에게서 오는 묶임에 불과하다.

바리새인의 속에는 탐심과 악이 가득했다. 그러나 그들은 거룩하고 경건한 종교인으로서의 존경을 받고 있었다. 그들은 그러한 평판을 유지하기 위해서 할 수 없이 계속 경건한 척을 하면서 살아야 했다. 바로 그것이 묶임이다.

남들에게 존경을 받는 것이 좋은 것인가? 원하지도 않지만 존경을 남들이 굳이 하겠다면 그것을 말릴 필요는 없을 것이다. 그러나 어떤 이가 존경을 받고 싶어 하는 사람이라면 그는 노예생활을 각오해야 한다.

모범생은 행복할까? 선한 사람으로 평판을 가지고 있는 이들은 행복할까? 그럴지도 모른다. 그러나 다른 사람들의 그러한 시선들은 그들에게 부담을 준다.

그들은 틀에서 벗어날 수 없다. 틀에서 벗어나면 여태까지의 모든 좋은 이미지가 망가질 것이다. 차츰 그들은 자신이 원하는 것을 할 수 없다는 것을 알게 된다. 그것은 자유인가? 아니다. 묶임이다.

남들에게 효자라고 알려지고 모범생이라고 알려지고 아주 착한 사람이라고 알려지는 것.. 그것이 자유일까? 그렇지 않을 것이다. 많은 경우 그것은 묶임을 준다. 그런 이들은 화가 나도 화를 낼 수 없다. 자신의 이미지가 망가지기 때문이다. 그러므로 그들의 마음속은 점점 더 엉망이 되어 간다.

평소에 아주 성실하고 모범생으로 알려진 사람의 극단적인 행동이 가끔 사람들을 놀라게 하는 경우가 있다. 그럴 때 사람들은 놀라며 '저 사람, 전혀 그럴 사람이 아닌데..' 하고 말한다. 과연 그럴까? 그는 겉으로 평탄하게 살아왔지만 속으로는 항상 전쟁을 치르고 있었을 것이다.

성품이 내성적이며 항상 천사표로 불리는 어떤 자매가 기도를 하다 예언의 영이 열리게 되었다. 처음의 예언은 나쁘지 않았다. 그런데 차츰 예언의 내용이 이상해져갔다. 점점 주님의 이름을 빙자해서 자신의 감정을 그대로 표출시켰다. 겉으로 선하고 온유하던 그녀에게서 날카롭고 공격적이고 정죄적인 메시지가 계속 흘러나오게 되었다.

그 이유는 무엇인가? 내성적이기 때문에 속에 있는 분노와 억울함 들이 표출되지 못하고 있다가 그런 식으로 나오게 되는 것이다. 그것도 역시 외적으로 선하던 그녀의 내면에서는 전쟁이 많이 있었음을 보여주는 것이다.

얼마나 많은 이들이 다른 이들의 존경을 원하는가! 선한 사람으로 보여 지고 싶어 하는가! 영적으로 보이기를 원하는가!

그들은 받지도 않은 은혜를 받았다고 주장하기도 하며 자신의 체험에 날개를 단다. 하지만 그것이 자유인가? 아니다. 구렁텅이로 떨어지게 하는 도구에 지나지 않은 것이다.

자신을 꾸미는 것은 좋지 않은 것이다. 자신을 좋게 보이려고 하는 것은 좋지 않은 것이다. 그것은 전혀 영적인 것이 아니다.

머리가 좋은 이들은 자기 마음을 감추는 데 좀 더 성공적이다. 눈치 빠르고 영리할수록 그것에 성공할 수 있다.

하지만 이 땅에서 많은 이들에게 인정을 받고 존경을 받는다고 하더라도 우리의 내면을 낱낱이 알고 계시는 주님 앞에서 그 모든 것이 무슨 소용이 있다는 말인가. 그러한 이들의 심판 날은 가장 무섭고 비참한 날이 될 것이다.

나는 많은 이들이 자기의 마음을 감추고 속마음과 전혀 상관없는 엉뚱한 이야기를 하는 것을 많이 보았다. 그것은 자유인가? 그렇지 않다! 그러한 말을 하는 순간 그들의 영혼은 더욱 더 엉망이 되어가고 있는 것이다.

연인들은 상대의 마음을 얻기 위해서 자신을 최대한 좋게 보이려고 노력한다. 그것이 나쁜 일인가? 나쁜 일까지는 아닐 것이다. 그러나 그것도 역시 하나의 묶임이 될 수 있다.

자신을 인위적으로 만들어내는 것은 영혼을 복잡하게 만든다. 그것은 자연스럽지 않다. 그는 주님을 붙잡고 매사에 순종하는 삶을 사는 것보다 연기하는 습관이 생길 수가 있다.

물론 그것은 거짓의 삶이다. 상대를 얻은 후에는 더 이상의 연기가 나오지 않게 된다. 그것은 갈등의 시작이 될 수 있다. 자연스럽고 순수하지 않은 모든 것들은 나중에 다 후유증이 생기게 되어있다.

우리는 자유인이 되어야 한다. 그러므로 원하지 않는 것을 남들의 시선 때문에 하고 있는 것이 있다면 그러한 것들을 내려놓기 시작해야 한다.

칭찬을 받기 위해서 당신이 싫어하는 것을 하지 말라. 그것은 묶임이다. 억지로 선행을 하지 말라. 그것은 영혼에 도움이 되지 않는다. 아까운데 억지로 헌금을 하지 말라. 거기에도 유익이 없다.

속에는 화가 많이 나 있는데 화가 나지 않은 척 하지 말라. 당신은 상대방을 더욱 더 미워하게 된다. 당신은 자연스럽게 당신의 마음을 표현할 수 있는 길을 찾아야 한다.

상대방에게 선한 사람이라는 이미지를 심어주기 위해서 착하게 보이려고 애쓰지 말라. 당신은 노예 생활을 하고 있는 것이다.

진리는 분명하다. 우리가 주님께 순종한다면 그것은 우리에게 해방과 자유함을 준다. 그러나 우리가 사람을 의식하고 행동한다면 그것은 우리에게 갈수록 묶임을 줄뿐이다.

우리는 우리의 현재 상태를 받아들이고 인정해야 한다. 3살짜리도 있고 10살짜리도 있고 30살짜리도 있다. 그들은 모두 나름대로 아름다운 것이다. 그러나 3살짜리가 30살짜리 흉내를 내려고 하면 삶이 피곤해지게 된다.

어떤 이는 아직 많이 어리다. 그래서 자기에게 어떤 이익이 있지 않는 한 남을 섬기고 싶지 않다. 그것은 분명히 어린 상태이다.

하지만 분명한 것은 주님께서는 그러한 이들도 사랑하신다는 것이다. 주님은 어린아이라고 멀리 하시지 않는다.

어린 것은 나쁜 것이 아니다. 다만 그 자리에 머물러 있는 것은 좋지 않다. 그러므로 자라가기만 하면 되는 것이다.

이 사람이 좀 더 자라게 되면 자기에게 어떤 이익이 오지 않더라도 남을 섬길 때 참으로 순결한 기쁨이 임한다는 것을 체험하게 될 것이다. 언젠가는 그런 날이 올 것이다. 그러나 현재 아직 자기 수준이 그렇게 되지 않은 상태에서 무리하게 할 필요는 없는 것이다.

그러므로 자기 수준을 이해해야 한다. 그것은 부끄럽지 않은 일이며 그것을 받아들여야 한다.

우리가 성장을 위해서 해야 하는 것은 주님을 바라보는 것이며 주님과 함께 노는 것이며 조금씩 자기 수준에서 주님의 인도하심과 요구에 순복해나가는 것이다.

점점 자라게 되면 우리는 할 수 있는 일이 많아지게 될 것이다. 그러나 지금의 수준에서 무리하지 말라. 하기 싫은 것을 억지로 하지 말라.

부디 주님을 붙잡고 꾸준히 자라가라. 억지로 선행을 하며 억지로 참으며.. 그렇게 살지 말라. 자기의 수준 이상으로 보이고 존경을 받으려고 하지 말라. 그것은 당신을 멸망으로 이끄는 길이다.

선한 사람이 되려고 애쓰지 말라.
오직 주님의 사람이 되려고 힘쓰라.
사람의 인정을 받으려고 애쓰지 말라.
오직 주님의 인정을 받으려고 하라.
우리가 이 원칙에 충실할 때
우리는 좀 더 자유로운 그리스도인이 되는 길에
한 걸음 더 가까워지게 될 것이다.

16. 우리는 환경을 창조한다

 흔히 답이 나오지 않는 난해한 문제를 이야기할 때 예로써 드는 것이 닭이 먼저인가? 알이 먼저인가? 하는 이야기이다.
 그런데 과연 이 문제가 난해한 문제에 속하는가? 그것은 일반인들이 보기에는 어려운 문제인지 모른다. 그러나 그리스도인들의 입장에서 보면 그것은 답이 간단한 문제이다. 닭이 먼저인 것이다.
 그리스도인들은 창조론을 믿는다. 그러므로 하나님께서 먼저 닭을 창조하신 것이다. 그리고 그렇게 창조된 닭이 알을 낳은 것이다. 그러므로 이것은 답이 명확한 것이며 어려운 문제라고 할 수 없다.
 이와 비슷하게 간단하고 명료한 답이 명백하게 존재하는데도 마치 답이 보이지 않는 것처럼 고뇌하고 씨름하고 있는 문제들은 참 많이 있다.
 그 중의 하나가 행복은 어디에서 오는가? 환경에서 오는가? 아니면 마음에서 오는가? 하는 문제이다.
 여기서 환경이란 눈에 보이는 물질세계를 의미하는 것이다. 그리고 마음이란 보이지 않는 내적인 세계를 총칭하는 것이라고 해두자.
 이 질문을 좀 더 구체적으로 다시 제시해보면 이렇다. 사람은 환경이 좋아졌을 때 행복과 기쁨을 느끼는 것인가? 아니면 마음이 즐겁고 행복할 때 좋은 환경이 따라오게 되는가? 하는 질문이다.

이 질문에 대하여 첫 번째가 맞다고 여기는 것은 환경이 좋을 때 그 좋은 환경에 의해서 마음의 행복이 온다고 보는 것이다. 즉 우선적인 것이 환경이며 마음의 행복은 그 결과라고 보는 것이다. 이것은 물질과 환경적인 여건을 중시하는 사고라고 할 수 있다.

두 번째가 옳다고 여기는 것은 마음의 상태에 의해서 환경의 행복이 따라온다고 보는 것이다. 즉 우선적인 것은 사람의 마음이며 그 마음의 작용에 의해서 바깥의 환경이 따라오게 된다는 것이다. 이것은 마음과 보이지 않는 내적인 세계를 더 중시하는 사고라고 할 수 있다.

흔히 하는 말에 '웃으면 복이 온다.' 는 말이 있다. 이것은 복이 오기 전에 웃었다는 이야기이다. 즉 환경에 의해서 웃은 것이 아니라 먼저 웃었는데 그 웃음의 결과로 복이 오고 좋은 환경이 왔다는 이야기이다. 그러므로 이것은 두 번째의 견해에 속하는 이야기라고 할 수 있다.

반대로 '복이 오면 웃는다.' 라는 말은 들어보지 않았지만 만약 그러한 말이 있다면 먼저 복스러운 환경이 올 때 사람은 비로소 웃게 된다는 말이니까 이것은 환경의 우선됨을 말하는 것이다. 그것은 첫 번째 견해라고 할 수 있는 것이다.

자, 이 두 번째 견해 중에서 어떤 것이 옳은 것일까? 이 역시 그리스도인의 입장이라면 답은 간단한 것이다. 즉 마음, 내적인 세계, 보이지 않는 세계가 먼저인 것이고 환경은 그 다음에 오는 것이다. 그 마음의 결과로 오는 것이다.

하나님은 세상을 창조하실 때 먼저 마음속에 창조에 대한 마음을 품으셨다. 그리고 그것을 명령하셨을 때 그 말씀대로 창조가 이루어졌다. 그러므로 창조와 환경의 나타남은 말씀의 결과이며 하나님의 마음의 결과이다. 먼저 물질이 있었고 나중에 하나님께서 생각을 하신 것이 아니다.

주님의 가르침도 마찬가지다. 주님은 먼저 믿을 것을 가르치셨다. 병자를 고칠 때도 먼저 믿음을 가지라고 말씀하셨다. 일단 먼저 낫고 나서 그 다음에 믿으라고 하지 않으셨다.

베드로가 물위를 걷게 해달라고 요청했을 때 주님은 오라고 말씀하셨다. 그 때 베드로는 그 말씀에 의지하고 믿음에 의지해서 걸었다. 환경을 보고 걸은 것이 아니다. 그런데 그가 처음에는 잘 걷다가 나중에 파도를 보고 환경을 보고 무서워서 빠지게 되자 주님은 그의 손을 잡아주시며 왜 믿지 않느냐고 책망하셨다.

성경의 메시지는 분명하다. 믿음은 환경 이전에 오는 것이다. 환경은 그 믿음의 결과로 인하여 오는 것이다. 즉 보이지 않는 세계가 보이는 세계보다 더 앞서 있는 것이다.

이러한 것을 생각해보면 답은 정말 간단한 것이다. 불신자는 어떻게 생각할 지 모른다. 그러나 믿는 이들에게는 모든 것이 정말 간단한 것이다. 먼저 믿으면 나중에 그 믿음의 결과로 역사가 일어난다.

먼저 기뻐하면 나중에 기뻐할 수밖에 없는 환경이 생긴다. 먼저 즐거워하면 나중에 즐거워하게 되는 환경이 따라오게 된다. 먼저 감사할 때 감사할 수 있는 환경이 오는 것이다.

그러한 면에서 볼 때 우리는 창조력을 가지고 있다. 물론 그 창조라는 것이 하나님께서 세상을 창조하신, 그러한 의미의 창조는 아니지만 하나님께서는 우리에게 각자의 삶과 미래를 창조할 수 있는 능력을 주신 것이다.

하나님은 하나님의 형상을 따라 우리를 지으셨으며 그 하나님의 형상에는 이와 같은 창조력이 포함되어 있는 것이다.

우리는 우리의 삶과 인생을 창조할 수 있는 이 놀라운 마음이라는 것을 가지고 있다. 이 마음과 마음에서 일어나는 생각을 통해서 우리는 미래를 만들고 미래의 환경을 형성해간다. 이것은 놀라운 사실이다.

우리는 태어날 때 우리가 미리 생각하고 예상하지 못한 환경과 조건에서 태어난다. 그러므로 처음에는 우리가 창조력을 발휘했다고 할 수 없다.

그러나 우리의 자아가 자라게 되고 지혜가 자라게 되면서 차츰 우리는 우리의 삶을 건설하고 창조해가는 책임을 지게 된다. 즉 어린 시절의 불행에 대해서는 어쩔 수가 없지만 그 후의 인생에 대해서는 우리 스스로가 책임을 지고 창조력을 발휘해야 하는 것이다.

어떤 이들은 우리가 하나님의 뜻에 순종해야 하며 우리의 인생은 우리가 계획하는 것이 아니라 하나님께서 계획하시고 인도하신다는 것에 대해서 일종의 숙명론같이 생각하는 경향이 있다.

그러나 그것은 잘못된 생각이다. 하나님께서는 우리에게 자유의지를 주셨으며 우리의 선택과 기도와 열정에 따라 얼마든지 우리의 삶과 미래를 개척할 수 있는 자유를 주셨다. 그것은 우리에게 달려

있는 것이다. 비참하고 비극적인 삶을 살면서 '이것은 하나님의 뜻이며 예정이다. 그러니 내가 어쩌겠는가?' 하는 식으로 생각하는 것은 옳은 것이 아니다.

우리는 하나님의 형상을 가지고 있다. 우리는 창조력을 가지고 있다. 우리는 마음먹기에 따라, 선택에 따라 얼마든지 풍성한 삶을 발견하고 개척해나갈 수 있다.

그러므로 우리는 환경의 지배를 받는 사람들이 아니라 환경을 지배하고 다스리고 개척하는 사람들이다. 자, 이것은 이제 우리가 충분히 동의할 수 있는 결론들이다.

우리는 이런 기본적인 전제에 충분히 고개를 끄덕일 수가 있을 것이다. 그러나 문제는 현실이다. 막상 현실에 부딪히면 자기가 안다고 생각하는 것과는 전혀 다르게 적용하고 생각하고 행동하는 이들이 얼마든지 많이 있는 것이다.

데모스테네스는 전설적인 웅변가이다. 그가 얼마나 말을 잘 하는지 천하의 알렉산더도 그의 세 치의 혀 만큼은 아주 두려워했다고 전해진다. 알렉산더 대왕이 헬라를 침공했을 때 전 헬라의 도시를 돌아다니며 알렉산더와 싸우자고, 우리는 충분히 이길 수 있다고 설득하여 연합군을 만든 것이 바로 그가 한 일이었다.

그러나 그는 전쟁이 시작되자 가장 먼저 도망을 쳤다. 그리고 그를 본받아서 많은 군사들이 따라서 도망을 치는 바람에 전쟁은 싱겁게 끝나고 말았다.

이것을 보면 전쟁과 싸움에 대해서 잘 이야기하는 것과 전쟁을 잘하는 것은 엄연히 다른 것이라고 할 수 있는 것이다. 무엇을 잘 깨닫고 가르치는 것과 그것을 실제로 적용하는 것은 전혀 다른 문제이다. 이해는 실전에서 적용되고 입증되지 못하면 아무 소용도 없는 것이다.

환경은 마음의 그림자이다. 환경은 마음에서부터 나오는 것이다. 그러므로 마음이 바뀌면 환경도 바뀐다. 이것은 누구나 다 아는 사실이다. 그러므로 그 어떤 어렵고 열악한 조건에서도 우리들은 강한 마음을 가지고 감사하며 기뻐하며 믿음을 가져야 한다고 배우고 가르친다.

사도바울이 기뻐하라는 주제의 편지인 빌립보서를 쓴 장소는 바로 감옥이었다. 그곳은 전혀 기뻐하고 즐거워할 수 있는 여건이 되는 장소는 아니었던 것이다.

그러나 현실에 있어서 어렵고 힘든 조건에서 정말 기뻐하고 즐거워하는 이들은 보기 드물다. 대부분의 사람들이 징징거리면서 드리는 기도는 제발 좀 환경이 바꾸게 해달라는 기도이다. 환경이 바뀌어야 그는 행복할 수 있다는 것이다.

아픈 사람은 낫게 해달라고 기도한다. 가난한 사람은 돈을 달라고 기도한다. 학생들은 공부를 잘 하게 해달라고 기도한다. 만약 그 기도의 결과 환경이 변화되는 기미가 보이는 것 같으면 그들은 기뻐 뛰며 즐거워한다. 그리고 간증을 한다고 법석을 부린다.

하지만 기도를 해도 별로 효과가 없는 것 같이 보이면 그들은 낙심하고 절망하며 다시 계속 떼를 쓰는 것이다.

이것은 당연한 일인가? 그런 것 같지만 사실 이것은 거꾸로 된 것이다.

물론 기도하는 것은 당연하다. 그러나 그러한 기도가 응답이 되어야 그것을 믿고 감사하고 즐거워하는 것은 순서가 거꾸로 된 것이다. 그것은 마음이 환경을 창조하는 것이 아니라 환경이 마음을 창조한다고 믿는 것과 같은 것이다.

주님은 우리에게 믿음을 가지면 응답해 주시겠다고 말씀하신다. 그러나 우리는 먼저 표적을 보여주고 응답해주시면 그걸 보고 믿겠다고 반응한다. 주님은 믿는 자는 천국에 갈 것이라고 하신다. 그러나 우리는 먼저 천국이 와야 믿겠다고 한다. 우리는 주님의 말씀과 끝없이 이런 평행선을 달리고 있는 것이다.

환경이 바뀌는 조짐이 보이면 아주 기뻐하며 난리가 난다. 조금만 상황이 어두워지면 믿음이 아주 다운이 되어 버린다. 그렇다면 우리들은 도대체 무엇을 믿고 있는 것일까? 우리는 유물론자인가? 유심론자인가? 우리는 보이는 환경을 믿고 있는가? 보이지 않는 하나님을 믿고 있는가? 이것은 중대한 문제이다.

분명한 사실은 이것이다. 만약 우리의 마음 상태가 바뀌지 않는다면 환경은 바뀌지 않는다는 것이다. 당신이 먼저 바뀌어야 한다. 왜냐하면 주님께서는 우리의 마음과 믿음을 통하여 환경이 만들어지고 조성되도록 그렇게 우리를 설계하셨기 때문이다.

당신은 무엇으로 인하여 기뻐하는가? 보이는 환경으로 인하여 기뻐하는가? 아니면 주님으로 인하여, 믿음으로 인하여 기뻐하는가? 이것은 당신의 환경과 미래를 결정하게 될 것이다.

언젠가 어떤 개척 교회의 사모님이 전화를 주셨다. 개척교회 사역자들이 흔히 그러하듯이 의기소침하고 삶에 찌든 목소리였다. 어떻게 해야 부흥이 오느냐고, 언제 이 고난이 끝이 나느냐고, 주로 그런 것을 물으셨다.

나는 그녀에게 행복하냐고 물었다. 그녀는 지금 상황이 얼마나 어려운데 행복할 수 있겠느냐고 대답했다. 경제적으로도 너무 어렵고 성도들도 너무 없다는 것이다.

나는 대답했다. 만약 성도들도 많이 생기고 교회가 부흥하고 경제적인 여건이 나아야 비로소 사모님의 마음이 행복해진다면 아마 그런 일은 생기지 않을 것이라고. 먼저 사모님의 마음속에 즐거움과 기쁨과 행복이 넘치게 될 때 그 마음의 상태가 외적인 부흥과 형통을 끌어당기게 된다고..

이런 이야기를 한참 나누었는데 사모님은 다소 도움이 되었는지 점점 더 목소리가 밝아지더니 나중에는 아주 환한 목소리로 깔깔 웃으면서 전화를 끊었다.

흔히 생각한다. 지금 이 상황에서 어떻게 기뻐할 수 있느냐고. 그런 이들은 계속 그렇게 살다가 죽을 수밖에 없다. 그러한 생각을 포기하지 않는다면 말이다. 우리의 마음은 창조력을 가지고 있는데 그 마음을 사용하여 계속 비극을 제조하고 있다면 어떻게 상황이 풀릴 수가 있겠는가.

많은 개척 교회가 초췌하고 어두운 상태에 있다. 그런데 상식적으로 생각해보자. 어떤 누구도 어둡고 우울한 것을 좋아하지 않는다. 그러므로 그러한 상태에서 상황이 나아지기는 어렵다. 우울하고 어두운 자세는 어두운 사람과 어두운 여건을 끌어당길 뿐이다. 무엇이든 동류들은 모이게 되어 있다. 그러므로 우중충한 표정의 사람에게 밝은 미래가 생기기는 어려운 것이다.

어쩌다 통화를 할 때면 항상 죽어가는 소리, 우는 소리를 하는 사역자를 보았다. 처음에는 용기를 주기 위해 애쓰다가 나중에는 연락을 하지 않게 되었다. 별로 자신의 마음 상태를 개선하고 싶어 하는 의지가 보이지 않았기 때문이다. 스스로 미래를 바꿀 수 있다고 믿고 시도하지 않는 한 미래는 바뀌지 않는다.

그는 자신이 얼마나 힘든지, 얼마나 어려움 속에 있는지를 비극적으로 이야기한다. 사역자의 길이 얼마나 고통스러운지, 그것은 얼마나 십자가의 길이며 형극의 길인지.. 그런데 이런 이야기를 듣는 것은 정말 피곤한 일이다. 그것은 정말 어두움을 확산시킨다.

누가 구질구질한 분위기를 좋아하겠는가?

어떤 개척교회가 있다. 예배를 드리는 분위기는 어둡고 침침하다. 예배 중에 성도가 대표 기도를 한다. 이런 톤으로 기도한다.

"오, 주님.. (울먹이면서) 우리 교회를 불쌍히 여겨 주시옵소서.. 우리 목사님.. 붙들어 주시옵소서.. (흑흑..) 지금.. 너무나 어려운 중에 있습니다.. 목사님은 맨날 라면을 끓여 드시고. 오.. 주여.."

그 자리에 처음으로 교회에 나온 사람이 있다고 하자. 아마 다시는 오려고 하지 않을 것이다. 아니, 다시 안 오는 것이 아니라 기도 중간에 슬며시 도망갈 것이다.

개척교회를 하며 어려운 여건에 있는 이들에게 그 모든 것을 무시하고 즐거워하고 기뻐해야 만이 상황이 바뀔 수 있다고 말하는 것은 무리한 이야기일까? 하지만 그것은 어쩔 수 없는 사실이다. 그들의 마음도 역시 창조력을 가지고 있기 때문이다. 그러므로 그러한 상황에서 빨리 벗어나고 싶다면 마음을 통해서 이루어지는 창조의 방향을 바꾸는 수밖에 도리가 없는 것이다. 심지 않은 것을 어떻게 거두겠는가?

항상 푸념으로 가득한 사역자들을 많이 보았다. 어느 정도 교회가 안정된 중형 교회의 사모를 가끔 만난 적이 있었는데 만날 때마다 항상 우중충한 표정으로, 사는 것이 얼마나 힘든지 어려운지 그러한 고백을 입에 달고 사는 것이다. 경제적으로 나보다 훨씬 나은 형편에 있는데 말이다. 나는 그것을 보고 입술의 고백은 그 영혼의 상태이지 환경에서 오는 것이 아님을 알게 되었다.

나도 개척 교회를 오래 해보아서 그러한 궁핍이 어떤 것인지 잘 안다. 그러나 나의 경험으로 보면 그것은 자신의 선택에 해당하는 것이었다.

나의 경우에도 교회 지하실에서 오래 살다가 폐가 약한 아내가 발작적인 천식으로 사경을 헤맨 적도 여러 번 있었다. 대낮에도 불을 켜지 않으면 깜깜해서 지척을 분간할 수 없었던 곳에서도 살았다. 방에서 얼음이 얼던 곳에서 살다가 아이가 폐렴에 걸리기도 했다.

돈이 전혀 없어서 먹을 것이 없던 상태도 꽤 많이 있었다. 하지만 우리가 어려운 티를 내지 않았고 워낙 즐겁고 재미있게 살았고 삶을 즐겼기 때문에 아무도 그 사실을 알지 못했다. 우리의 경험에 의하면 기쁨과 행복은 자신의 선택이며 환경이 강요하는 것이 아니라는 것이다.

우리도 어려운 상황을 호소하면 다른 이들로부터 도움을 받았을

지도 모른다. 하지만 나의 기억으로는 그런 이야기를 입 밖에 낸 적은 없다.

우리는 굶는 것도 특권이라고 생각했다. 그것은 하나도 슬픈 사실이 아니다. 그게 뭐가 힘든가? 우리는 주님의 자녀이며 주의 사랑과 긍휼과 용서를 받은 사람이다. 그것을 우리가 겪는 약간의 어려움과 비교할 수 있단 말인가?

우리 집의 전 재산이 천원이었을 때 아내는 그 돈에서 500원을 꺼냈다. 그 돈으로 무엇을 했느냐고? 그녀는 그 500원으로 과자를 사서 먹었다. 내가 어이없는 표정으로 그녀를 바라보자 그녀는 나를 보고 활짝 웃었다.

"여보.. 너무 너무 맛있다!"

그녀는 웃는 나를 보면서 다시 한 마디 덧 붙였다.

"아.. 돈이 없을 때는 왜 이렇게 먹고 싶은 게 많지?"

그러면서 그녀는 계속 깔깔 웃었다. 아주 어린아이처럼 천진난만하게 말이다.

마음은 창조력을 가지고 있다. 이것은 날마다 아침에 태양이 떠오르는 것만큼이나 분명한 사실이다. 즐거워하는 사람은 즐거운 환경이 따라온다. 슬퍼하는 사람은 슬퍼하는 환경이 따라온다. 그 사람의 마음이 계속 그것을 생산하고 있기 때문이다.

그러므로 만물의 근본인 마음을 고치고 마음을 바꾸지 않으면 사람은 미래가 없다. 그러니 마음이 병들은 사람에게 아무리 좋은 환경과 여건이 생긴다고 해 보라. 그는 그 상황이 되어도 여전히 불평과 원망과 하소연을 해 댈 것이다. 나는 기도 응답을 받고 자기의 소원대로 되었어도 여전히 또 다른 불평을 하고 있는 이들을 참으로 많이 보았다.

그들은 현실의 문제가 해결되면 그 푸념이 끝날까? 아니다. 과거의 옛날의 일이라도 끄집어내어서 푸념하며 이를 갈 것이다. 불행은 마음에서 오지 환경에서 오는 것이 아니기 때문이다.

한국의 문제가 해결되면 그 푸념과 원망이 끝이 날까? 아니다. 다른 나라의 문제라든지 아니면 세계의 문제라든지 하다못해 우주나 달나라의 문제를 끄집어내서라도 원망할 사람은 원망 거리를 찾아낸다. 그것은 아주 신기한 재주이다.

마음이 병든 사람은 기뻐하지 않는다. 스스로 궁상을 떨며 환경을 원망하고 사람을 원망한다. 자신은 별로 돌아보거나 반성하지 않는다. 하루 종일 남을 욕하고 자신의 불운을 탓한다.

그런 이들에게 마음을 바꾸라고 이야기하는 것은 헛일이다. '당신이 내가 당한 것을 직접 당해보시오.' 라고 그들은 이야기한다. '당신이야 팔자가 좋으니까.' 하고 그들은 이야기한다. 그들은 자기를 제외한 모든 사람들은 다 팔자가 좋고 자기들만이 어려움을 겪고 있다고 믿는다.

심지어 '아이고. 목사님은 믿음이 워낙 좋으시니까.. 우리야 그렇게 되나요..' 하는 식으로 말하는 이들도 있다.

그들은 믿음이란 하늘에서 떨어지는 것이며 원래 타고나는 것이라고 생각한다. 하지만 그러한 부정적인 고백들은 자신이 어두움을 계속 창조하고 있는 것을 합리화시키고 있는 것이다. 그들은 자신들이 왜 계속 지옥에 머물러 있어야 하는지 그 이유를 열심히 찾아내며 또 설명하고 그것을 설득하고 싶어 한다.

정 지옥이 좋고 그렇게 살기를 원하는 이들은 그냥 내버려 둘 수밖에 없다. 자신을 고치지 않겠다는데 그것을 누가 어떻게 도울 수 있겠는가. 아무리 생각해도 자기는 억울하고 억울하다는데 누가 도울 수 있겠는가. 그렇게 살다가 죽어도 그것은 할 수 없는 것이다.

어떤 이들은 그러한 사고의 전환이 하루아침에 되느냐고, 시간이 필요하다고 말하기도 한다. 하지만 그것도 사실은 핑계에 불과하다. 그들은 자신을 바꾸고 싶어 하지 않으며 여전히 자신의 지옥 속에 남기를 원한다.

어떤 이들은 자신의 잘못된 사고를 시인하기는 하지만 '내가 그 때는 그것을 알았나..' 하고 변명을 하기도 한다.

하지만 중요한 것은 지금이다. 과거는 그렇다 치고 지금 변화되고 싶은 의지가 있는가? 자신의 창조력을 이제라도 제대로 사용하려는 의지가 있는가? 그러한 이들은 변화될 수 있다.

당신이 당신의 마음에서 모든 것이 나온다는 사실을 인식한다면, 그래서 현실과 미래를 바꾸고 싶은 마음이 있다면 그것은 충분히 가능하다.

행복이란, 사랑이란, 감사하고 즐거워하는 것이란 일종의 습관과 같은 것이다. 우리가 그 습관을 익히고 우리의 마음과 영혼에 각인시켜 놓으면 그것은 서서히 이루어져가기 시작한다. 불행과 재앙과 저주를 원치 않는 한 누구나 그렇게 즐겁고 행복하게 살 수 있다. 행복과 불행은 운명이 아니라 선택이다.

기도의 응답이란 무엇인가? 그것은 마음의 변화이다. 갑자기 환경이 바뀌는 것이 아니다.

우리는 슬프고 절망스러운 마음으로 주님께 나아가서 기도를 드릴 때가 있다. 그런데 우리는 기도를 계속 하다보면 어느 시점에서 갑자기 마음에 기쁨이 생기고 희망과 행복감이 솟는다. 이것이 무엇인가? 바로 기도 응답이다. 주님께서 우리에게 임재하신 것이다.

환경이 바뀐 것이 아니다. 우리의 심령에 변화가 생긴 것이다. 그것은 이미 승리한 것이나 다름이 없다. 바로 그 순간부터 환경은 바뀌기 시작하기 때문이다. 이처럼 주님의 응답은 환경에서 오는 것이 아니라 심령에 온다. 주님은 우리의 마음을 바꾸어주시는 것이다.

주님은 우리에게 창조력을 주셨다. 그러므로 누구나 자기의 마음의 상태를 통해서 환경의 불행과 행복을 창조한다.

당신은 무엇을 창조하고 싶은가? 그것은 당신에게 달려 있는 것이다. 우리의 마음에 무엇을 채우느냐에 따라서 우리의 환경과 미래는 달라지는 것이다.

우리가 정말 두려워해야 할 것은 무엇인가? 바로 마음에 어두움이 틈타는 것이다. 마음속에 불평이나 원망이나 두려움이나 낙심이나 그런 나쁘고 악한 기운들이 들어오는 것이다. 그것이 정말 무서운 것이다. 왜냐하면 그것들은 창조력을 가지고 있기 때문이다.

모든 사람들이 자기에게 주어진 창조력을 사용한다. 어떤 이들은 아름다운 창조를 하는 이들도 있다. 또한 어떤 이들은 그 창조력을 사용해서 자신의 삶을 파괴하기도 한다.

분명한 사실은 이것이다. 불행은 오직 자신이 창조하는 것이며 결코 다른 누구의 책임도 아니라는 것이다.
　이것을 잘 인식하고 자신을 반성하며 바꾸려고 노력하는 이들은 반드시 새롭고 풍성한 삶으로 자신의 인생을 바꾸어나갈 수 있을 것이다.
　닭이 먼저인가? 알이 먼저인가?
　닭이 먼저이다.
　마음이 먼저인가? 환경이 먼저인가?
　마음이 먼저이다.
　나의 책임인가? 환경이나 남의 책임인가?
　나의 책임이다.
　우리가 원한다면, 나를 바꾸기 원한다면
　우리는 누구나 변화될 수 있다.
　그리하여 아름답고 풍성한 삶을
　새롭게 창조할 수 있다.
　나중에, 환경이 바뀐 다음에 기뻐하려고 생각하지 말라.
　나중에 문제가 해결된 다음에 즐거워하려고 하지 말라.
　지금 당신의 속을 썩이고 있는 사람이
　사라진 다음에 감사하려고 하지 말라.
　그래서는 평생을 그렇게 살 수 밖에 없다.
　지금 변화되지 않는 사람은 내일도 변화되지 않는다.
　나중에 기뻐하지 말고 바로 지금 기뻐하라.
　내일 행복해지려고 하지 말고 바로 지금 행복해지라.
　당신이 원한다면 지금 그렇게 할 수 있다.

당신은 자신의 주인이다.
말할 수 있고 움직일 수 있고 걸을 수 있다.
밥을 먹을 수 있고 웃을 수 있다.
당신의 마음은 당신에게 복종한다.
그것을 할 수 없다고 말하지 말라.
지금 당장 창조력을 사용하라.
지금 당장 당신 마음의 방향을 바꾸라.
당신은 행복한 삶을 가질 수 있을 것이다.

17. 밝음과 유쾌함이 우리의 힘이다

이상하게도 밝고 명랑한 그리스도인들을 보는 것이 쉽지 않다. 교회 안에서 보는 이들, 특히 신앙이 좋다고 알려져 있는 이들 중에는 참으로 우울한 표정을 하고 있는 이들이 많다. 복음의 진리는 빛과 같은 것인데 이는 도대체 어떻게 된 일일까?

예수님이 가버나움으로 이사를 가서 사신 적이 있었다. 그런데 이것을 성경이 이렇게 표현했다.

"흑암에 앉은 백성들이 큰 빛을 보았고 사망의 땅과 그늘에 앉은 자들에게 빛이 비취었도다" (마5:16)

주님께서는 복음을 전하시기 전에 기적을 행하시기 전에 단순히 주님이 거기에 계셨다는 것만으로도 그들에게 빛이 비추어졌다는 것이다. 주님의 사역 이전에 주님의 존재 자체가 이미 찬란한 빛이었다.

오늘날 그리스도인들도 그러한가? 그리스도인들이란 주님을 따르는 자들이다. 단순히 옆에 있기만 해도 사람들에게 빛과 행복과 즐거움의 냄새를 느끼게 하는가?

이상하게도 현실은 반대인 것 같다. 이상하게도 그리스도인들이 불신자들보다 더 우중충하게 보이는 것 같다. 교회 안의 사람들 중에 생기 있고 발랄하고 유쾌하며 즐거운 이들은 별로 보기 어려운 것 같다. 뭔가 자유롭고 찌들어 있는 듯한 모습이다. 희한한 것은 신앙이 조금 헌신이 덜 되어 있고 세상적인 요소도 꽤 남아있는 듯이 보이는 이들은 조금 밝아 보인다는 것이다.

그런데 이상하게도 더욱 더 간절하게 주님을 사모하는 이들이라든지, 영성을 추구한다든지, 더 깊은 헌신을 원한다고 주장하는 이들은 어둡고 우울하며 침침하게 보이는 경향이 많은 것이었다.

나는 모태신앙이었지만 중간에 한동안 신앙생활을 중단하고 세상에서 헤맬 때가 있었다. 학교를 다니다가 그만 두고 사회 생활을 하던 적이 있었다. 나는 그 때에 알고 사귀던 친구들과 나중에 신앙생활을 통해서 알게 된 이들과의 교제를 비교해보았다. 즉 불신자 친구들과 헌신된 친구들을 비교해본 것이다.

그 차이점은 이러했다. 전자는 대부분 유쾌하고 즐겁고 재미가 있었다. 그런데 후자들은 대부분 어둡고 율법적이고 정죄적이고 우울하고 소극적이었다.

이것을 어떻게 보아야 하는가? 불신자들은 세상을 즐기기 때문에 즐겁게 사는 것이고 그리스도인들은 세상에서 십자가를 지고 가는 것이기 때문에 우중충하게 사는 것이라고 해야 하는가? 이것은 뭔가 맞지 않는다는 느낌이 드는 것이다.

나도 목사이긴 하지만 나는 사역자들을 별로 만나지 않았었다. 여러 이유가 있기는 하지만 그 중의 하나는 사역자들과의 만남은 별로 재미가 없다는 것이었다. 사역자들은 대체로 너무 점잖고 말이 없다. 아마 성도들이 사역자들을 어렵게 느끼는 것도 그러한 이유 때문일 것이라고 생각한다.

함께 있으면 어색한 침묵이 흐르는 관계 - 그러한 만남은 누구에게도 편하지 않을 것이다. 장난을 치고 농담을 해도 잘 웃지도 않고 뭔가 불경건한 사람으로 보는 그러한 분위기 - 그러한 상태에서는 별로 말하는 것이 재미없고 썰렁할 수밖에 없는 것이다.

지금이야 부흥회의 열기가 뜸해졌지만 나의 어린 시절에는 부흥회가 참 많았다. 그것은 마치 교회의 잔치와 같았다.

부흥회가 열리면 동네의 여러 교회에서 은혜를 사모하는 이들이 많이 모였다. 지금이야 워낙 교회마다의 벽이 높아져서 근처 가까운 곳에서 부흥회를 해도 사람들은 가지 않는다. 또한 부흥회말고도 재미있는 것이 많고 다들 바쁘고 별로 영적인 것에 대해서 관심도 없기 때문에 잘 가지 않는다. 그러나 예전에는 교회에 사람들이 가득하게 모여서 부흥사의 말 한마디 한마디에 웃음을 터뜨렸다.

그 이유는 무엇이었을까? 그것은 부흥사의 이야기가 재미가 있다는 것이다. 사람들은 부흥사들의 구수한 이야기에 매료되어 울고 웃었다.

물론 당시 부흥사들의 메시지는 깊지 않았다. 기껏해야 목사를 잘 섬겨야 복을 받으니 담임 목사를 잘 대접하라, 아니면 결단하고 작정해서 건축헌금을 드려라, 그래야 복을 받는다.. 주로 그런 이야기들이었고 구성지게 풀어 가는 예화나 말씀도 거기에 초점을 둔 것이 많았으니까 별로 대단한 메시지는 아니었다.

하지만 왜 사람들은 거기에 매료되어 갔을까? 그것은 여유롭고 넉넉한 분위기였다. 흥겹고 즐거우며 웃음이 있는 분위기 - 사람들은 거기에서 삶의 피곤과 아픔을 잊을 수 있었다.

날카롭고 예리하며 깊은 메시지를 전하는 사역자들 - 그러한 이들은 대체로 그러한 여유로움과 풍성함이 없다. 그러한 메시지는 아주 합리적이고 분명하지만 사람들의 심령에 그다지 충격과 활력을 주지 못한다. 이상하게도 깊다고 느껴지는 사역자들은 약간 우울질의 성향까지 있는 것 같다.

영성에 대한 많은 저서를 남긴 어떤 사역자가 그의 책에서 이러한 이야기를 쓴 적이 있다. 어떤 사람이 영적으로 떨어진다면 그는 자꾸 유머와 농담을 즐기게 된다는 것이다. 즉 그가 볼 때는 유머와 농담을 하는 것은 영적으로 약해진 상태라는 것이다.

그것은 참으로 이상한 논리이다. 하여간 그렇게 믿고 있는 사람이라면 그의 삶이 얼마나 우울하고 창백한 것이었는지 충분히 짐작할 수 있는 일이다. 유머, 농담, 기쁨과 밝음은 결코 육적이고 세상적인 것이라고 할 수 없는 것이다.

그러한 어두움은 어디에서 기인하는 것일까? 그것은 발성 기도의 부족에서 온다. 부르짖는 기도의 부족에서 오는 것이다. 우리는 육체를 가지고 있는 인간이기 때문에 아무리 좋은 하나님의 말씀이라고 하더라도 그 말씀을 직접 큰 소리로 입으로 시인하고 선포하고 외치지 않으면 그 말씀이 우리에게 실제가 되지 않는다.

입으로 선포되고 시인되지 않은 진리는 우리의 의식 속에 존재할 뿐이다. 그래서 머리는 많은 것을 이해하고 깨닫지만 막상 그의 안에 있는 어두움은 사라지지 않는다. 그래서 그는 우울하고 어둡고 비판적이고 예리하고 날카로운 사람이 되는 것이다.

하지만 발성기도와 부르짖는 기도를 배우고 실천하는 이들은 그러한 고백과 시인과 선포를 통해서 하나님의 능력이 실제적으로 그들에게 임하게 된다. 그래서 몸 안에 있는 어둡고 나쁜 기운이 사라지게 된다. 그래서 그는 자연스럽게 밝고 맑고 명랑하고 유쾌한 사람이 되는 것이다.

부흥사들의 특징은 무엇인가? 대부분 산에서 나무를 한번쯤은 뽑았던 사람들이다. 그들은 부르짖는 기도와 외침의 경험이 많이 있다.

자연히 이러한 이들은 소리의 은사인 방언과 예언과 몸의 은사인 치유 능력과 불의 경험을 하게 된다. 그러니 이들이 인도하는 집회는 강렬한 불과 흥겹고 즐거운 영의 흐름이 있게 되는 것이다.

그러나 발성의 훈련이 되지 않은 이들은 아무리 많이 묵상하고 연구하고 깨달아도 막상 그가 집회에서 말씀을 전할 때 충격을 받고 변화되는 이들은 별로 없다. 사역자가 성도들에게 왜 깨지지 않느냐고 아무리 압력을 가해도 그들에게는 별로 영향력이 가지 않는다. 발성기도를 배우지 않는 사역자들에게는 능력이 임할 수 없는 것이다.

우울하고 어두운 이들은 그들의 배속에 흑암이 많이 남아있는 사람들이다. 이들은 기도의 기법을 조금만 배우고 조금만 소리 내는 기도를 해보면 곧 마음이 밝아지고 여유와 웃음이 생기며 삶이 즐겁게 되는 것을 느낄 수 있다. 복잡한 사고형의 사람이 단순하고 밝은 어린아이 같은 사람으로 차츰 변화되어 가는 것이다.

오늘날의 그리스도인들은 밝음을 회복해야 한다. 그것이 능력이다. 우중충하고 어둡고 눌려있는 자세로는 아무리 많은 일을 하고 봉사를 해도 별로 열매를 맺기 어렵다.

어떤 고뇌 어린 표정으로 가득한 그리스도인이 전도를 하러 나갔다. 그가 어떤 사람을 만나서 복음을 제시했는데 상대방은 이렇게 대답했다.

"죄송합니다. 저는 지금 종교 문제 외에도 골치 아픈 문제들이 너무 많이 있거든요."

이 메시지는 간단한 것이다. 고뇌 어린 표정으로 전도하는 것은 기독교가 고뇌로 가득한 종교라는 것을 전하는 것이다. 그러니 그렇지 않아도 삶이 피곤한 판에 짐을 하나 더 얹어주려고 하는 것을 누가 좋아하겠는가.

그렇다고 하나도 즐겁지 않은데 전도하기 위해서 기쁨으로 가득한 연기를 하려고 하는 일도 쉬운 일은 아닐 것이다. 그러므로 복음을 전하기 이전에 먼저 성령의 충만을 받아야 하는 것이다. 주님께서도 성령이 임하시면 너희가 증인이 될 것이라고 하셨다. 영적으로 충만한 상태가 아닐 때에는 고생만 할 뿐 별로 열매를 맺기가 어려운 것이다.

그 무엇보다 그 어떤 봉사보다 자신의 영성을 훈련하고 강건하게 해야 한다. 이것은 이기적인가? 하지만 우리 자신이 충만하지 않으면 우리는 남들에게 줄 것이 없다. 내가 배고픈데, 나 먹을 것도 없는데 어떻게 남을 먹일 수가 있는가?

그리스도인들은 밝게 살아야 한다. 행복하게 살아야 한다. 유쾌하고 즐겁게 살아야 한다. 그것이 우리의 힘이다. 그것이 우리의 봉사와 사역을 풍성하게 해 준다.

어디선가 '양고기 전도법'이라는 이야기를 들은 기억이 난다. 개가 물고 있는 뼈다귀를 함부로 빼앗는 것은 위험하다고 한다. 그러다가 물린다는 것이다.

그 뼈다귀를 빼앗으려고 하지 말고 개의 옆에 가까이 다가가 기름이 잘잘 흐르고 좋은 냄새가 나는 양고기를 놓아두라고 한다. 그러면 개는 그 뼈다귀를 내려놓고 그 양고기를 물게 된다는 것이다.

양고기가 어떻게 생겼는지 본 적도 없지만 아무튼 이 메시지는 간단하다. 상대방을 복음으로 사로잡기 위해서는 그저 강요만 하지 말고 그것이 매력적으로 보이게 해야 한다는 것이다.

오늘날의 그리스도인들은 별로 매력이 없다. 별로 삶이 즐거워 보이지 않는다. 그러니 열심히 남에게 권유를 해보아도 재미있게 보이지 않는 것을 따라가는 사람은 별로 없게 마련이다.

생각해 보라. 세상에는 즐겁고 재미있게 살아가는 불신자들이 많다. 그런데 그리스도인들은 어둡고 우울하게 살아간다. 그렇다면 이것은 좀 곤란하지 않은가? 불신자들이 우울하고 피곤하고 지치게 살아가고 있을 때 그리스도인들이 빛과 소망과 기쁨의 세계를 보여주면서 그들을 위로하고 인도해야 하는 것 아닌가?

그리스도인들은 밝고 맑고 유쾌하게 살아가는 법을 배워야 한다. 그것도 하나의 복음이다. 그럴 때 우리는 세상에 하나의 발언권을 가지게 된다. 이 악하고 험한 세상에서 주님은 우리의 빛이 되신다.

우리가 주님께 나아가 부르짖고 외치고 그의 왕되심을 선포하며 기도할 때 그 영광의 빛과 능력과 기쁨은 우리에게 임하게 된다.

오늘날의 교회는 너무나 조용하다. 대부분의 말은 목회자 혼자서 다 하며 성도들은 입을 벌릴 시간이 거의 없다. 그래서는 영이 밝고 자유롭고 강하게 되기 어렵다. 따라서 항상 우울하고 소극적이며 답답한 상태로 살아가게 된다.

그것이 경건하고 성숙한 상태인가? 그렇지 않다. 그것은 눌린 상태이다. 그것은 영적인 침체의 모습이다.

오늘날의 그리스도인들은 대체로 발성기도가 부족하다. 그래서 영혼이 눌리고 막혀있는 것이다.

나의 인상적인 경험을 하나 이야기하고 싶다. 십 여 년 전에 어느 기도원을 청년들 몇을 데리고 방문한 적이 있었다. 며칠 동안 그 곳에서 기도하고 쉴 작정이었다. 그곳은 고요한 묵상 중심의 영성수련원이었다.

하지만 그 곳에 도착한 지 얼마 되지 않아서 조금씩 마음이 답답해지기 시작했다. 그 곳에서는 가급적이면 말을 하지 않는 것이 규칙이었다. 기도원에 도착하자 안내자는 우리를 사무실로 안내했다. 그리고 이름 등의 인적사항을 쓰도록 했다. 한참동안 우리가 쓰는 것을 조용히 보고 있더니 한 손으로 벽을 가리켰다. 거기에는 기도원 수칙이 적혀 있었다. 아마 읽어보라는 것이리라.

그 다음에 우리는 각자의 방으로 인도 받았다. 물론 말 한 마디 없이 우리는 안내자를 따라갔다. 어떤 이들은 그러한 분위기가 몹시 경건하고 좋게 느껴질 것이다. 하지만 우리들은 너무나 답답했다. 도대체 여기에 우리가 왜 왔는지 후회가 막심했다.

각자가 혼자 방을 차지하고 헤어지자 외로움이 엄습했다. 그런데 다른 사람들과 대화는 해도 좋은지 알 수 없었다. 아무튼 우리는 살금살금 한 방에 모여서 소곤거리며 이야기를 시작했다. 간간히 웃음이 터지는 소리가 밖으로 새어나가지 않도록 우리는 손으로 입을 막고 킥킥 거렸다.

기도원의 시설이나 규모는 어느 정도 큰 것 같았다. 그러나 사람이 어느 정도 있는지 알 수가 없었다. 개미소리 하나도 들리지 않았으니까. 아마 모두 자기 방에서 침묵 기도를 하고 있는 모양이었다.

종소리가 울렸다. 우리는 그 의미가 무엇인지 몰랐는데 나중에야 그 소리가 식사시간을 알리는 것임을 알게 되었다. 우리가 허겁지겁 식당에 도착하자 모든 사람들이 아무도 밥을 먹지 않고 우리를 기다리고 있었다. 얼굴이 뜨뜻해졌다. 누군가 무지하게 경건한 목소리로 식사 기도를 드리고 식사는 시작되었다.

식사시간에도 대화는 허용되지 않았다. 식사가 시작되자 카세트 테잎의 소리가 들려왔다. 역시 경건하기 짝이 없는 목소리였는데 그 내용은 토마스 아 켐피스의 '그리스도를 본받아'인 것 같았다.

항상 요란하게 떠들면서 식사를 하는 우리로서는 견디기 쉽지 않은 고문이었다.

식사를 마치고 예배는 어떻게 드리는지가 궁금했다. 시간이 되어 예배 장소에 가자 십 여 명의 사람들이 자리에 앉아있었다. 분위기는 역시 조용했다. 설교자의 메시지는 현대 교회와 목회자들의 외식과 불경건에 대하여 심하게 질타하는 내용이었다. 내용은 옳은 것 같았다. 그러나 듣기에 아주 무서웠다. 우리는 모두 기가 죽어서 쫄아있었다.

 그 날 밤을 보내고 우리는 새벽에 탈출을 시도했다. 우리는 만장일치로 도망가기로 합의를 보았다. 그 기도원이 나쁘다거나 잘못되었다는 것은 아니다. 다만 우리에게는 답답해서 견디기가 어려웠다. 우리는 그냥 즐겁게 살고 싶었을 뿐이다.

 묵상 기도도, 침묵 기도도 필요할 것이다. 하지만 뭔가 정죄적이고 어둡고 침울한 분위기가 우리는 싫었다. 우리는 행복한 냄새를 맡고 싶었다.

 우리는 기도원을 나와서 버스를 타자 신이 나서 외치고 떠들었다. 눈치를 보면서 숨을 죽이고 말하지 않고 마음 놓고 떠들고 외칠 수 있다는 것은 정말 행복한 일이라는 것을 우리는 하루 만에 절실하게 깨달았던 것이다.

 당초에 며칠을 작정하고 갔다가 하루 만에 돌아가는 것도 좀 이상해서 우리는 근처에 있는 다른 기도원으로 갔다. 그곳은 치유사역을 많이 하는 곳이다. 그래서 신나게 찬양을 드리고 부르짖어 기도하는.. 조금 전의 기도원과는 전혀 다른 분위기의 기도원이었다. 거기서 신나게 찬양을 하고 기도를 드리며 우리의 썰렁한 기분은 많이 회복되었다.

 저녁이 되어 서울에 도착한 우리는 몹시 배가 고팠다. 그래서 중국집에 갔다. 그런데 짜장면을 먹기에 돈이 모자랐다. 우리는 사정을 해서 짜장면 값을 깎았다. 그리고 나서 중국집에서 짜장면 값을 깎는 것은 우리 밖에 없을 것이라고 하면서 한참 웃었다. 하루 전의 그 경건하고 고요한 식사시간과는 전혀 다른 웃음과 장난과 요란함이 가득한 식사시간이었다.

마음껏 찬양하고 소리 높여 기도하고 큰 소리로 주님을 나누고 은혜를 나누면서 우리는 참으로 즐거웠다. 마음껏 웃어도 된다는 사실이 우리는 아주 행복했다.

즐거움으로 가득 차서 우리는 집으로 왔다. 솔직하게 말하자면 우리는 하루 사이에 천국과 지옥을 다녀온 기분이었다.

어떤 이들은 그러한 스타일의 신앙이 좋을 것이다. 그러한 이들은 그렇게 믿으면 된다. 때에 따라서 깊음과 고요함의 시간이 필요할 것이다. 그러나 나는 기본적으로 그리스도인들의 삶은 밝고 즐겁고 유쾌한 것이 좋다고 생각한다.

속으로 주님의 선하심을 묵상하는 것보다는 그것을 입으로 외치고 선포하는 것이 좋다고 생각한다. 마음속의 묵상은 마음을 정화시키지만 입에서 나온 외침은 내 몸도 바꾸고 세상도 바꾸고 우리가 거하는 그 공간을 주님의 빛과 영광과 아름다우심으로 가득하게 하기 때문이다.

만약 당신이 우울하고 소극적이며 여린 기질의 사람이라면 나는 당신이 자신을 바꾸기를 기대한다. 그래서 즐겁고 밝고 행복하게 살기를 바란다. 만약 당신이 그것을 원한다면 그렇게 될 수 있을 것이다.

큰소리로 주님의 왕 되심을 외치고 부르짖으라.

그리하여 당신의 안에 있는 모든 우울함,

어두움이 빠져나가게 하라.

하늘의 영광이 임하는 것을 경험하라.
부디 밝고 맑고 유쾌하고 즐겁게 살라.
주님과 같이 걷는 삶은 결코 비극적이고 어두운 것이 아니다.
우리는 주님과 동행하면서
이 땅에서도 날마다 천국에서 살 수 있다.
이 짧은 인생을 최대한 누리고 즐기라.
지금 이 순간을 유쾌하게 살라.
그렇게 주님을 기뻐하는 것,
그것이 바로 우리의 힘이 아니겠는가?

18. 맞아서 성화되는 사람은 없다

 이상하게도 많이 야단맞고 지적당하고 혼이 나야 영적으로 성장할 것이라고 믿고 있는 이들이 참으로 많다. 가끔 독자님들을 만나게 될 때가 있는데 이와 같이 이야기하는 이들을 많이 보았다.
 "목사님. 정말 결심하고 왔습니다. 무슨 말씀이든지 다 해주세요. 다 듣겠습니다. 마음껏 혼내 주세요."
 나는 어안이 벙벙해지곤 했다. 이렇게 이야기하는 이들도 있다.
 "내 속이 다 드러날 것을 알면서도 부끄러움을 무릅쓰고 왔습니다. 다 지적해주시고 야단쳐 주세요."
 어떤 형제는 직설적으로 이렇게 이야기한 적도 있었다.
 "목사님. 저 좀 때려주십시오."
 아니, 목사가 무슨 조직 폭력배인가? 사람을 때리게? 나는 혼을 내고 패고 하는 데에는 전혀 소질이 없고 하고 싶은 마음도 없다. 그러니 혼이 나야 성장한다고 믿고 있는 이들을 말리고 싶은 마음 밖에 없는 것이다.
 아마 이들은 맞으면서 자랐기 때문에 그런 인식을 가지고 있는 것일까? 아니면 주로 혼이 나고 박살이 나게 터져야 믿음이 자란다고 배워왔던 것일까?
 아무튼 그러한 인식은 참으로 비참한 것이 아닐 수 없다. 내가 알기에는 그렇게 맞고 혼이 나고 그래서 영이 자라고 믿음이 자라는 이들은 없다. 만약 그렇다면 그건 정말 슬픈 일일 것이다.

어떤 이에게 자기를 자꾸 때리고 혼을 내는 친구가 있다고 하자. 그는 그 사람을 보고 애정을 느끼게 될까?

또는 만날 때마다 자기를 모욕하고 단점을 지적하는 사람이 있다고 하자. 그는 그를 보고 사랑을 느끼게 될까? 보고 싶은 마음이 들게 될까? 만약 그렇다면 그는 조금 이상한 사람일 것이다.

영적 성장에 있어서, 그리고 자녀 교육에 있어서 징계는 필요하다. 그러나 징계는 악이 자라지 못하도록 제어하는 것이지 선을 일으키는 것이 아니다.

전혀 징계가 없이 자란 아이들은 악을 제어할 수 없을 것이다. 그러나 징계를 통해서 악이 위축되고 자라지 못한다고 하더라도 그것은 선과 사랑을 일으키는 것이 아니다.

믿음이란 악을 멀리하는 것이기도 하다. 그러나 더 중요한 것은 주님을 사랑하는 것이며 주님의 사랑을 받아들이는 것이다. 그런데 주님을 사랑하는 것이 주님의 징계를 통해서 이루어질까? 아마 자기를 마구 때리는 사람에게 사랑을 느끼는 사람 같으면 그게 가능할 지 모른다. 그러나 그런 사람은 없다.

사람은 사랑을 받을 때 상대방과 가까워지는 것이다. 사랑과 마음을 주고받을 때 사람은 가까워진다. 야단을 맞고 혼이 날 때 마음이 가까워지는 것이 아니다.

정이 많은 부모가 있다. 그런데 그들은 가난하다. 그래서 자녀들에게 아무 것도 해주지 못한다. 그래서 그들은 눈물을 흘리며 안타까워하며 자녀들에게 그들의 마음을 표현한다. '아빠가 너희들에게 아무 것도 해주지 못하는 구나.' 하면서 운다.

하지만 그 눈물은 자녀들에게 깊은 감동을 준다. 물질적으로는 받은 것이 없다 하더라도 자녀들은 그 사랑을 그들의 마음속에 간직한다. 그리고 그 추억은 그들의 삶 속에 귀한 아름다움으로 남게 된다. 그들은 평생을 마음을 주고받으며 삶의 동반자가 되게 되는 것이다. 몸이 떨어져 있더라도 그들은 서로를 그리워한다.

반대로 어떤 부모가 있다. 그들은 물질적으로 풍족하다. 하지만 그들은 물질적인 것을 주기는 하지만 마음을 나눌 줄은 모른다. 그들은 서로 깊은 대화나 애정의 표현을 나눈 적이 없다.

자, 그들은 서로 그리워하겠는가? 그렇지 않다. 그들은 의무적으로 서로 만나게 된다. 그들의 사이에는 서로 오고 갔던 따뜻한 사랑의 나눔이나 마음의 교류가 없었기 때문이다.

언젠가 어떤 장성한 아들이 부모의 돈을 빼앗기 위해서 아버지를 살해한 사건이 크게 사회 문제가 된 적이 있었다. 그들은 모두 식자층이었으며 아들은 유학까지 한 사람이었다.

물론 모든 언론이 아들을 크게 비난했다. 그리고 이렇게 물질 만능의 사회가 된 것을 한탄했다. 물질적으로 충분히 지원해주었음에도 불구하고 그 은혜를 원수로 갚은 아들을 질타하는 소리가 요란했다.

물론 그 아들은 잘못된 것이다. 하지만 짐작할 수 있는 사실이 있다. 그 부모와 자식은 서로 마음을 교류하지 않았을 것이라는 것이다. 사람의 마음을 이해하지 못하고 단순히 물질적인 도움을 주는 것이 바른 사람을 만드는 것은 아닌 것이다. 사람이란 내적이고 영적인 존재이기 때문이다.

이것은 아주 간단한 원리이다. 우리의 삶은 심은 대로 거두는 것이며 그 거두는 것의 종류는 뿌린 종류와 같은 열매이다. 사랑을 심으면 사랑을 거두게 된다.

진리는 단순한 것이다. 사람이 자랄 때 가장 필요한 것은 징계나 훈계가 아니고 애정이다. 따뜻한 사랑의 포옹과 용서이다. 애정의 표현이며 용기와 격려를 주는 언어이다. 그것을 먹고 자란 이는 밝고 맑고 아름답게 자라갈 수 있다.

이것은 신앙에도 같이 적용된다. 주님께 줄곧 징계를 당한 사람과 주님의 따뜻한 사랑의 터치를 경험한 사람과 누가 더 주님을 사랑하리라고 생각하는가? 그것은 말할 나위조차 없는 것이다.

맞기 싫어서 순종하는 믿음은 진정한 믿음이라고 하기 어렵다. 그것은 사랑이라기보다는 두려움이다. 아니, 경건한 두려움이라고 할 수 있을지도 모른다. 하지만 별로 행복한 믿음은 아니다.

이러한 두려움의 신앙을 가지고 있는 이들이 적지 않은 것처럼 그러한 두려움의 신앙을 심어주는 이들도 또한 적지 않은 것 같다.

오래 전에 한동안 기도원에서 생활을 한 적이 있었다. 한동안을 영적 권능이 임하기를 사모하면서 부르짖는 기도에 몰두하고 있었다. 그 기도원의 원장님은 여성인데 여러 은사가 많은 분이었다. 치유 능력이 많이 나타나서 거의 죽을 병에 걸린 이들도 많이 회복되곤 하였다. 기적적인 역사가 나타나는 경우도 적지 않았다.

능력과 은사가 나타나는 곳이 대부분 그러하듯 이곳도 거기가 하나님의 가장 축복하시는 곳이며 거기를 떠나면 마치 죽을 것 같이 가르쳐지고 암시되곤 하였다.

그녀는 아주 강한 사역자였으며 영이 아주 예민하고 맑아서 사람의 생각을 거의 들여다보는 편이었다. 하지만 그녀가 사람의 속을 거의 들여다본다는 사실이 얼마나 고문이 되었는지! 이는 그녀가 사람은 오직 죽도록 맞음으로 인하여 영적으로 성장된다고 믿는 신앙관을 가지고 있었기 때문이다.

매 예배 때마다 거의 치는 메시지가 선포되었다. 그 때마다 타켓이 있었다. 거기에 걸리는 것은 정말 죽을 맛이었다.

그녀는 항상 치시는 하나님에 대해서 설교했다. 조금만 불순종하면 치시는 하나님을 전했다. 그리고 그러한 실제의 사례를 제시하기도 했다. 또한 맞을 짓을 했는데도 아직 매를 맞지 않은 이들은 안심하지 말라고 경고했다. 언제 그것이 임할 지 모른다는 것이다. 그녀의 메시지는 살벌하기 짝이 없었다.

내가 그 곳에서 빨리 도망치지 않은 이유는 단 한 가지, 당시의 나는 아주 순진했기 때문이었다. 지금이라면 5분 안에 도망갈 것이다. 나는 별로 두렵게 살고 싶은 마음이 없으며 살벌한 하나님을 믿고 싶지는 않기 때문이다. 하지만 당시에는 40일의 작정기도를 하려고 작정을 한 터라 그것을 지키지 않으면 안 된다는 멍청한 생각을 가지고 있었다. 그래서 도망갈 엄두를 못 내고 있었다.

그녀는 사람들의 안에 있는 각자의 약점을 정확하게 끄집어내어 거의 저주에 가까운 수준으로 두들겨 패곤 하였다. 그녀의 말로는 그것이 사람을 만드는 방법이라고 하였다.

그녀는 사람의 생각을 읽을 수 있는 능력이 있었다. 영을 움직일 줄 알았기 때문에 어떤 장소에 없었어도 거기에서 일어나는 일을 알았다.

어떤 아이가 아빠의 뺨을 때린 적이 있었다. 그 자리에는 그 아이와 아빠와 나 밖에 없었다. 그 날 저녁 메시지는 아이 교육을 제대로 안 시켜서 아이의 버릇이 없다고 흥분하여 한참 패는 내용이 나왔다. 예배는 항상 이런 식이었다.

내가 속으로 '이 원장은 은사는 많은데 영이 어리구나. 그래서 사랑이 없구나..' 하고 생각했더니 그 날 예배는 여지없이 강한 톤으로 원장이 말하기를 누가 어린 것이고 누가 장성한 사람인지 하나님이 아시는데 함부로 판단해서는 안 된다고 강한 톤으로 이야기한다. 물론 그런 메시지를 들으면 뜨끔할 수밖에 없다.

너무 지쳐서 '이제 그만 기도원에서 나가야겠다' 하고 생각하면 그 날 밤의 설교에 이런 내용이 나온다. 당초의 약속을 어기고 나가서 이것을 해야지, 저것을 해야지.. 하고 해봤자 잘 될 것 같으냐는 것이다. 항상 이런 식이었다.

그녀는 권위를 아주 강조했다. 기도원에서 그녀의 명령을 거역하는 것은 권위를 거스르는 것이었다. 그녀는 질서를 아주 중요하게 여겼다. 하지만 그녀에게 거스르는 사람은 없었다. 그것은 그녀가 막강한 영권을 가지고 있으며 그녀에게 거스르는 이들은 다 박살이 난다고 소문이 퍼져있었기 때문이다. 사실인지는 확인이 되지 않았지만 누군가는 하나님께 맞아서 중풍이 걸리기도 하고 사고로 죽기도 하였다는 이야기들이 많았다.

생각해보면 그녀는 순진했었던 것 같다. 그녀의 믿음은 구약적인 면이 많이 있었다. 그래서 율법적인 메시지를 전하는 경향이 있었다. 예를 들면 성전 (그녀는 예배당을 꼭 성전이라고 부르는 습관이 있었다)에 놓인 방석을 똑바르게 쌓아놓지 않고 들쭉날쭉하게 쌓아놓아서는 저주가 임한다는 식으로 가르쳤다. 정말 지금 생각해도 내가 어떻게 그 곳에 버티고 있었는지 참 신기하다.

그녀는 기도원 원장이었고 기도원에서는 봉사하며 일하는 이들이 있었지만 그녀를 좋아하는 사람은 없었다. 모두들 그녀가 가지고 있는 여러 은사들, 권능이나 치유 능력이나 투시 은사를 받고 싶어 했다. 그러나 그녀를 두려워했고 가까이 하려고 하지 않았다. 기도원에서는 많은 기적과 능력과 역사가 나타났지만 사람들은 어느 정도 있다가 사라졌으며 다시는 오려고 하지 않았다.

사람은 아프면 병원을 찾는다. 하지만 병원에서 살고 싶어 하는 사람은 없다. 아픈 것이 나으면 병원을 떠난다. 누구나 자기 집으로 빨리 돌아가고 싶어 한다.

사람은 어디에서 안식을 얻는가? 바로 사랑과 그리움이 있는 곳이다. 사랑하는 사람과 같이 있으며 마음을 나누고 서로 보고 싶어 할 수 있는 곳을 찾는다. 그러한 곳이 바로 고향이며 안식처이다.

적지 않은 목회자들이 능력 목회를 하기를 원한다. 하지만 나는 이렇게 생각한다. 그가 만일 능력과 힘이 있으며 사람들의 병을 고쳐주고 기적의 통로로 쓰여지는 사람이라고 하더라도 그가 사람을 사랑할 줄 모르면 사람들은 그에게서 머물려고 하지 않을 것이다. 사람과 따뜻한 관계를 가지며 함께 있는 것이 서로 즐겁고 행복하며 헤어지면 그리움을 남길 수 있는 사람이 아니라면 사람들은 그에게서 오래 머물려고 하지 않을 것이다.

그런 곳에는 사람들이 급할 때만 찾아오기 마련이다. 그리고 문제가 해결되면 다시는 찾아오지 않을 것이다. 사람은 필요를 먹고 사는 존재가 아니라 사랑과 그리움을 먹고 사는 존재이기 때문이다.

기도원의 원장은 은혜를 입고 나서 찾아오지 않는 이들에게 서운함을 표시하며 그들이 계속 오지 않으면 중병에 걸릴 것이라고 말하기도 했다. 실제로 그런 일이 있었다고 전해지기도 한다. 하지만 그것 역시 사실인지는 알 수 없다.

나는 시간이 많이 지난 후에 그녀의 소식을 들었다. 그녀의 아들은 20대 초반에 갑자기 죽었다. 그녀의 남편도 죽었다. 오른 팔과 같이 여기던 이도 젊은 나이에 죽었다. 가까운 사람들도 거의 떠나가고 그녀는 홀로 쓸쓸히 지내고 있다고 한다.

그러한 일의 원인에 대해서는 주님만이 아실 것이다. 나는 그녀에 대한 좋은 추억을 가지고 있다. 나는 그녀가 순수한 여인이라고 생각한다. 하지만 그녀는 너무나 살벌하고 무서운 하나님을 믿은 것은 아닌지.. 그녀는 너무나 전투적인 믿음 속에서 살았던 것 같다.

그녀는 몇 십 년을 부르짖고 기도하며 항상 예배당의 강대상 아래서 기도하면서 잠이 들었다. 그녀는 주를 위해서 안 입고 안 쓰고 살아왔다. 하지만 그녀는 열정적으로 주를 믿기는 했지만 사랑하며 주와 함께 누리고 안식하며 삶과 신앙을 즐기는 차원에 대해서는 몰랐던 것 같다. 그녀는 사랑을 표현할 줄 몰랐다. 아마 그녀는 전혀 사랑을 받지 못하고 자란 것 같다. 그녀에게서는 크고 놀라운 권능이 나타나기도 하였지만 그녀의 내면에서는 어린 소녀 아이가 살고 있었던 것 같다. 그저 단순하고 어리며 사랑 받기를 원하던 어린 소녀 말이다.

나는 이와 같이 맞고 터지고 혼이 나서 사람의 신앙이 자라고 영이 자란다고는 전혀 생각지 않는다. 그것은 정말 피곤한 신앙관이다. 거기에는 안식이 없다. 기쁨이 없다.

우리는 모두 죄인이다. 우리는 항상 잘못하고 실수한다. 그렇게 하기를 원치 않으면서도 날마다 넘어지는 것이 있다. 그래서 우리의 마음 속 깊은 곳에는 누구나 죄책감이 자리 잡고 있다. 그렇기 때문에 누군가 우리의 죄를 끄집어내고 지적한다면 우리는 기가 죽을 것이다. 우리는 위축될 것이다. 그리고 숨어버리고 싶고 도망가버리고 싶을 것이다. 우리의 죄가 지적될 때 우리는 정말 할 말이 없다.

하지만 어떤 이가 우리의 모든 죄와 악과 연약함을 알면서도 우리를 용서하고 사랑한다면 우리는 어떻게 될까? 어떤 분이 우리의 모든 악한 행실과 악한 동기를 낱낱이 알면서도 그것을 야단치거나 혼내시지 않고 우리를 사랑하며 그 우리의 악함을 인하여 자기 목숨을 버렸다면 우리는 어떻게 될까?

당연하다. 우리는 울게 된다. 그리고 그분의 발 앞에 무릎 꿇게 된다. 그 사랑 앞에서 거꾸러지지 않을 사람은 없다. 바로 주님이 그러하셨다. 그분은 사마리아 여인에게 말씀하셨다.

"네 남편을 데리고 오라"

그것은 그녀의 마음, 그녀의 과거, 그녀의 인생, 그녀의 죄악을 모두 아시는 것을 의미한다. 그분이 다시 이렇게 말씀하셨다.

"내가 너에게 생수를 주리라."

다시 말하자면 이렇다. 주님은 그녀의 모든 악을 세세히 낱낱이 아시면서도 그녀를 정죄하지 않았다. 그리고 사랑하셨다. 그러므로 말씀하시는 것이다.

"얘.. 너 너무 외로웠지? 너무 힘들었지? 삶이 피곤하고 지치고 힘들었기 때문에 여태까지 방황하고 고독한 인생을 살아왔지 않느냐.. 하지만 이제 그러한 삶은 끝이란다. 내가 너에게 생수를 줄 것이다. 더 이상 외롭지 않고 더 이상 절망하지 않고 네 안에서 솟아나는 기쁨과 행복을 맛보는 삶.. 이제 내가 너에게 그것을 줄 것이다.."

그러자 그녀는 변화되었다. 수많은 꾸짖음과 질책과 정죄가 아닌 단 한 번의 사랑이 그녀의 마음을 열고 녹였다.

사랑하는 제자가 주님을 저주하고 욕했다. 그건 정말 치사한 짓이었다. 사랑하는 이, 자기에게 한없는 은혜를 베푼 이가 가장 힘든 상황에 있을 때 그를 저주하다니..

나중에 자기가 한 짓을 비로소 깨닫고 죄책감에 빠진 제자에게 나중에 주님이 오셔서 물으셨다.

사랑하는 시몬아.. 네가 여기 있는 사람들보다.. 그 무엇보다도 더.. 나를 사랑하느냐..

거듭 반복되는 그 질문 앞에서 제자는 거꾸러졌다.

그 질문에 대하여 눈물로 마음 중심으로 대답하면서 그 제자는 마음속의 죄책감이 사라졌다. 그리고 일생을 주를 위하여 살기로 결단하고 그렇게 평생을 주의 십자가를 지고 걸어갔다.

당신에게 죄책감이 있는가? 당신의 안에 나는 참으로 악하다, 못됐다 하는 마음이 있는가? 주님은 당신에게 물으신다.

너는.. 나를.. 진정으로.. 사랑하느냐..

그 질문에 대해서 마음을 쏟아서 대답하라.

주님.. 오직.. 당신만을 사랑합니다..

그렇게 대답할 때 당신의 죄책은 사라지게 될 것이다.

채찍으로 맞을 때 죄가 사라지는 것이 아니라 주님의 용서를 받아들일 때, 주님의 사랑을 받아들일 때, 그리고 당신도 사랑으로 주님께 응답할 때 그 때 당신은 회복되고 치유되는 것이다.

몇 년 전에 어떤 사모 사이트에서 어떤 사모님이 나에 대해서 물었던 모양이다. 아내가 우연히 그것을 알고 간단하게 내 소개를 하면서 나의 글을 하나 거기에 실었다.

〈사랑의 깨뜨림〉이라는 글인데 사람은 꾸짖고 얻어맞을 때 변화되는 것이 아니라 사랑과 용서를 통해서 변화되고 새로워질 수 있다는 내용의 글이다. 나의 신앙관을 가장 쉽게 나타낸 것이라고 생각해서 거기에 실었던 것이다.

글을 올린 직후 어떤 사모님이 답 글을 달았다. 이런 식의 귀에 듣기 좋은 사탕발림의 설교만이 강단에 차고 넘치니 그리스도인들이 변화되지 않으며 엉망이라는 것이었다. 강단에서는 두렵고 엄위하신 하나님을 가르쳐야 한다는 것이다.

나는 슬펐다. 그리고 마음이 아팠다. 그녀는 누군가가 자신을 그렇게 꾸짖고 혼을 낼 때만 그렇게 마음이 열리고 행복해지는 것일까. 주님에 대한 사랑이 생기는 것일까.. 그녀가 그렇게 믿는다면 그것은 할 수 없는 일이다. 하지만 그녀가 성도들을 그렇게 대할 것이라고 생각하니 마음이 아팠다.

나는 나의 메시지가 잘못이라고 생각하지 않는다. 물론 꾸짖음에 대한 메시지가 필요 없다고도 생각하지 않는다. 그것은 상호보완적인 문제일 것이다. 어떤 것은 옳고 다른 것은 틀린 그런 것은 아닐 것이다. 하지만 나는 그래도 사랑과 긍휼과 용서, 그것이 신앙의 기초라고 생각한다. 그리고 그 기초 위에서 우리의 삶과 신앙과 인격은 밝아지고 아름다워지며 풍성해진다고 믿는다.

우리는 모두 변화를 위해서 우리를 향하신 주님의 그 놀라우신 은혜와 사랑을 받아들여야 한다.

주님의 사랑의 음성을 들어야 한다. 부디 우리 모두에게 그 풍성하신 사랑이 임하시기를.. 그러할 때 우리는 진정으로 행복해지며 주님의 사람이 되어갈 수 있을 것이다.

이야기가 나온 김에 그 메시지를 다시 한 번 싣는다.

사랑의 깨뜨림

사람들은 자아가 깨지기 위해서
아픈 말을 많이 들어야 한다고 생각합니다.
그래서 남을 치는 분들도

긍지를 가지고 열심히 때리며
맞는 분들도
이를 악물고 참으면서
깨지려면 이 정도는
감수해야 된다고 생각합니다.
그러나 과연 그럴까요?
눈물이 날 만큼 야단맞고 혼이 나면
우리의 자아가 깨질까요?
온갖 모욕을 당하고
가슴이 찢기는 이야기를 들으면
우리는 성화되고 성숙될까요?
그것은 그렇지 않습니다.
우리는 우리가 못된 것을
잘 알고 있습니다.
하지만 알면서도 안 되지요.
성질이 못된 사람은
자기 성질이 못된 것을 잘 압니다.
우유부단한 사람은
자기 마음이 약한 것을 잘 압니다.
상처 잘 받는 사람은
자기가 쉽게 삐진다는 사실을 잘 압니다.
그러나 자신의 한심스러움을 잘 알면서도
힘이 없고 부족하고 무지하고 어려서

하지 못하는 것입니다.
그러니 못하는 사람을
죽도록 팬다고 해서
잘 할 수 있는 것은 아닙니다.
다리를 절뚝거리는 사람을
때린다고 잘 걷는 것은 아니지요.
진정 사람을 깨뜨리는 것은
사랑의 메시지입니다.
사랑 받을 자격이 없고
온통 허물뿐이고
도무지 한심스러운 구석밖에 없는 우리를
그분이 사랑한다고 말씀하실 때
우리는 기가 막혀서 거꾸러지고
그리고 깨지는 것입니다.
그분의 사랑과 용서가
우리를 어둠에서 구원하고
빛으로 나아오게 하는 것입니다.
나는 사람들에게
회개하고 깨지라는 이야기를
별로 해보지 않았습니다.
정신 차리고 똑바로 하라는 이야기를
별로 해보지 않았습니다.
그저 단순히

주님이 우리를 사랑하시며
우리는 아름다운 존재라고 이야기했습니다.
그리고 그 단순한 메시지에
사람들이 깨지고 뒹굴고
울면서 회개하고
주님 앞으로 나아가는 것을 보았습니다.
그리고 사람들을 사랑하고
주위의 사람들에게 친절하게 대하게 되는 것을 보았습니다.
가족들과의 불편한 관계가 사라지고
그들을 사랑하고 축복하는 것이 쉬워지고
그들이 아름답게 보이게 되었다는 이야기를
많이 들었습니다.
아무런 의무 사항을 요구하지 않고
무엇을 해야 한다고 요구하지 않고
그저 단순히
주님은 우리를 사랑하십니다.
그분은 우리를 용서하셨습니다.
그러므로 우리는 아름다운 존재입니다.
그렇게 전할 때
사람들은 깨어졌습니다.
그것은 그들이
사랑의 메시지에
너무나 굶주렸기 때문입니다.

기억하십시오.
우리를 깨뜨리는 것은
위협이나 억압이 아니라
주님의 사랑입니다.
주님의 용서입니다.
그분의 눈물입니다.
그분의 피입니다.
아마도 우리는
앞으로도
수천 번 수만 번
주님을 아프게 하겠지요.
그러나 주님은
우리를 용서하십니다.
그리고 말씀하십니다.
네 죄의 크기만큼
네 연약함의 무게만큼
내가 너를 사랑하리라.
왜냐하면
너는 나 없이는 살 수 없기 때문이다.
그 눈물의 사랑 속에서
그 용서와 은혜 속에서
우리는 깨어지며
주님 앞으로 나아가게 됩니다.

많이 넘어지고
많이 용서받으면서
그렇게 우리는
주님의 사람이
되어 가는 것입니다.

보혈의 사랑

나는 항상 주눅이 들어 있었습니다.
어디에 가든지
항상 혼이 나고 야단을 맞을 것 같았습니다.
사실 야단도 많이 맞았습니다.
태어난 이래
야단은 많이 맞았지만
칭찬은 별로 들어본 적이 없는 것 같았습니다.
나는 참 자신이 없었고
내가 무슨 이야기를 하면
과연 제대로 맞게 하고 있는 것인지
항상 의심스러웠습니다.
상대방이 고개를 끄덕이면
나는 그제야 안심을 했습니다.
그러다가 나는 주님을 알게 되었습니다.

나는 당연히 습관대로
주님께서 나를 야단치시기를 기다렸습니다.
그런데 이상하게도
주님은 나를 야단치시지 않고
기도 죽이지 않고
그저 사랑하시고 또 사랑하셨습니다.
나는 정말 이상하고 또 이상했습니다.
나는 아무 데도 사랑 받을 구석이 없었고
내가 제대로 하는 것이 없었기에
더욱 이상했습니다.
중학교 3학년 때
아버지가 내게 심부름을 시켰습니다.
연탄 공장 옆에 어떤 집에 갔다 오라고 시켰습니다.
나는 아버지께 연탄 공장이 어디 있느냐고 물었습니다.
아버지는 나에게 연탄공장이 어디 있는지
정말 모르냐고 물었습니다.
나는 모른다고 대답했습니다.
아버지는 나를 뚫어지게 쳐다보며 말했습니다.
너 바보 아니가?
나중에 나는 그 연탄 공장이 우리 집에서
5미터쯤 떨어진 곳에 있는 것을 알게 되었습니다.
그리고 우리는 그 집에 산 지 약 2년쯤이 되었었습니다.
그것이 내 모습이었습니다.

나는 아무리 기다려도
주님이 나를 혼내시지 않아서 참 의아했습니다.
기쁘기는 했지만 그래도 조금 이상했습니다.
어느 날 나는 그 이유를 알게 되었습니다.
어느 날 나는 기도하다가 주님의 모습을 보았습니다.
십자가에 달리신 그 모습 얼굴을 보았습니다.
고통으로 일그러진 그의 모습을 보았습니다.
그 발 앞에 엎드러져서
나는 한없이 울고 또 울었습니다.
그리고 나는 알게 되었습니다.
그가 왜 나를 야단치시지 않고
혼을 내시지 않고
그저 사랑하시고 불쌍히 여겨주시는지..
그것은 그분이
나의 모든 죄에 대하여
대가를 지불하셨기 때문이었습니다.
나는 이제 더 이상 의아하게 여기지 않습니다.
내가 약하고 바보 같고 못되고 악하고
여전히 한심스럽지만
그분이 사랑하시는 것을 압니다.
그의 피가 내 맘속에 있기에
그의 고통이 내 뇌리에 선명하기에
이제 나는 그의 사랑과 은혜를 믿습니다.

그리고 그가 나를 야단치지 않고 사랑하신 것처럼
나도 사람들을 혼내지 않고
위로하고 축복하며 싸매어 줄 것입니다.
오늘도 나는 그분의 피를 의지하고 삽니다.
영원히 잊을 수 없는 주님의 보혈
그 보혈이
그분의 사랑과
그분의 고통과
그분의 용서와
그분의 눈물의
모든 것을 다 보여주기에
오늘도 나는 그분의 피를 붙들고
날마다의 여행길을 걸어가고 있는 것입니다.

19. 대부분의 억압은 우리 스스로가 만드는 것이다

주님은 우리를 억압하시는 분인가? 그렇지 않다. 주님은 우리를 자유케하고 회복시키시며 모든 억압에서 우리를 풀어주시는 분이다. 그러나 주님을 억압하는 분으로 인식하고 있는 이들은 아주 많다. 그리고 그러한 인식은 우리의 삶에 억압과 부자유를 가져다준다.

그렇다면 그것은 주님의 책임인가? 아니다. 그러한 억압은 우리 자신에게서 오는 것이다. 대부분의 억압과 부자유는 우리 스스로가 만드는 것이다. 만일 우리가 바르게 깨닫고 생각하고 있다면 우리는 우리가 스스로 만든 억압에서 벗어날 수 있을 것이다.

나는 늦은 나이에 신학 대학에 들어갔다. 세상에서 방황하다가 군대를 마친 후 늦게 부름을 받고 신학을 하게 되었다. 대학 1학년 때 내 나이는 스물여덟이었다.

그런데 나보다 나이가 여러 살 더 많은 형이 있었다. 나는 그와 자주 교제를 나누며 신앙과 삶을 나누곤 했다. 그는 참으로 성실하고 헌신된 사람이었다.

그는 공부에도 힘을 썼고 기도에도 성실했다. 그는 겸손하고 순수하고 은혜를 사모하는 사려 깊은 사람이었다. 그런데 이상하게도 그의 얼굴은 항상 어둡고 피곤에 지쳐있는 모습이었다. 그것은 단순한 피곤이라기보다는 무엇인가에 눌려있는 것 같은 느낌을 주고 있었다. 어느 날 나는 그 이유를 그에게 물었다. 그는 나에게 대답했다.

"나는 지금 하나님께 연단을 받고 있어요."

그것은 평범한 대답이었다. 그것은 흔히 하는 이야기이기도 했다. 세상에 하나님의 연단을 받지 않는 사람이 어디 있다는 말인가? 특히 신학을 하는 사람들이 그런 이야기를 많이 한다. 하지만 연단을 받고 있기 때문에 어둡고 피곤하게 산다는 것은 뭔가 납득이 가지 않는 이야기였다. 그는 계속 이야기했다.

"이것은 나의 서원의 결과예요. 그러니 어쩔 수 없어요."

그것은 더욱 더 알아듣기 어려운 이야기였다. 도대체 무엇을 어떻게 서원했다는 말인가? 그래서 무슨 연단을 받고 있는 것인가? 나는 더욱 더 그의 이야기가 궁금해졌다. 내가 무슨 이야기인지 이해가 안 간다는 표정을 짓고 있자 그는 미소를 지으며 친절하게 그 내용을 설명해주었다.

"나는 정말 하나님의 종으로 쓰임 받고 싶었어요. 정말 신실하고 능력 있는 하나님의 종으로.. 그래서 내가 가지고 있는 모든 인간적이고 육적인 모습이 사라지고 신령한 하나님의 사람이 될 수 있도록 하나님께 연단을 받기로 서원했어요.

그리고 나는 그 연단의 기간도 서원했어요. 그 기간은 십 년입니다. 그 십 년 동안 내가 평생에 겪을 모든 고난을 다 겪게 해달라고 기도했지요. 그렇게 고백한 지 지금까지 많은 시간이 지났지요. 그 동안 얼마나 어렵고 고통스러운 일들을 경험했는지 몰라요.

하지만 나는 정말 굳세게 이를 악물고 그 기간을 버텼지요. 이제 몇 년 밖에 남지 않았어요. 그 때가 되면 정말 자유와 해방의 때가 오겠지요. 그래서 내가 이렇게 시달리고 고통을 겪고 있는 거예요."

나는 어처구니가 없었다. 그는 성품이 좋고 순수한 사람이었다. 하지만 그의 그러한 헌신과 고통은 정말로 어처구니없는 것이었다. 그것은 지지 않아도 될 십자가를 스스로 만들어서 지고 있는 것이다.

우리의 삶에 훈련이 있다. 그리고 고난이 있다. 하지만 그것은 주님의 손에 달려있는 것이지 우리 마음대로 결정할 수 있는 것이 아니다. 그 기간은 어느 한 기간에 집중적으로 이루어지는 것도 아니며 그 기간이 끝난다고 해서 모든 시련이 사라지는 것도 아니다. 그것은 정말 이상한 헌신이었다.

하지만 문제는 본인이 그것을 굳게 믿고 있다는 데에 있었다. 나는 잠시 그에게 그것이 옳지 않다고 설득을 해볼까 하고 생각했다. 하지만 곧 마음을 돌렸다. 그것은 무의미한 일이었다.

그는 이미 지난 오랜 세월을 혹독한 훈련과 고통을 겪으면서 살아왔다. 그러한 그가 이제 얼마 남지 않은 시점에서 그러한 믿음을 포기할 것인가. 그럴 가능성은 없어 보였다.

그에게는 경제적인 면에서 뿐 아니라, 가정적인 면에서도 고난이 있었다. 또한 그는 신체적인 연약함으로도 많은 어려움을 겪고 있었다. 그는 몸을 누일 안식처도 없이 거리가 먼 기도원에서 숙식을 해결하며 지친 몸을 이끌고 학교에 통학하고 있었다.

하지만 내가 느끼기에는 쓸데없이 겪는 영적인 공격에 의한 눌림이 그에게 많이 있었다. 악한 영들이 그를 억압하고 짓누르고 있는 것을 나는 여러 번 감지했던 것이다.

하지만 그는 그것을 알면서도 제지하려고 하지 않았다. 그는 기도를 많이 하는 사람이었고 여러 가지 체험도 많이 있었던 사람이었다. 그는 영적인 흑암의 공격이 어떤 것인지 알았다.

나도 그런 경험들이 많이 있었다. 기도하면서 영적 전쟁을 치르기도 하고 귀신의 공격을 받는 이들을 기도해주고 돕는 일도 하곤 했었다. 내가 그에게 영적 전쟁에 대한 이야기를 하면서 결코 눌려서는 안 된다고 예수의 이름으로 그것을 부수라고 했지만 그는 슬픈 듯이 미소를 지을 뿐이었다.

알고 있지만 십 년의 기간 동안 자기는 그들에게 당할 수밖에 없다는 것이었다. 그는 나를 부러워하며 말했다. 나는 지금 그 악한 영들을 깨뜨리면서 승리하면서 가고 있지만 자기는 십 년 동안은 일시적으로 눌릴 수밖에 없다는 것이었다.

슬픈 일이었다. 나는 그를 도울 수 없었다. 가끔 교정에서 그와 마주치면 그의 힘들고 지친 모습이 보였다. 대화를 나누어보면 그는 역시 비슷한 이야기를 하면서 어서 그 기간이 지나가기만을 기다리고 있었다.

나도 빨리 그 기간이 지나가기를 바랐다. 속으로는 그 기간이 지나가도 달라질 것은 아무 것도 없으며 다만 스스로 속고 있을 뿐이라고 생각했지만 그 이야기는 그에게 너무나 잔인해서 나는 그 이야기를 할 수 없었다.

드디어 그 긴 시간이 끝이 났다. 그는 서원한 십 년의 시간을 버텼던 것이었다. 그에게는 얼마나 놀라운 일이었을까!

그는 너무나 감사해서 십 년의 마지막 30일을 금식으로 보내기로 하였다. 그는 이제 약속한 기간이 끝이 났으므로 하늘의 놀라운 은총과 권능이 임할 것을 믿고 있었다. 그는 장기 금식기도를 드렸던 경험을 많이 가지고 있었고 하늘의 능력과 성령의 충만한 역사를 항상 사모하고 기도하는 사람이었다. 그는 이 30일의 금식 기도를 통해서 놀라운 은혜가 임할 것을 이제 기대하고 있었다.

나는 조금 시간이 지난 다음에야 그 십 년의 기간이 끝난 것을 알았다. 그리고 그가 십 년이 끝나는 마지막 시간을 금식으로 마친 것을 알게 되었다. 나는 그에게 어떠한 변화가 생겼을지 궁금했다.

나는 그를 만났다. 하지만 그의 얼굴은 전과 별로 다름이 없었다. 오히려 더 지치고 힘들고 피곤한 모습이었다. 그에게서는 짙은 실망감이 가득해있었다.

"축하합니다. 전도사님.. 드디어 십 년의 기간이 끝났군요. 그리고 30일 금식도 무사히 잘 마치셨다던데.. 좋으셨어요?"

그의 표정은 어두웠다. 그는 이런 이야기를 해 주었다. 금식을 마치는 날 아는 친구가 와서 축하를 해주었다고 한다. 그런데 금식을 할 때에는 영이 아주 예민해진다. 특히 장기 금식인 경우에는 더욱 그렇다.

그럴 때는 어떤 사람이 오든지 그 사람의 마음과 영의 상태에 민감한 영향을 받게 된다. 그래서 영이 혼탁하고 어두운 사람이 오게 되면 금식을 해서 예민해진 상태의 사람에게는 그것은 치명타가 될 수 있는 것이다.

그는 그 이야기를 하면서 금식을 마치는 날 자기에게 찾아왔던 그 친구의 영이 아주 안 좋은 상태였다고 한다. 그래서 그와 대화를 나누면서 자기의 영이 완전히 엉망이 되어버렸다는 것이다. 그러면서 십 년의 고생이 다 수포로 돌아가 버렸다고 그는 몹시 고통스러워하는 것이었다.

영이 민감한 사람은 전이현상으로 인하여 어려움을 많이 겪는다. 전이현상이라는 것은 다른 사람의 어떤 증상이나 상태를 느끼는 것이며 그것이 옮아오기도 하는 것이다. 어떤 이들은 환자 옆에 있으면 환자의 질병이 옮아와서 아프게 되는 경우도 있다.

그래서 영이 민감한 이들은 조심하지 않으면 고생을 많이 하게 된다. 금식을 하는 상태에서는 특히 영이 민감해진다. 그래서 사람들의 방문이나 대화와 같은 것은 조심하는 것이 보통이다.

그러므로 그가 금식의 마지막을 그런 식으로 망쳐버렸다는 것은 충분히 있을 수 있는 이야기였다. 하지만 그러한 것은 조금 시간이 지나면 회복되는 것이다. 그것 때문에 지난 십 년의 고생이 헛되이 끝났다는 것은 그의 오해였다. 그는 막상 십 년이 지나도 아무런 일이 생기지 않자 자기의 마지막 실수 때문에 자기에게 임하게 될 귀중한 은혜를 놓치게 된 것으로 여기고 있었다. 그의 얼굴에는 허탈함과 후회, 절망감이 감돌고 있었다.

나는 그가 다시 잘못 생각하는 것이라고 느꼈지만 역시 그를 도울 길은 없었다. 그의 확신이 워낙 강했기 때문이었다.

그 이후에 나는 그를 거의 만나지 못했다. 학교를 졸업한 후에는 서로 자기의 사역을 하느라고 바빴던 것이다.

그로부터 7,8년쯤 지났을까 나는 어느 기도원에서 우연히 그를 만났다. 나는 그를 보고 반가워서 소리를 질렀다.

그 상황은 여러 사람들과 어디를 급히 가야하는 상황이었다. 그래서 나는 그와 충분히 대화를 나누지는 못했다. 나는 간단히 안부를 물었다. 지금 어떻게 지내시느냐고.. 그리고 십 년의 기간이 끝이 나서 연단이 끝이 났느냐고..

그는 어두운 얼굴로 고개를 저었다. 십 년은 무사히 지났지만 연단은 끝나지 않았다고.. 자기가 마지막에 금식을 잘못했기 때문에 그 때의 잘못이 워낙 치명적이었다고..

나는 놀랐다. 그의 논리는 오랜 시간이 지났지만 여전히 변하지 않고 있었다. 많은 시간이 지나갔어도 여전히 그는 그 때에 대한 회한을 가지고 있었다.

그와 작별을 하면서 나는 내내 무거운 마음이었다. 그의 지난 십 년 간의 고생, 그리고 그 고생이 끝난 후에도 여전히 지치고 힘들어 보이는 그의 모습에 너무나 가슴이 아려 나의 뇌리 속에서 잘 지워지지 않았다.

그의 그러한 오랜 동안의 시련과 고통.. 그것은 주님의 뜻이었을까? 주님의 연단이었을까? 나는 그렇게 생각하지 않는다. 나는 그것은 그가 스스로 끌어당긴 함정이며 눌림이라고 생각한다. 그것은 주님으로부터 온 것이 아니었다.

그는 순수한 사람이었다. 그는 진정 주님만을 사랑하기를 원했고 주님의 놀라운 은혜의 통로가 되고 싶어 했다. 그래서 그것을 위해서 어떠한 대가를 지불하는 것도 싫어하지 않았다. 그러나 그의 희생정신은 정말 놀라운 것이었지만 그러나 진리에 기초한 것이 아니었다.

나는 주님께서 그의 순수한 마음 자체는 받으셨을 것으로 믿는다. 언젠가 하늘나라에 갔을 때 그의 노고와 땀은 인정받을 것이다. 하지만 이 땅에서 그는 많은 악한 영들에게 속임을 당하고 시달렸다. 그것은 승리하는 삶이 아니었다.

나는 지금 이 시간에도 많은 그리스도인들이 그와 비슷한 오류를 가지고 스스로 고통을 만들어내며 억압을 당하고 있다고 생각한다. 그리고 그것은 주님이 원하시는 것이 아니다. 그러한 것들은 모두 다 스스로가 만든 것이다.

오래 전에 나는 썬다싱의 책에서 그가 천국을 경험한 이야기를 읽은 적이 있다. 어떤 사람이 죽어서 지옥을 갔다. 그는 분노에 차서 왜 하나님은 자기를 지옥에 보내시느냐고 항의를 했다.

주님께서 그에게 올라오라고 허락을 하셨다. 그래서 그는 천사의 인도를 받아 천국에 올라오게 되었다.

그러나 막상 천국에 올라오자 그의 영혼은 천국의 그 찬란한 빛을 견딜 수 없었다. 그리하여 그는 외마디 비명을 지르며 지옥을 향해서 거꾸로 떨어져갔다. 그러자 주님의 아름답고 사랑스러운 음성이 하늘에서 울렸다고 한다.

"이곳에서는 아무도 강제로 지옥으로 보내지 않는다. 오직 자기 스스로가 지옥을 선택하여 지옥으로 들어가는 것이다."

그의 일생은 평생을 지옥과 같은 거짓과 악과 원망과 분노와 어두움 속에서 살았기 때문에 주님께서 그를 천국에 받아들이고 싶어도 그의 영혼은 천국에서 살 수 없었던 것이다.

그가 어둠 속에 떨어진 것은 그의 선택이었다. 그것은 주님이 허락하신 것이 아니다. 나는 이와 비슷하게 많은 그리스도인들이 진리에 대하여 어두워서 자기의 인생에 스스로 많은 어두움과 재앙과 고통을 받아들이고 있다고 생각한다. 그것은 주님의 뜻인가? 그렇지 않다. 그것은 자신이 만들어낸 것이다.

나는 모든 고통이 다 나쁜 것이라고 생각하지 않는다. 그러나 또한 모든 고통이 다 좋은 것이라고도 생각하지 않는다. 우리가 주를 붙잡고 있어도 우리는 많은 고통을 접하게 될 것이다. 많은 전쟁과 훈련을 통과하게 될 것이다.

그러나 거기에는 주님의 함께 하심이 있다. 주님의 위로가 있으며 도우심과 은총이 있다. 그러므로 우리는 많은 고난과 어려움 속에서도 넉넉히 그것을 이겨내는 것이다.

오늘날 많은 그리스도인들이 스스로 만들어내는 어두움을 자기 안에 가지고 있다. 스스로 만들어내는 억압을 가지고 있다.

주님은 우리를 억압하시는 분인가? 아니다. 그분은 우리를 자유케 하시는 분이다. 그분은 우리에게 빛을 주시는 분이다. 우리가 그분을 알아 가면 알아갈수록 우리는 더욱 더 많은 자유와 풍성함을 누리게 될 것이다.

그리고 그 천국의 영광스러운 빛에 지금도 내일도 영원히 거할 수 있을 것이다. 세상에는 어두움이 가득해도 우리는 빛 가운데 있을 것이다.

20. 하나님의 음성에 대한 열등감을 가지지 말라

'하나님께서 내게 이렇게 말씀하셨습니다.' 하면서 이야기하는 사람들이 있다. 아주 진지하고 심각한 표정으로 '주께서 말씀하시기를..' 하고 말하는 이들이 의외로 많이 있다.

어떤 이들은 매사에 '하나님이 싫어하셔서..' 하는 식으로 아예 하나님을 입에 달고 산다.

이들은 길이 막히면 '하나님께서 막으셨습니다' 하고 이야기한다. 툭하면 '주님이 안 된다고 하시는데요' 하고 말한다. 마치 구약의 선지자 같은 분위기를 물씬 풍기는 것이다.

이런 이들을 보면 어떤 이들은 매우 부러워 할 것이다. '아.. 저들은 얼마나 좋을까.. 저들은 신앙이 아주 좋은 이들임에 틀림이 없어. 나는 한 번도 그런 음성을 들은 적이 없는데.. 아마 저들은 하나님께서 특별하게 사랑하시는 사람들일 거야..' 이들은 그렇게 생각할 것이다. 그리고 그러한 고백을 하는 이들에게 부러움과 시샘과 함께 그러한 음성을 듣지 못하는 자신에 대하여 영적인 열등의식을 가질 것이다.

또한 어떤 이들은 그들에 대해서 거부감을 가질 것이다. '하나님의 음성이라고? 아니 자기들이 무슨 선지자들이야? 혹시 무슨 이단이 아닐까?' 하고 생각하며 그들은 그러한 사람들에 대해서 마음 문을 닫거나 경계심을 가지게 될 것이다.

과연 그들은 하나님의 음성을 듣고 있는 것일까? 그들은 아주 신령한 하나님의 종들일까? 아니면 자기가 지어낸 이야기를 하고 있는 것인가? 아니면 착각에 빠져있는 사람들인가?

20년 전쯤에는 누군가가 그런 이야기를 하면 바로 이단으로 몰렸거나 이상한 사람 취급을 받았다. 그러나 지금은 하나님의 음성을 듣는 것에 대한 거부감이 많이 사라진 상태이며 그러한 훈련을 시키는 곳도 많다. 그러므로 그러한 이들을 어디서나 쉽게 발견할 수 있다. 우리는 이들을 어떻게 보아야 하는가?

한 가지 조심해야 할 사실이 있다. 예언자 분위기가 나는 그러한 어투는 일반적으로 사람들에게 거부감을 줄 수 있다는 것이다. 누군가가 '하나님이 이렇게 말씀하셨습니다.' 라고 말할 때 분명히 그 자리에는 어색함이 감돌게 된다. 그냥 못들은 척하고 지나가는 것이 가장 편리한 방법이지만 그렇게 하더라도 썰렁한 것은 마찬가지다.

어떤 사람은 그렇게 말하는 이에게 '어머. 그래요? 어떻게 그 음성을 들었어요? 그것은 어떻게 들려요?' 하고 물을 지도 모른다. 그러나 많은 이들은 그러한 이야기에 어떤 거리감을 가지게 될 것이다. 그것은 그들 자신을 아주 신령한 존재로 과시하는 것 같은 인상을 주며 그러한 음성을 듣지 못하는 다른 신자들은 2등 신자같이 느껴지기 때문이다.

내가 청년 시절이던 20년쯤 전에 어떤 선교 단체에서 훈련 프로그램 중에 '하나님의 음성을 듣는' 부분을 유독 많이 강조하던 적이 있었다. 거기에서 훈련을 받은 청년들은 '하나님이 이렇게 말씀하셨습니다' 는 식의 이야기를 자주 하곤 했다. 이들의 훈련 프로그램 중에는 전도 여행이 포함되어 있었다. 이 전도여행은 어떤 프로그램 자체보다 성령님의 인도를 받아서 움직이는 것을 원칙으로 하고 있었다.

그래서 특별하게 거처를 정하지 않고 그 때 그 때 주님께서 인도하심에 따라 복음을 전하고 교회나 가정에서 숙식 문제를 해결하는 식으로 전도여행이 진행되고 있었다.

이 전도 여행 중에 한 무리의 젊은이들이 복음을 전하다 시골의 지역 교회에 인도를 받게 되었다. 그 교회의 목회자는 복음을 전하고 있는 청년들에게 매우 호의를 가지고 그들을 영접했는데 그만 어느 청년의 한마디 말 때문에 그의 마음은 순식간에 닫혀버리고 말았다. 목회자가 어떻게 오셨느냐고 묻자 한 청년이 '주님께서 우리를 보내셨습니다' 라고 대답했던 것이다.

그 말이 잘못된 것인가? 아마 그렇지 않을 것이다. 그러나 말은 '아' 가 다르고 '어' 가 다르다. 그러한 어투는 순박한 시골의 목회자가 들었을 때 무슨 이단의 무리가 온 것이 아닌가 하는 의문을 일으키기에 충분했던 것이다. 아마 '환영해 주셔서 감사합니다. 주님께서 좋은 곳을 예비해주셨군요.' 라는 정도로 이야기했으면 그들은 여전히 환대를 받았을 것이다.

아무튼 그 곳에서 훈련받은 젊은이들이 그런 식의 '신령한' 언어 표현을 교회 안에서 사용하는 바람에 교회 안에서 갈등이 생기는 유사한 문제들이 자주 발생하게 되었다. 그래서 나중에 그 단체에서는 그러한 언어 표현을 조심시키게 되었다는 이야기를 나는 들은 적이 있다.

위와 같은 사례는 악한 일이라기보다는 지혜가 부족한 것이라고 할 수 있을 것이다. 그러나 또한 자기 마음대로 주님의 이름과 음성을 말하면서 악용하는 사례도 적지 않은 것이 사실이다.

전에 목회 사역을 하고 있을 때 우리 교회에 다니던 자매가 있었다. 그 자매의 부모님은 열정이 많고 뜨거운 교회에 다니고 있었는데 그 자매를 자기가 다니는 교회로 데려가려고 애를 많이 썼다. 담임 목사님이 그렇게 명령하셨다는 것이다.

하지만 자매는 가려고 하지 않았다. 자매는 우리 교회의 예배를 매순간 항상 기다리며 살았고 눈물과 감격 속에서 예배를 드렸었다. 그래서 내가 권해도 잘 가려고 하지 않았다.

어느 날 밤에 갑자기 그 자매의 집에 부모님이 다니시던 교회의 목사님이 찾아오셨다. 그는 자기가 이 밤에 왜 갑자기 찾아왔겠느냐고 하면서 주님께서 자기를 보내셨다고 했다. 당장 그 자매가 교회를 옮기라고 하나님이 말씀하셨다는 것이다. 과연 그것이 하나님의 음성일까? 그것은 의문스러운 일이다.

이 자매의 어머니는 자신이 하는 말과 행동을 하나님의 음성과 뜻에 결부시키는 습관을 가지고 있었다. 예를 들어 마음에 드는 사윗감이 있으면 저 사람과 결혼하는 것이 하나님의 뜻이라고 딸에게 말하곤 했다. 딸이 있는 곳에 갑자기 찾아와서는 기도하는 중에 딸이 여기 있다고 하나님이 말씀하셨다고 하기도 했다. 매사에 그런 식이었다.

그런데 알고 보니 그분이 다니는 교회의 목사님이 자신은 항상 하나님의 음성과 계시를 받고 사신다고 주장하셨던 모양이다. 그러니 성도들이 그런 영향을 받을 수밖에 없는 것이었다.

그 목사님은 교회 안에 자기 사람을 두고 그 사람을 통해서 교회 모든 성도들의 속사정을 상세하게 듣고 있었다. 그리고 그 정보에 근거해서 설교하면서 사람들을 치곤 했다.

그 정보와 내용이 아주 정확하여 사람들은 목사님은 모든 것을 다 아시는 하나님의 사람이라고 몹시 두려워했는데 나중에 그 정보를 제공하던 분이 어떤 이유로 마음이 바뀌었는지 그만 그 사실을 누설하고 말았다. 그래서 목사님이 아주 난처한 입장에 빠지게 되었는데 목사님은 그 성도에게 마귀가 붙었다고 주장하여 교회가 온통 난리가 나기도 했다고 한다.

이런 한심스러운 이야기를 여기에 쓰는 이유는 이렇게 비상식적이고 코미디 같은 신앙의 행태가 현실적으로 많이 있기 때문이다. 그렇기 때문에 지적인 그리스도인들은 영성이나 은사의 세계에 대해서 거부감을 가지고 있는지도 모른다.

우리 교회에 열심히 다니던 다른 자매도 있었는데 그 쪽은 시어머니가 자매를 자기가 다니는 교회로 이끌려고 많이 애를 쓰셨다. 그것이 잘 되지 않자 잘 아시는 예언의 은사가 있다는 분을 불러왔다. 물론 예언의 내용은 뻔한 것인데, 딸의 소속을 그 교회로 옮겨야 한다는 것이다. 그렇지 않으면 남편이 위험하다는 위협적인 조언과 함께.

물론 하나님의 음성 운운하는 사람들이 다 이렇게 어처구니없는 행동을 하는 것은 아니다. 아무튼 영혼이 아직 어리고 그래서 그것이 죄인 줄 모르고 아무 데나 하나님을 갖다 붙이는 이들은 그렇다고 치자. 그들도 어느 정도 성장하게 되면 그렇게 함부로 하나님을 빙자해서 말하지는 않을 것이다.

그러나 신실하고 헌신된 사람이며 주의 뜻을 간절히 구하는 사람이 확신을 가지고 '주님이 이렇게 말씀하셨습니다' 하는 것에 대해서는 어떻게 이해해야 하는가? 정말 그가 들은 것이 주님의 음성이 맞는 것인가?

나는 그러한 음성들이 일단 주님의 음성이 맞을 것이라고 생각한다. 다만 그것은 하나님의 음성이라는 표현보다는 내적인 감동이라고 표현하는 것이 좀 더 정확하다고 생각한다.

일반적으로 그것은 귀로 들리는 음성과는 다르다. 그것은 하나의 인상에 가까운 것이기도 하다. 그러한 것을 음성이라고 표현했을 때 사람들은 흔히 귀에 무엇이 들렸을 것이라고 오해하기 쉬운 것이다.

그러므로 주님이 내게 말씀하셨다.. 그렇게 표현하는 것보다는 '주님께서 내게 이러한 감동을 주셨다' 고 표현하는 것이 낫지 않을까 생각한다.

그것은 하나님께서 성경에 기록한 저자들에게 말씀하신 그 말씀의 수준과 차원에서 전혀 다른 것이다. 물론 그러한 감동과 인도하심이 주님으로부터 나왔다는 것을 나는 의심하고 싶지는 않지만 그것은 '말씀' 보다는 '감동' 이나 '인상' 이 좀 더 무난한 표현이 아닌가 생각하는 것이다.

우리는 기도할 때 주님께서 어떻게 말씀하시는 것 같은 인상을 받는다. 그것은 강렬한 기쁨과 평강을 동반할 때가 많이 있기 때문에 우리는 그것이 주님께로부터 온다는 확신을 얻게 된다.

어떤 문제에 대해서 기도할 때 그 문제의 근원적인 부분에 대한 통찰력이 오기도 한다. 또한 사소한 문제들, 예를 들어서 어떤 물건을 잃어버렸을 때 그것에 대해서 기도하면 갑자기 선명하게 물건을 두었던 장소가 떠오르기도 한다.

그러한 것들은 이른바 주님의 '음성'일까? 그렇다. 넓게 보면 그렇게 말할 수 있을 것이다. 그러나 또한 감동이나 어떤 인상을 받았다고 표현해도 충분하다.

그러나 사실 그러한 정도의 느낌이나 영감은 다른 종교에서도 많으며 심지어 불신자들도 종종 경험하는 것이다. 믿지 않는 자들 중에서도 꿈에서 경고를 받아 재난을 피하게 되었다든지 마음속에 내적인 느낌이 좋지 않아 사고를 면하게 되었다든지 하는 이야기들은 아주 많다.

그러한 예들은 무엇인가? 나는 그것을 영감이라고 생각한다. 인간은 하나님의 형상을 따라 지음 받았다. 그러므로 그 안에는 아직 거듭나지 않았다고 하더라도 하나님의 형상인 영혼이 존재하는 것이다. 그래서 위기의 때에 사람의 안에 숨어있는 영혼의 활동을 통해서 그러한 영적 감동은 계시처럼 그에게 나타날 수 있는 것이다.

나는 그것도 넓은 차원에서 하나님의 인도라고 생각한다. 즉 아직 우리 안에 들어와 있지 않은 양들에게도 하나님께서는 그의 긍휼과 자비를 베풀어주시는 것이다.

나는 사람들이 들었다고 주장하는 하나님의 음성에 대해서 폄하하고 싶은 마음은 전혀 없다. 다만 그것을 음성이라고 주장하는 것보다는 내적 감동이라고 표현하는 것이 더 겸손하며 덕을 세우는 데에 도움이 된다는 것이다.

주님의 은총을 체험한 그리스도인들이 자신이 하나님의 특별한 사랑을 받는 대단한 존재로 여기는 것은 좋은 일이 아니다. 주님은 그의 선하심에 따라 우리에게 은혜를 베푸시는 것이며 우리가 잘나거나 대단한 존재이기 때문에 우리에게 임하시는 것이 아니다. 그러므로 우리는 은혜를 입을수록 우리 자신을 더욱 더 낮추어야 한다. 뭔가 자신을 과시하는 것 같은 느낌이 드는 것은 좋지 않은 것이다.

그러므로 하나님의 음성이라는 표현을 제한할 필요가 있지 않을까 생각한다. 말씀을 묵상하면서 큐티를 하면서 얻어지는 깨달음에 대해서도 하나님의 음성이라고 표현하는 것을 종종 보는데 넓은 의미에서 그것은 하나님의 음성이겠지만 '하나님의 음성을 들었다'는 것보다는 '하나님께서 성경을 통해서 내게 말씀하셨다' 든지 '말씀을 묵상할 때 주님께서 내게 이러한 감동을 주셨다' 라는 식으로 표현한다면 더 자연스럽지 않을까 싶다.

그렇다면 그 인상이나 감동 등을 통해서 우리가 받은 하나님의 음성이 틀릴 수 있을까? 그렇다. 사실 아주 많이 틀린다. 나는 주님의 음성을 들었다고 많은 이들이 과감하게 이야기하는데 그것이 틀리는 경우를 수도 없이 보았다.

예를 들면 '하나님께서 말씀하시기를 그 분은 살아난다고 하셨습니다. 이 병은 죽을 병이 아니며 하나님의 영광을 위한 병이라고 말씀하셨습니다.' 이렇게 누군가가 자신 있게 선포한 후에 얼마 후에 환자가 죽는 다든지 '주님께서 등록금을 예비하셨습니다' 하고 선포한 후에 얼마 후에 등록금을 내지 못해서 학교에서 쫓겨났다든지 그런 일들을 아주 많이 보았던 것이다.

　나의 경험으로 보았을 때는 누군가가 '하나님의 뜻이 이렇다' '하나님이 말씀하셨다' 라고 말하면 맞는 쪽보다 틀리는 쪽이 더 많은 것을 보았다. 대체로 그렇게 말하는 이들은 믿음이 아주 차고 넘쳐서 상식적으로 불가능해 보이는 것에 대해서도 된다, 된다고 말하는 경향이 있기 때문이다.

　맞는 경우도 있다. 그런데 대체로 그것은 상황이 끝난 후이다. 사건이 지나간 후에 슬며시 말하기를 '사실은 주님께서 전에 그렇게 말씀하셔서 나는 이렇게 될 줄 이미 알고 있었어.' 라고 하는 식이다. 진의에 의심이 가기는 하지만 그렇다면 그렇게 믿을 수밖에 없는 것이다.

　그런데, 그들이 하나님의 음성이라고 믿는 것이 틀리는 경우는 왜 있는 것일까? 그것은 그 음성이 구약과 다르기 때문이다. 구약에서는 선지자가 조금도 틀리는 것이 허용되지 않았다. 만약 틀리게 예언했다면 그는 거짓 예언자로 판명이 나며 그 즉시로 죽은 목숨이었다. 오늘날처럼 관대하게 살아남을 수 없었다.

　지금 우리가 일반적으로 경험하는 것은 영적 감동이다. 그것은 각 사람의 영적 발전 상태와 수준에 따라 다른 것이다.

　각자의 영혼의 상태는 자라가는 것이고 온전하지 않으므로 틀릴 수 있다. 어떤 이가 은사적으로 깨어나고 발전해간다고 해도 그의 영감은 온전하지 않다. 그러므로 그는 많은 경우에 맞지만 또한 적지 않은 경우에 그의 영감과 감동은 틀릴 수 있다. 그것은 그의 영혼이 정화되고 온전해질수록 정확도에 있어서 발전해 가는 것이다.

하나님의 음성이나 뜻에 대한 오류 중에서 가장 대표적인 것이 배우자의 문제에 대한 것일 것이다. 대체로 자매들이 어느 형제에게 '하나님이 말씀하셨습니다. 우리가 결혼하는 것이 하나님의 뜻이라고 합니다.' 하는 것이다.

이런 일은 정말 엄청나게 많다. 나도 직접 여러 번 겪었고 또한 이 문제로 씨름하는 이들을 도와준 것도 한 두 번이 아니다.

한 형제에게 여러 명의 자매가 하나님의 음성을 들었다고 오는 경우도 적지 않다. 특히 대학부나 청년부를 담당하는 이가 미혼이라면 그는 곧 수많은 예언자들을 만나게 된다. 물론 예언의 내용은 그가 예언하는 자매와 결혼을 해야 한다는 것이다. 이러한 일들은 아주 흔하다.

이러한 예언의 오류는 개인적인 감정과 이성과 선입견과 의지 등이 다 주님께 처리되고 훈련되어져야 하는데 그런 정화의 과정이 없이 예언하며 예언이 분별되고 훈련되지 않았기 때문이다. 여기에서 자세하게 쓸 수는 없지만 바른 예언을 하고 음성을 듣기 위해서는 정화와 훈련이 필요하다.

문제는 많은 이들이 그렇게 틀리는 선포를 하고 그냥 지나쳐 버린다는 것이다. 자신이 하나님의 음성이라고 주장한 어떤 말을 한 후에 시간이 흘러서 그것이 잘못된 것이 밝혀진 후에도 그냥 아무 일이 없다는 듯이 지나가 버리는 것이다. 심각한 반성도 없고 왜 자신이 왜 틀렸으며 무엇을 수정하고 새롭게 배워야 하는지에 대한 아무런 갈등도 없이 그들은 여전히 자신 있게 말하고 또 틀리고 그런 식으로 스스럼없이 계속 나아가는 것이다. 이러한 이들은 발전해갈 수 없다.

주님의 음성에 대해서 한 마디 더 하고 싶은 것은 그렇게 각자가 듣는 주님의 음성과 감동은 완전한 것이 아니라는 사실이다.

우리는 완전하신 하나님의 뜻과 감동을 감당할 수 없다. 그러므로 우리는 각자의 영적 발전상태의 수준과 차원에 따라 그 음성을 듣게 된다. 즉 각자가 듣는 하나님의 음성은 그 사람의 수준을 보여주는 것이다.

한 예를 들어보자. 어떤 이가 다른 사람에게 아주 억울한 일을 당했다. 그가 진실한 마음으로 다른 이에게 애정을 베풀었는데 상대방이 그것을 악으로 갚은 것이다. 그는 한동안 그 일로 인하여 몹시 고통을 겪는다. 그런데 이 문제로 깊이 기도하며 주님께 나아갈 때 주님께서는 그에게 말씀하신다.

'사랑하는 자야. 그를 용서하거라. 내가 너를 용서한 것 같이 너도 그를 용서하여라.'

그는 이 음성을 듣고 충격을 받고 운다. 그리고 깊은 분노와 미움의 영으로부터 벗어난다.

그것은 주님의 음성인가? 맞다. 주님의 음성이며 주님의 응답하심이다. 그는 이 경험을 통해서 자유함을 얻게 되었을 것이다.

그러나 한편으로 보면 그에게 이 음성이 임한 것은 아직 그가 그러한 음성과 메시지가 필요했기 때문이며 그가 아직 용서하는 수준이 되지 않았기 때문인 것이다. 다시 말하자면 그가 아직 어리기 때문에 그러한 음성이 임한 것이다.

자, 어떤 사람이 있다. 그런데 그는 이와 비슷한 일을 겪어도 별로 요동하지 않는다. 그리 슬픔이나 상처나 배반감을 느끼지 않는다.

그렇다면 주님의 음성이 임할 필요가 있겠는가? 그렇지 않을 것이다. 그러므로 어떤 주님의 음성을 듣는가 하는 것은 그 사람의 상태와 수준을 보여준다고 할 수 있는 것이다. 그러니 그것이 본인에게는 대단한 은혜일 수 있어도 다른 이들에게는 별로 대단한 것이 아닐 수도 있는 것이다.

어떤 사람이 수시로 주님의 음성을 많이 듣는다고 하자. 그런데 그가 듣는 음성이 항상 '두려워 말라' 라든지 '왜 이렇게 염려가 많으냐' 하는 것이라고 하자. 그는 어떠한 사람인가? 물론 당연히 걱정 근심이 많은 사람이다. 그러므로 음성은 각자의 수준에 속한 것이며 그 사람의 영적 수준이 달라진다면 음성도 달라지는 것이다.

나는 본인은 주님의 음성을 들었다고 주장하는데 그 음성의 내용이 별로 옳지 않은 경우를 많이 보았다. 그런 경우는 무엇인가? 아직 그 영혼이 진리를 충분히 깨닫지 못한 상태에 있는 것이다. 그가 어떤 부분에 대해서 잘못되거나 불완전한 지식을 가지고 있을 수가 있다. 그럴 때 그가 느끼는 영감이나 음성은 그의 그러한 불완전함에 영향을 받을 수 있는 것이다.

그러므로 우리는 음성을 추구하는 것도 중요하지만 또한 지식과 진리에 대해서 발전해 가야 한다. 진리에 대해서 영성의 원리에 대해서 좀 더 배워야 하는 것이다.

수시로 모든 일에 하나님의 뜻과 음성을 결부시키는 이들도 많이 있다. 어디를 가려다가 차가 막히면 주님의 뜻이 아니며 주님이 막으시는 것이라고 한다. 몸이 불편해서 가기가 힘들어지면 주님의 뜻이 아니라고 한다. 어디를 가고 싶은데 주님이 허락하지 않으셨다고 한다.

그런 경우에 과연 주님께서 절대적으로 그를 막으시는 것일까?

그렇지 않을 것이다. 대체로 이러한 경우는 그의 안에 많은 묶임과 부자유함이 있는 것을 보여주는 것이다. 그가 예민하기 때문에 주님께서 그를 보호하시는 것이다.

그러니 자신의 수준과 상태도 잘 분별하지 못하는 상태에서 함부로 주님이 막으셨다, 주님의 뜻이 어떻다.. 하고 말하는 것은 좋은 일이 아니다. 그러한 표현은 자기의 수준과 상태를 그대로 드러내고 있는 것이기 때문이다. 그러니 자신의 영적 상태가 드러나는 줄도 모르고 창피한 줄도 모르고 그런 이야기를 마구 하는 것은 영적인 것이 아니라 철이 없다고 할 수 있는 것이다.

우리는 온전하지 않다. 그리고 그 온전하지 않은 수준과 상태로 주님의 감동을 받는다. 그러므로 우리가 발전하고 우리의 영이 자라게 되면 우리는 더욱 온전하고 풍성한 음성과 감동을 느끼게 된다. 우리의 수준에 따라 주님의 인도하심도 달라지는 것이다.

주님의 음성과 감동의 적용에 대해서 한 가지 더 이야기하자면 대체로 그러한 감동의 내용은 개인적인 경우가 많다는 것이다. 그것은 개인의 필요와 상태에 맞는 인도하심이다. 그러므로 그것은 자신에게 적용해야 하며 다른 이에게 적용하는 것은 좋지 않다. 주님께서 특별하게 누구에게 전하라는 느낌을 주시지 않았을 때는 자신에게만 적용해야 한다. 대체로 다른 이들에게 전달을 하는 과정에서 문제가 생기는 경향이 있다.

조심스럽고 겸손한 자세로 '주님께서 내게 이러한 감동을 주시고 이렇게 인도하셨습니다.' 하고 간증하는 것은 좋은 일이다. 그러나 어떤 이를 찾아가 '주님께서 당신에게 이렇게 하라고 하셨습니다.' 하고 말한다면 그것은 심각한 일이다. 거기에는 책임이 따른다.

오래 전 결혼하기 전의 청년 시절의 일이다. 집에서 잠을 자려는데 마침 친척이 되는 자매님이 오셔서 이야기를 나누다 늦어서 같이 주무시게 되었다.

잠이 들려고 하는데 속에서 '사랑하는 내 딸아' 하는 감동이 왔다. 나는 그런 음성은 들어본 적이 없다. '내 아들아' 하는 느낌은 많이 받았었다. 하지만 나보고 딸이라니.. 그래서 나는 대답했다. '오, 주님. 저 딸이 아닌데요. 저는 아들인데요.' 라고.

그러면서 옆에 있는 친척 분께 무심결에 말했다.

"이상하네요. 주님이 내게 '사랑하는 딸아. 걱정하지 말아라.' 하시는 것 같은데 나는 딸도 아니고 지금 별로 걱정할 문제도 없는데.."

그러자 그녀가 말하는 것이었다.

"응.. 그거 나인 것 같아요. 계속 해봐요."

나는 그래서 자리에서 일어나 속에서 나오는 대로 말했다.
"내 딸아 염려하지 말아라. 모든 것은 나의 계획 속에 있다. 모든 것을 내게 맡겨라. 생명은 나에게 속한 것이다.."
나는 입에서 나오는 대로 말했지만 그 내용이 무엇을 말하는지 알 수가 없었다. 그러나 내 말을 듣는 자매는 계속 흐느끼고 있었다.
나는 영문을 몰라서 무슨 일이 있느냐고 물었다. 그러자 그녀는 예상하지 못한 시기에 아이가 생겨서 걱정을 하고 있었는데 주님께서 위로를 해주셨다고 기뻐하는 것이었다.
이 경우는 조금 다르다고 할 것이다. 이것은 예외적인 것이다. 이러한 일은 음성이나 감동이라기보다는 권면이나 위로에 해당하는 예언적인 것이다.
이것은 내가 그녀에게 전해야 한다는 감동을 받은 것은 아니었다. 다만 그렇게 자연스럽게 이루어졌을 뿐이다. 그렇게 자연스럽게 주님께서 인도하시지 않는 한 일부러 다른 이에게 전하려고 할 필요는 없을 것이다.
이제 주님의 음성을 듣는다고 말하는 이들에 대해서 부러워하고 열등감을 느끼는 이들에 대하여 이야기해보자.
그것도 일종의 영적 열등감이다. 이들은 주님의 음성을 듣는 것이나 응답을 받는 것에 전문가가 따로 있다고 생각한다. 이른바 직통하는 사람들이 있다고 생각한다. 그래서 그러한 이들은 하나님의 특별한 사람이며 따로 있다고 생각한다. 과연 그럴까? 물론 그렇지 않다.

영성에 대한 책을 많이 쓰다보니까 내게도 그렇게 생각하는 이들이 많아졌다. 그들은 내가 기도하면 주님께서 더 잘 들어주시리라고 생각한다. 참 난처한 일이다.

어느 기도원에 갔다가 동기 목사님을 만났다. 신학대학원 동기지만 연세는 나보다 많으신 분이다. 그는 나를 보자마자 대뜸 중요한 기도 제목이 있으니 나보고 주님께 기도하여 응답을 받아달라고 했다.

내가 무슨 기도냐고 묻자 아, 그런 것은 알 것 없고 내일 이 시간까지 응답을 받아놓으라고 하셨다. 참 난감한 일이다. 내가 기도응답을 받는 기계일까.

어떤 동기 목사님은 그 기도원에서 나를 보기만 하면 나를 붙잡고 자기 방으로 끌고 갔다. 그래서 내 손을 억지로 자기 머리와 배에 올려놓곤 하였다. 마치 내 손이 마법을 부리는 것처럼 말이다. 그러면서 예언을 하라고 애교 어린 강요를 하는 것이다.

물론 이러한 일들은 어처구니없는 일이다. 그러한 행동은 영적으로 주님과 더 깊이 통하는 사람이 따로 있다는 인식에서 나온 것일 것이다.

과연 그것이 사실일까. 주님은 다른 사람의 중개를 통해서 우리를 만나주시기를 원하실까. 정말 그렇다면 지금이 구약시대와 다를 것이 무엇이란 말인가.

어떤 사람이 누군가와 사랑에 빠졌다고 하자. 그는 상대방과 직접 일대 일로 만나고 교제하고 싶을 것이다. 다른 사람을 통해서 교제를 하기를 원하지는 않을 것이다. 처음에 다른 이의 소개로 만났다고 하더라도 일단 사랑에 빠지면 둘 만의 관계를 가지고 싶을 것이다.

 단순히 어떤 업무에 대한 부탁이라면 직접 만나지 않고 중개인을 거치는 것이 편하고 나을지도 모른다. 그러나 사랑의 관계라면 그것은 다르다. 만약 우리와 주님과의 관계가 사랑의 관계라면 이와 같이 다른 사람을 통한 교제나 기도의 응답은 의미가 없는 것이다.

 나는 어떤 이가 간증을 하면서 '하나님은 다른 사람들보다 저를 더 특별하게 사랑해주셨어요' 하는 식으로 말하는 이들을 여러 번 보았다. 특별하게 자기가 선택되고 특별한 은총을 받은 것으로 생각하는 이들이 많은 것을 보았다.

 과연 하나님께서는 특별하게 어떤 이들을 더 사랑하시고 은총을 베푸시는가? 그 사람 개인으로는 그렇게 생각할 수 있다. 우리 한 사람, 한 사람이 하나님께는 모두 다 특별한 존재이기 때문이다. 그러나 그것은 모든 사람에게 다 마찬가지다.

 반대로 하나님의 사랑에 대한 열등의식을 가진 이도 많은 것 같다. 그런 이들은 하나님이 특별하게 사랑하시는 이들은 따로 있다고 생각하는 것이다. 그리고 자기는 그런 사람이 아니라고 생각한다.

 과연 하나님이 특별하게 사랑하시는 사람이 따로 있는가? 적어도 문자적으로는 그럴 것이다. 성경은 분명히 '**내가 야곱은 사랑하고 에서는 미워하였다**'는 말씀이 있다. (롬9:13)

 그러나 그것은 그들의 삶의 자세와 관련된 것이었다. 야곱은 비록 인간적인 허물은 많았지만 끊임없이 하나님을 추구하고 사모하는 사람이었다. 그리고 에서는 장자권을 팥죽 한 그릇과 바꿔 먹은 사람이었다. 즉 그는 영적인 가치를 우습게 여기고 물질적인 가치만을 소중하게 여긴 사람이었다. 그는 평생 동안 하나님을 추구하지 않았다. 즉 하나님이 사람을 차별하시는 것이 아니라 사람이 하나님을 차별하는 것이다.

그 원리는 우리에게 그대로 적용된다. 즉 어떤 사람이 주님에 대하여 전혀 관심이 없고 오직 세상과 물질에만 관심이 있다면 주님은 그를 멀리하실 것이다. 또한 어떤 사람이 주님을 추구하고 사모하면 그는 주님의 사랑을 받을 것이다. 만약 더욱 더 간절하게 주님을 소원하고 영적 가치를 추구하는 자가 있다면 그는 더욱 더 주님으로부터 사랑을 받을 것이며 주님은 그에게 자신을 나타낼 것이다. 이것은 우리에게 달려있는 문제이다.

어떤 사람에게는 하나님께서 음성으로 말씀하시고 어떤 사람에게는 말씀하시지 않는가? 그래서 그런 사람은 할 수 없이 기도 응답을 받기 위해 하나님이 특별하게 여기시는 사람의 도움을 받아야 하는가? 그것은 그렇지 않다.

하나님과의 친밀한 만남을 추구하며 그의 음성을 듣기 원하는 모든 이들에게 주님은 말씀하신다. 그리고 임재하여 주신다.

당신이 자신에게는 하나님께서 말씀하시지 않는다고 생각하는 사람이라면, 그래서 하나님의 음성을 듣는 부분에 대한 열등의식을 가지고 있는 사람이라면 당신은 기억해야 할 것이 있다.

주님께서는 당신에게 말씀하신다는 것이다. 그것은 분명한 사실이다. 그러면 왜 당신은 주님의 음성에 대한 확신이 없는 것일까? 그것은 각 사람에게 각 사람의 체질에 따라 주님께서 말씀하시는 방식이 다르다는 사실을 당신이 알지 못하고 있기 때문이다.

당신이 주님의 음성이나 응답을 듣기 원한다면 당신은 구체적인 어떤 질문을 주님께 드려야 한다. 무엇을 구하고 묻지 않으면서 답을 기다린다는 것은 우스운 일이 아닌가. 그러므로 분명한 답이 있는 문제를 당신은 구하고 물어야 한다.

그 후에 당신은 그 답과 음성을 기다려야 한다. 주님은 반드시 당신에게 음성과 응답을 들려주실 것이다.

그것은 여러 형태로 당신에게 나타날 수 있다. 꿈속에서 당신은 음성이나 응답을 느낄지도 모른다. 또는 아침에 자리에서 일어나자마자 갑자기 그런 느낌이 들지도 모른다.

꿈속이나 깊은 밤, 잠이 덜 깬 아침 시간은 우리의 영감이 활발하게 작용하는 시간이다. 그 때 당신에게 응답이 올 수 있다.

당신에게는 음성에 대한 어떤 오해가 있을지 모른다. 하나님의 음성을 어떻게 들었다고 구체적으로 간증하는 사람들의 이야기를 듣고 나면 당신은 음성은 저렇게 임하는 것이며 나는 틀렸다고 생각할 지 모른다.

하지만 음성이 임하는 것은 각 사람의 체질과 상황에 따라 다른 것이며 어떤 유형이 옳고 다른 것은 틀리고 하는 것이 아니다.

별로 사색형이 아니며 단순한 사람이라면 그 음성이 실제로 사람의 목소리처럼 들릴 수도 있다. 또한 그 몸에도 분명한 느낌이 들 수 있다.

또한 정서적인 사람이라면 그 음성은 따뜻한 감동으로 느껴지게 될 것이다. 어떤 문제에 대해서 기도하고 있을 때 갑자기 어떤 감동이 뜨겁게, 따뜻하게 평안으로 밀려오며 가슴이 뿌듯하고 기쁨과 자신감, 확신에 가득 차게 된다. 그것도 응답이며 일종의 음성이라고 할 수 있다.

가장 음성에 있어서 어려움을 겪는 이들은 생각이 많고 복잡한 이들이다. 사고형의 사람들이다. 이들은 영감의 발달에 있어서 가장 늦다. 생각이 많기 때문이다. 그래서 성품은 예민하지만 영적 감각은 아주 둔하다. 이들이 생각을 비우고 마음의 잔잔함과 고요함을 훈련할 수 있다면 이들은 좀 더 쉽게 음성과 응답을 경험할 수 있을 것이다.

생각이 많다는 것은 영혼이 혼란스럽다는 것을 의미하기 때문에 영의 감각이 깨어나기가 조금 어려운 면이 있다. 이들은 에너지가 머리 쪽으로 가 있기 때문에 운동이라든지 충분히 걸어 다닌다든지 해서 에너지를 안정시킬 수 있으면 좋을 것이다. 많은 중독이라든지 정신병과 같은 것이 에너지가 너무 높아져 있어서 안정이 부족하기 때문이다. 이러한 이들에게는 깨달음의 형태로 음성이 나타난다. 그것은 영으로 말씀하셔도 이들이 듣지 못하기 때문이다.

주님은 모든 이들에게 말씀하시며 그 사람이 발전한 부분을 통해서 응답하신다. 어린 아이에게 말씀하실 때 철학자나 박사와 같이 말씀하시지는 않는다.

이들은 기도할 때 응답으로써 새로운 깨달음이 온다. 갑자기 선명한 깨우침이 온다. 그래서 이들은 기뻐하고 즐거워하게 된다. 이러한 기질의 사람들은 지식과 깨달음을 가장 좋아하기 때문이다.

분명한 사실은 주님은 모든 이들에게 각자가 알아들을 수 있는 방법으로 말씀하신 다는 것이다. 그러므로 당신은 음성에 대해서 열등감을 가질 필요가 없다.

당신이 좀 더 그 음성에 대해서 선명하게 듣고 느끼기 원한다면 당신은 어느 정도 영성에 대한 훈련을 하는 것이 좋다.

예를 들면 어느 정도 부르짖는 기도나 발성기도의 훈련을 하는 것이 좋다. 그것은 당신의 영감을 깨어나게 한다. 방언기도를 충분히 하는 것도 영감에 아주 도움이 된다.

그러한 몸으로 드리는 기도가 어느 정도 되었다면 호흡기도와 같은 영의 움직임을 느낄 수 있는 기도를 드리는 것이 좋다. 이러한 훈련을 위해서는 나의 저서 ≪호흡기도≫나 ≪심령이 약한 자의 승리하는 삶≫, ≪주님의 임재를 경험하는 길≫과 같은 책을 참고하면 좋을 것이다.

주님은 영이시기 때문에 우리가 그 영을 선명하게 느끼고 경험하기 위해서는 우리의 영도 어느 정도 훈련되어야 한다. 그것은 미국사람과 대화하기 위해서 영어를 배워야 하는 것과 마찬가지다. 주님께서 말씀하시는데 우리의 영이 둔하여 그것을 깨닫지 못한다면 그것은 안타까운 일이다.

어떤 이들은 하나님은 성경으로 말씀하시는데 그렇게 영이다 뭐다 따질 필요가 있는가 하고 생각할 지도 모른다. 그러나 똑같이 성경을 읽어도 방언기도나 발성기도 등의 영의 훈련을 어느 정도 한 다음에 성경을 읽으면 그 말씀이 주는 충격이 엄청나게 다르다는 것을 당신은 알 수 있을 것이다. 우리의 영이 깨어날수록 우리는 그 말씀의 생기, 생명력을 엄청난 흡수력으로 빨아들이게 되기 때문이다.

음성에 대한 열등감을 극복하기 위해 여러 가지 방법을 제시했다. 첫째, 주님은 모두에게 말씀하신다는 사실을 믿을 것.

둘째, 주님께 질문을 드릴 것.

세째, 영성의 감각을 깨우기 위하여 훈련을 할 것.

그리고 마지막으로 가장 중요한 것은 주님께서 당신에게 말씀하시고 응답하시는 것에 대해서 적극적으로 반응하라는 것이다. 즉 순종함으로 더욱 더 주님께 나아가라는 것이다.

음성을 듣는 것은 우리의 영적 자존심을 높이기 위한 것이 아니다. 그것은 단순히 호기심으로 한번 들어보고 싶어서 음성을 구했다는 식이 되어서는 안 된다.

음성을 구하는 것은 주님의 뜻과 인도하심을 구하는 것이며 이를 통하여 더욱 더 주님과 가까워져야 하고 주님의 사람이 되어야 하는 것이다.

당신이 구한다면 주님은 당신에게 말씀하실 것이다. 그러므로 당신은 다른 이들이 이런 저런 간증을 해도 기가 죽을 필요가 없다. 다른 이에게는 그들의 하나님이 계시듯이 당신에게도 당신 자신의 하나님이 계신다.

당신은 당신의 하나님, 당신의 주님을 구해야 한다. 다른 사람이나 지도자의 하나님을 구할 필요는 없다. 주님은 믿음으로 구하는 당신에게 친히 말씀하여 주실 것이다. 하지만 기억하라. 그 음성은 완전한 것이 아니다. 당신의 수준에서 그 음성은 당신을 이끌고 인도하실 것이다. 그러므로 당신이 더 헌신되고 성숙될수록 그 음성은 깊어질 것이며 당신의 깨달음도 깊어질 것이다.

한가지만 더 이야기하자. 당신은 차츰 주님의 임재와 음성과 그 감동에 익숙해질 수 있을 것이다. 하지만 그럴지라도 당신은 사람들 앞에서 '주께서 나에게 말씀하시기를..' 하지는 않았으면 좋겠다. 괜히 다른 이들의 기를 죽이지 않았으면 좋겠다. 당신에게도 올챙이 시절이 있었을 테니까.

아무튼 부디 용기를 내서 주님 앞으로 나아가라. 주님은 당신의 곁에 계시며 당신에게 그 음성을 들려주고 싶어 하신다. 그러므로 당신은 그 음성을 통해 더욱 더 가까이 주님 앞으로 나아갈 수 있을 것이다. 할렐루야.

21. 멀리해야할 사람을 멀리하라

어떤 사람과 같이 있을 때 우리는 그 사람에게서 영향을 받게 된다. 이것은 너무나 분명한 사실이다. 모든 사람은 자기의 고유한 영적 에너지를 가지고 있기 때문에 우리는 사람을 만나면서 서로의 영적 에너지를 교환하게 된다.

그러한 영적 에너지에는 좋은 에너지도 있지만 나쁜 에너지도 있다. 우리가 다른 사람을 통하여 나쁜 에너지, 나쁜 기운을 받아들이게 된다면 그것이 우리에게 악한 영향을 끼치리라는 것은 당연한 일이다.

우리가 이 땅에 살고 있는 한 우리는 악한 에너지, 어둠에 속한 에너지를 가지고 그것을 확산시키는 사람들을 완전하게 피해서 도망갈 수 있는 방법은 없다. 우리는 원하든 원치 않든 많은 이들과 관련을 가지고 있으며 몸을 가지고 있는 한 그들에게서 벗어나는 것은 불가능할 것이다.

그러나 우리는 할 수 있는 한 좋은 교제와 나쁜 교제를 분별해야 한다. 그리고 선택이 가능할 때는 그것을 선택해야 한다. 즉 만나야 할 사람을 만나고 피해야 할 사람은 피해야하는 것이다. 그것은 우리의 영혼에 미래에 영원에 영향을 줄 수 있기 때문이다.

그러면 어떤 사람을 피해야 하는가? 이것을 자세하게 쓰려면 한

권의 책이 필요하겠지만 여기서 간단하게 언급을 해보자.

첫째, 당신은 가르치기 좋아하고 지배하기 좋아하는 사람을 피해야 한다. 어디서나 나서기 좋아하는 사람이 있다. 튀려고 하는 사람이 있다.

이들은 다른 사람들이 자기를 알아주지 않으면 속이 상해한다. 상처를 받는다. 이들은 항상 지도자에 대해서 비판하고 공격한다. 자기가 그들의 자리에 있으면 더 나을 것이라고 말한다. 하지만 그들이 그 자리에 있게 되면 이번에는 자기에게 순종하지 않는 이들에 대해서 비난할 것이다. 그들은 항상 이유가 많은 사람들이다.

나는 젊은이들이 충분히 잘 알지 못하면서 모든 것을 다 알고 있는 것처럼 기성교회와 사역자들을 판단하며 비난하는 것을 많이 보았다. 실제적인 경험이 없으면서 머리에서 나온 논리로 함부로 이것 저것을 판단하는 것을 많이 보았다.

그들에게는 많은 고난이 예정되어 있다. 왜냐하면 그들은 주님의 긍휼을 누리기 어렵기 때문이다. 부족하고 여린 자들에게는 주님의 은총이 임하지만 자기가 잘났다고 생각하는 사람들에게는 끝없는 가시밭길이 있을 뿐이다. 그것은 십자가의 길이 아니라 자신이 자초하는 고생이다.

천국에 속한 사람과 지옥에 속한 사람을 분별하는 것은 아주 쉽다. 천국에 속한 이들은 선하며 겸손하다. 지옥에 속한 이들은 악하며 자기가 높아지고 드러나기를 원한다.

그들은 주님의 영광을 위한다고 말을 하지만 사실은 남들이 자신을 알아주지 않으면 견디지 못한다. 세상에서는 이러한 사람이 성공하겠지만 주님의 나라에서는 이러한 사람은 성장하기 어렵다.

이러한 사람의 외적 지위나 평판 때문에 이런 이들의 신앙을 좋게 평가할 지 모른다. 그러나 이러한 사람을 천국에서 만나는 것은 쉽지 않을 것이다. 천국에서 알려지는 것과 이 세상에서 알려지는 것은 다르다. 천국은 영계이며 이 땅은 물질계이다. 그것은 정반대의 속성을 가지고 있다.

이러한 이들은 대표기도를 시키지 않으면 상처를 받는다. 대부분의 사람들은 대표기도를 맡게 될까봐 두려워서 어쩔 줄 모르지만 이들은 반대이다. 이러한 이들은 무슨 직책을 주지 않으면 상처를 받는다. 대부분의 사람들은 무엇을 시킬까봐 두려워하지만 이들은 그렇지 않다.

이것은 소극적인 자세가 좋다는 의미가 아니다. 튀려고 하는 사람들이 있고 자신을 드러내기 좋아하는 사람이 있는데 이는 천국의 속성과 거리가 멀다는 이야기이다. 천국의 영은 결코 서로 시기와 다툼이 없고 자신을 드러냄이 없으며 오직 주님만을 높이고 그 앞에 엎드러질 뿐이다. 그러므로 그렇지 않은 영들은 그 특성에 있어서 너무나 차이가 나기 때문에 곧 드러나게 된다.

그러므로 할 수만 있다면 이렇게 자신을 드러내며 자신의 뜻대로 모든 것을 하려는 사람에게서 떠나라. 그는 당신을 지배하려 할 것이며 당신의 행동에 일일이 간섭하기를 원할 것이다. 그리고 당신이 그의 말을 들어주지 않는다면 자신을 무시한다고 화를 낼 것이다. 그러므로 당신은 할 수 있는 한 그러한 이들과 거리를 두어야 한다. 그렇지 않으면 당신의 영혼이 자유롭지 않게 될 것이다.

둘째로 당신은 당신을 무시하는 사람에게서 멀어져야 한다. 이상하게도 가까운 사람에게 지속적으로 무시당하고 상처를 받으면서도 그러한 관계를 지속하는 경우를 많이 보았다.

어떤 자매에게서 이러한 메일을 받은 적도 있다. 가까이 있는 어떤 언니로부터 너무 상처를 받고 있지만 이것을 통해서 자기 부인이 이루어진다고 훈련이라고 생각하고 있기 때문에 꾹 참고 있다고 있다는 것이다. 어떤 이는 자기를 영적으로 이끌어주는 이에게 많은 모욕과 고통과 부담을 겪고 있지만 역시 영적 성숙을 위해서 잘 견디고 있다고 한다.

이것은 과연 옳은 생각일까? 그것은 별로 옳은 생각이 아니다. 일종의 학대 비슷한 일을 겪으면서 영이 성장하는 경우는 없다. 주님께서는 애굽에서 학대받는 이스라엘을 구원해주셨는데 학대가 영적인 성장에 도움이 되는 것이라면 주님이 왜 그들을 구출하셨겠는가? '너희들은 그러한 학대와 고통을 통해서 영적으로 성장하거라.' 하고 거기에 그대로 내버려두셨을 것이다.

인도자가 피 인도자를 괴롭히고 부담을 주고 잔소리를 해서 영적으로 인도한다는 것도 말이 되지 않는다. 주님도 열 두 명의 제자를 가르치셨지만 그들을 꾸짖고 야단치고 괴롭히셨다는 내용은 성경에서 찾아볼 수 없다.

왜 사람들은 남들에게 무시당하고 혹독한 대접을 받으면 영적으로 성장한다고 생각하는 것일까? 그것은 일종의 자학이다. 흔히 영적으로 성숙한 사람은 자기의 권리를 빼앗기며 무시당해도 아무런 저항을 하지 않고 묵묵히 받아들이는 것이라고 생각하는 경향을 나는 많이 보았다. 그것도 오해이며 일종의 자학이다.

우리가 우리 자신을 그토록 비참한 존재로 생각하고 있다면 우리의 창조자이며 아버지되신 하나님은 그것을 기뻐하지 않으실 것이다.

친구 목사의 간청을 통해서 이 시대의 여 선지자라는 사람을 만나보려고 간 적이 있었다. 이야기를 들어보니 별로 내키지 않았지만 꼭 만나보라고 영적으로 너무나 도움이 될 것이라고 하도 권면하여 못 이기는 척 하고 따라갔었다.

나는 영성의 원리에 대한 자료수집과 연구를 위해서 많은 은사자, 영적인 체험자들을 만났다. 이른바 인터뷰와 같은 질문도 많이 나누곤 하였다. 더러 유익이 있기도 했지만 대부분은 실망뿐이라 더 이상 그러한 만남을 가지지 않으려고 하고 있었는데 친구의 간청으로 그녀를 만나고 나서는 다시는 그러한 이들을 보지 않게 되었다.

그녀는 이른바 청문회라는 것을 하고 있었다. 한 사람을 가운데 앉히고 여러 사람들이 그를 둘러싼 가운데에서 그 사람의 죄를 지적하는 것이다. 자아를 죽이는 방법이라고 한다. 그러한 비인격적인 방법을 통해서 자아가 죽는 것인지 참 의문스러웠는데 그 행하는 방식을 보면 더욱 더 기가 막혔다.

가운데는 한 자매가 앉아있었다. 그녀는 마치 제물처럼 불쌍해 보였다. 이윽고 선지자이 그녀에 대한 공세가 시작되었다. 그녀는 교만하고 악하다는 것이다. 어떤 구체적인 죄에 대한 지적도 없었다. 거의 인신공격에 가까울 정도로 교만하다고 욕을 퍼부었다. 선지자라는 불리는 이는 성령께서 시키신다고 하면서 입에 담기 에 민망한 욕설을 퍼부었다.

나는 그 자리에서 나왔다. 도무지 기가 막혀서 앉아 있을 수가 없었다. 놀라운 것은 그 자리에 많은 목회자들이 있었지만 하나같이 그 선지자라는 분을 칭송하고 있었다는 사실이다. 한참 욕을 먹은 그 자매도 감사를 표현하고 있었다.

그것은 너무 슬픈 현장이었다. 선지자라는 분은 많은 은사와 표적이 있다고 한다. 하지만 나는 그러한 사람을 주님에 속한 사람으로 믿을 수는 없다. 주님은 그렇게 비인격적인 분이 아니라고 나는 믿는다.

나는 이와 비슷한 모습을 많이 보아왔다. 즉 영적 지도자라는 이들이 마치 기를 죽이듯이 사람들에게 호통을 치고 자기의 수하에 두려고 하는 모습 말이다. 그러한 것은 천국에 속해 있지 않다.

내가 더 슬픈 것은 이런 것이었다. 그런 이상한 지도자들은 가끔 있다고 치자. 그런데 왜 많은 이들이 그렇게 비인격적인 대우를 받으면서 그런 지도를 받으면서 머리를 조아리고 있느냐 말이다. 우리는 주님의 자녀들이다. 우리는 주님의 피로 말미암아 구속함을 얻은 존귀한 사람들이다. 그런데 왜 우리는 자신을 스스로 무시하며 그런 비극적인 대접을 받으면서 꾹꾹 참고 있어야 하는가? 그것이 영성인가? 신앙인가? 아니다. 그것은 어리석음이다. 그것은 옳지 않은 것이다.

당신은 존중되어야 한다. 당신은 아름다운 사람이며 귀한 하나님의 사람이다. 당신은 당신이 하나님의 자녀인 것과 주의 피로 인하여 구속받은 것에 대하여 긍지를 가져야 한다. 당신은 자신을 하찮은 존재로 여겨서는 안 된다.

당신은 무시당하고 살아서는 안 된다. 당신이 원한다면 당신은 자유롭게 될 수 있다. 그러므로 당신을 억압하고 원치 않는 것을 요구하거나 괴롭히는 이들에게서 당신은 떠나야 한다. 주님께서 당신을 풀어주셨는데 다시 사람에게 얽매여 살 필요는 없다.

나는 반대로 사역자들이 성도들에게 모욕을 겪으면서 사역을 하는 것을 많이 보았다. 힘이 없는 사역자가 성도들의 눈치를 보면서 말씀을 전하고 목회를 하는 것을 보았다.

그것 역시 비참한 일이다. 이미 그것은 사역이라고 할 수 없다. 성도가 사역자를 우습게 여기며 함부로 대한다면 이미 그것은 사역의 관계가 아니다. 사역자는 성도를 도울 수 없으며 성도는 사역자를 통해서 도움을 얻을 수 없다. 그것은 이미 깨어진 관계이다.

만약 사역자가 그러한 관계를 바꿀 수 없다면 그는 떠나야 한다. 그들은 이미 주님께서 자신에게 맡겨주신 양이 아닌 것이다.

천국은 오직 사랑의 관계를 통해서 확장된다. 그러므로 강한 쪽이 약한 쪽을 누르고 있다면 그것은 이미 지옥적인 관계이며 천국에 속한 것이 아닌 것이다.

사역자도 성도도 오직 서로 간에 존중하는 관계가 되어야 한다. 그렇지 않으면 이를 통해서 천국의 빛과 영광이 임할 수 없다. 존중하지 않고 무시하는 관계는 이를 통해서 지옥의 어두움이 올 수 있다. 무시와 모욕은 악한 영들의 통로가 될 수 있는 것이다.

그러므로 그것을 자아의 깨어짐에 도움이 된다고 받아들여서는 안 된다. 그것은 자기의 영을 오히려 어둡게 하고 있는 것이다. 자신이 자신을 방어하지 못한다면 어떻게 영을 건강하게 지킬 수 있겠는가? 우리는 이러한 사람, 이러한 관계를 할 수 있는 한 멀리해야 한다. 그것이 우리의 영을 지키는 일이다.

셋째로, 당신은 불평과 원망을 입에 달고 사는 이들을 피해야 한다. 항상 푸념과 하소연으로 일관하는 사람들 말이다. 이러한 이들은 어두움을 끊임없이 생산하고 그것을 확산시키는 사람들이다.

이들은 사람을 원망하며 환경을 원망하며 자기 자신을 불쌍히 여긴다. 자기에게 상처를 준 사람을 용서하지 않으며 자신의 억울함을 끝없이 드러내고 싶어 한다.

모든 사건은 보는 시각과 관점에 따라 다르다. 우리의 삶에서 우리에게 공부가 되지 않는 일은 없다. 즉 일방적으로 나쁜 일이 있고 일방적으로 좋은 일이 있는 것은 아니라는 것이다. 그것은 보는 사람의 관점과 해석하는 시각에 따라 다른 것이다.

이들은 모든 것을 나쁜 쪽으로만 해석하는 쪽이라고 할 수 있다. 더 좋지 않은 것은 이러한 사람들은 반성을 싫어한다는 것이다.

이들은 조금만 자신의 편을 들어주지 않으면 모든 상대방에 대해서 분노하며 마음을 닫는다. 그러므로 이들을 돕는 것은 사실 어렵다.

반성이 없는 사람은 발전할 수 없다. 어떠한 나쁘게 보이는 일이라고 할 지라도 자신을 돌아보면 자신에게도 일말의 책임이 있게 마련인 것이다. 그러나 자신의 잘못에 대해서는 전혀 반성하지 않고 오직 상대방의 잘못과 환경의 어두운 부분만을 계속 바라보고 생각하고 이야기한다면 그것은 어두움을 계속 증가시키는 것이다.

이러한 이들은 자기 안에 있는 창조력을 부정적으로 파괴적인 힘으로 사용하고 있는 것이다. 즉 스스로를 계속 죽이고 있는 것이다.

이 세상에서 자기를 파괴하고 상처를 줄 수 있는 사람은 오직 자신뿐이다. 자신 만이 자신에게 상처를 줄 수 있는 것이다.

우리가 어렸을 때 아직 충분히 자기 방어를 할 수 없었을 때는 일방적으로 상처를 받을 수도 있다. 그러나 충분히 자라고 지혜도 자란 어른이 된 후에는 우리는 그 상처를 다시 바꾸어놓을 수 있다. 주님의 은총과 우리 안의 창조력으로 우리는 그 상처의 경험이 보화가 되도록 할 수 있다. 그것은 우리의 의지에 달린 것이다.

우리가 좀 더 사랑의 영으로 포용으로 가득하다면 우리는 이들을 좀 더 견딜 수 있을 것이다. 그러나 중요한 것은 그 사람 자신의 의지이다. 어떤 어두움 속에 있는 사람이 오직 자기의 편을 들어줄 사람만을 찾는다면 우리는 그들을 도울 수 없다.

그들은 다른 사람들이 전적으로 그들의 말을 들어주고 위로해주기를 바란다. 그리고 그들을 괴롭혔던 사람들은 다 마귀 같은 사람들이며 그들은 오직 피해자일 뿐이라고 그들에게 동조해주기를 원한다. 그러나 그들은 그들이 원하는 대로 모든 것이 이루어져도 결코 행복하지 않을 것이다.

그들을 괴롭혔던 사람들이 죽고 망하더라도 그들의 마음에는 결코 평화가 임하지 않을 것이다. 왜냐하면 그들을 진정으로 괴롭히는 것은 상대방들이 아니라 그들의 속에 있는 분노와 용서하지 않는 마음이기 때문이다. 주님 중심이 아니라 자기중심으로 형성되어 있는 감정이기 때문이다. 그러므로 그러한 것을 버리고 반성하지 않는 한 사람에게는 진정한 치유와 회복이 없는 것이다.

그렇기 때문에 계속적으로 억울함과 분노를 가지고 있는 사람은 더욱 더 심하고 악한 영들에게 붙잡히게 된다. 그리하여 더 많은 고통과 어두움 속에 거하게 된다. 오직 자신의 시각에 문제가 있다는 것을 깨달을 때만이 사람은 그 어둠 속에서 탈출 할 수 있다.

어두움과 원망을 하기는 하지만 자기 고집이 그리 크지 않은 사람이 있다. 이들은 어느 정도의 고통을 겪은 후에는 그것이 잘못된 것임을 알고 그러한 어두움의 마음을 포기할 지도 모른다. 이러한 이들은 우리가 도울 수 있을 것이다.

그러나 누가 뭐라고 하더라도 자기 확신이 많은 사람이 있다. 언제나 자기가 옳다고 하는 사람이 있다. 그리고 이러한 이들은 우리가 도울 수 없다.

이러한 이들에게서 우리는 할 수 있으면 멀어져야 한다. 우리는 자신이 옳지 않으며 오직 주님만이 옳다고 생각하는 이들과 함께 나누어야 한다.

자신이 옳지 않다고 느끼는 이들은 항상 반성할 수 있으며 자신의 입장과 생각을 바꾸려고 한다. 그들은 가능성이 있다. 그러나 자기 확신이 많은 이들은 많은 고통의 대가를 지불하기 전까지는 자기가 속한 감옥에서 벗어나지 못한다. 그러니 옆에서 괜히 같은 감옥에 들어갈 필요가 없는 것이다.

부디 멀리해야 할 사람을 멀리하며 가까이 할 사람을 가까이 하

라. 그것은 우리 영혼을 자유롭게 하는 것이다.

공격적이고 지배하려는 이들에게서 떠나라. 당신을 모욕하며 상처를 주는 이들에게서 떠나라. 부정적이고 어두운 언어를 늘어놓는 이들에게서 떠나라.

주님께 속한 사람은 남을 지배하려고 하지 않고 섬긴다. 주님께 속한 이들은 항상 감사와 찬송으로 주님께 영광을 돌리며 매사를 긍정적으로 아름다운 시각으로 본다.

그러한 이들과 같이 교제하라. 어떤 이들과 같이 삶을 나누느냐 하는 것은 우리의 영혼과 미래와 영원까지 우리에게 영향을 주게 되는 것이다.

22. 의무감이 아닌 감동으로 움직이라

나는 주위의 사람들로부터 신학교에 가라는 권면을 듣고 고민하는 이들을 많이 보았다. 본인 자신은 전혀 그런 마음이 없는데 주위의 영적 지도자들이 '사명이 있다'며 신학을 하라고 한다는 것이다.

본인은 신학을 하고 싶은 마음도 없고 확신도 없지만 그렇게 권유하는 분이 사명이라며 신학을 하지 않으면 모든 일들이 다 막힐 것이라고 말하기 때문에 두렵다는 것이다.

물론 나의 대답은 간단하다. 하고 싶지 않은 것은 하지 말라는 것이다. 신학교에 간다는 것은 졸업한 후에 목회자가 되어 목회사역을 한다는 것인데 목회자는 주님의 말씀을 전하는 사람이다. 자기의 말을 전하는 사람이 아니라 주님의 말씀을 대신 전하는 사람이다. 그런데 주님이 자기를 불렀는지 안 불렀는지도 모르는 사람이 어떻게 주님께서 무엇을 원하시고 말씀하시는지를 전할 수 있을 것인가?

이렇게 말하는 이들도 있다. 처음에는 소명이 확실하지 않더라도 신학을 하다보면 나중에 그것이 확실해질 수도 있다고. 그것은 이런 말과 같다. 처음에는 이 사람이 나의 배우자인지 잘 알기 어렵겠지만 일단 같이 살다보면 언젠가 이 사람이 자기의 배우자인지 알게 될 것이라고. 그것처럼 어리석은 말이 어디 있는가?

무엇보다도 자신이 마음이 전혀 없는데도 재난을 겪을 것이 두려워서 신학을 해야 한다면 그것은 그의 하나님 관에 문제가 있다.

그는 주님을 아주 두려운 존재로 인식하고 있는 것이다. 그런 사람이 사역자가 되면 무엇을 가르칠 것인가? 역시 치시고 패시는 하나님에 대해서 가르칠 것이다. 그래서 성도들에게 두려움을 심어줄 것이다. 성도들을 잘못 가르치는 것이 얼마나 무서운 죄인가! 예수님께서는 세리와 창기에 대해서 꾸짖지 않으셨지만 잘못하는 사역자에 대해서는 혹독한 비판을 하셨다. 사역자가 되는 것은 두려운 일이다.

사역자가 주님에 대해서 믿음에 대해서 따뜻하고 포근하고 즐겁게 여기지 않고 두려움과 의무로 여긴다면 그것은 평신도들에게 그대로 영향을 끼친다. 그들은 신앙이 얼마나 아름답고 행복한 것인지 알기 어렵게 된다. 그렇게 될 때 그 책임은 사역자에게 돌아오는 것이다.

어느 누구든지 확신이 없는 일을 해서는 안 된다. 기쁨이 없는 일을 해서는 안 된다. 아무리 신령하고 대단하다고 소문난 사람이 당신에게 권유한다고 해도 당신은 그런 데에 귀를 기울여서는 안 된다. 그 말이 맞다면 당신은 직접 주님께 나아가 개인적인 응답을 받아야 된다. 아직 그러한 소원이 없다면 소원이 생길 때까지 기다려야 한다.

당신은 다른 사람이 당신에게 말하기를 당신이 전혀 사랑하지 않는 사람과 결혼하는 것이 하나님의 뜻이라고 하면 그 말에 순종하여 결혼을 하겠는가? 그렇지 않을 것이다. 그것은 자신을 로버트로 만드는 것이다.

우리는 기계가 아니다. 우리는 자유로운 인격이다. 그리고 주님은 그것을 억압하시지 않는다. 주님은 조용히 부드럽게 우리에게 감동을 주신다. 우리가 원한다면 우리는 주님의 부드러운 감동을 느낄 수 있고 알 수 있다. 그러므로 우리는 개인적으로 주님의 감동을 받기 전까지 다른 이의 말은 단순히 참고할 수 있을 뿐이다. 오직 결정은 우리가 하는 것이다.

나는 자신의 삶에 대해서 어떤 결정을 내려달라고 내게 부탁하는 이들을 많이 보았다. 결혼을 해야 하는지, 이혼을 해야 하는지, 교회를 떠나야 하는지, 직장을 그만 두어야 하는지, 신학을 해야 하는지.. 그러한 질문에 대해서 결정을 내려달라고 구하는 질문을 많이 받았다.

하지만 나의 대답은 한결같다. 나는 아무 결정도 내릴 수 없다. 우리를 만드시고 우리의 인생을 설계하시는 분은 주님이시다. 그리고 그 주님의 감동을 받고 삶을 결정하는 것은 오직 본인이다. 그 어느 누구도 거기에 개입할 수 없다. 다만 그가 주님께 갈 수 있도록 약간의 참고할 수 있는 조언을 제시할 수 있을 뿐이다.

주님께서 우리에게 어떤 일을 맡기실 때 주님은 우리에게 직접 말씀하신다. 다른 이들을 통해서 잠시의 자극을 줄 수는 있겠지만 그것을 판단하고 결정하는 일은 자신이 해야 하는 것이다.

주님은 우리에게 어떻게 인도하시고 말씀하실까? 가장 일반적인 방법은 감동과 소원이다. 주님은 우리에게 감동을 주신다. 그것을 하고자 하는 간절한 소망을 일으키신다. 그러므로 우리는 의무감에서 일을 해서는 안 된다.

우리는 감동으로 일해야 한다. 감동은 하나님의 인도하시고 일하시는 방법이다. 감동이 없으면 우리는 억지로 일해야 한다. 그러나 우리 안에 감동과 소원이 불타오를 때 우리는 그것을 힘들어하지 않는다. 우리는 그 일에 매진하며 길이 막히게 되면 주님께 간절히 기도하게 된다. 이는 그 일이 우리에게 즐거움이 되기 때문이다. 우리가 살아있는 중요한 의미를 주기 때문이다.

오래 전에 누군가 나에게 신학교를 가야한다고 예언을 한 적이 있었다. 나는 그 이야기를 듣고 기분이 별로 좋지 않았다. 나는 주님께 헌신하고 주님을 위해서 살고 싶었지만 목회자가 되고 싶은 마음은 없었다. 나의 길은 다르다고 생각했다.

하지만 혹시라도 그 말이 맞으면 어쩌나 하고 걱정이 되었다. 그래서 혹시나 하고 여러 사람들에게 예언을 받았다. 그런데 하나같이 나에게 신학을 해야 한다고 하는 것이다. 그러자 나는 고민이 되었다. 나는 전혀 하고 싶지 않은데 다른 이들의 말을 듣고 신학교에 가야하나? 마음이 심란했다.

결국 나는 이 문제를 위해서 기도하기로 마음먹었다. 한 달 동안 나는 오직 이 한 가지 문제를 위해서 기도원에서 기도했다. 한 달이 끝나는 마지막 주일은 금식을 했다.

나는 어떤 음성이나 다른 표적을 얻지 못했다. 그런데 이상한 것은 기도하면 기도할수록 마음이 바뀌는 것이었다. 신학을 하고 사역의 길을 걸어간다고 생각하면 전과는 전혀 다르게 기쁨이 솟아올

랐다. 그리고 강렬한 소원이 일어났다. 나중에는 목회자가 되지 않을 바에는 차라리 죽는 것이 낫다고 생각할 정도였다. 나는 사람의 생각이 이렇게 짧은 시간에 바뀔 수 있는 것인지 그것이 참으로 신기했다. 내가 마지막으로 기도한 것은 이러한 내용이었다. 나는 주님께 이렇게 기도했다.

"주님. 제 마음 속에 너무나 간절한 소원이 일어나고 큰 기쁨이 생깁니다. 그러나 솔직히 말해서 저는 이 기쁨이 주님이 주신 것인지 아니면 제가 일시적으로 흥분한 것인지 분간이 되지 않습니다. 한 달 동안 기도원에서 기도하니 자연히 목회자가 되는 것에 기쁨을 느끼게 된 것은 아닌지요? 그리고 날마다 기도와 예배를 드리니까 기쁨이 온 것은 아닌지요? 그러니 이 기쁨과 소원이 주님께로 왔는지 확신을 주십시오."

나의 마음은 절박했다. 만약 당시의 일시적인 흥분 때문에 결정을 했다가 나중에 그 기분이 사라지고 마음이 바뀌면 곤란하지 않은가. 그런데 그렇게 기도한 지 얼마 되지 않아서 선명하게 떠오르는 성경 구절이 있었다. 빌립보서 2장 13절..

"**너희** 안에서 행하시는 이는 하나님이시니 자기의 기쁘신 뜻을 위하여 **너희**로 소원을 두고 행하게 하시나니"

그것은 너무나 선명한 확증이었다. 나는 너무나 감사해서 울었다. 그 후 나는 사역자로 부르심을 받았다는 것을 후회해본 적이 없다. 오히려 힘이 들 때마다 그 사실로 인하여 힘을 얻곤 했다.

지금은 목회 사역을 내려놓았다. 그러므로 직접 교회 사역을 하지는 않는다. 그러나 나는 지금 책을 쓰고 있는 것도 넓은 의미에서 사역이라고 생각한다. 그리고 내가 운영하고 있는 홈페이지의 운영도 사역이며 넓은 의미의 교회라고 생각한다.

날마다 500명 이상의 사람들이 카페에 들어와서 메시지를 읽으며 울고 웃는다. 한 개의 글마다 수십 개, 심지어 백 개가 넘는 덧 글을 달면서 감동과 기쁨을 같이 나눈다.

직접 얼굴을 본 적도 없는 이들이 대부분이지만 그래도 가족 이상의 친밀감을 서로 나눈다. 직접적으로 자주 만나는 이들도 사실 깊은 마음을 서로 나누지는 못하며 서로에 대해서 잘 알지 못하는 경우도 많이 있다. 그러나 여기서는 마음의 깊은 부분을 서로 나누며 공감하고 즐긴다. 나는 이들을 한 가족으로 느끼며 이들과의 교류도 일종의 목회라고 생각한다.

주님은 우리에게 감동을 주신다. 그러므로 우리는 그 감동을 받아야 한다. 감동이 아닌 것에는 움직이지 않아도 된다. 우리는 의무감으로 움직이지 않는다. 거기에는 열매가 없다.

우리는 당위성에서 움직이지 않는다. 거기에는 열매가 없다. 우리는 감동으로 움직인다. 거기에는 아름답고 풍성한 열매들을 우리는 경험할 수 있게 된다.

허드슨 테일러는 중국의 영혼들에 대한 부담과 감동을 받았다. 그는 기도할 때마다 자신이 중국에 가야한다는 감동을 받았다.

당시의 상황은 좋지 않았다. 영국과 중국은 서로 불편한 관계에 있었다. 그를 도와줄 사람은 아무도 없었다. 그러나 그는 중국에 가야했다. 그의 모든 삶의 의미는 그것에 집중되어 있었다.

그는 눈만 감으면 중국의 영혼들이 보였다. 그 때문에 밥을 먹기도 힘들었고 잠을 자기도 힘들었다. 이것이 무엇일까? 바로 감동이다. 그것이 주님이 우리를 이끄시는 방법이다.

이러한 감동이 있을 때는 무조건 순종해야 한다. 감동을 주신 주님은 필요한 사람을 보내시고 만나게 하시고 모든 과정을 이끌어주신다. 우리는 그저 순종하기만 하면 된다.

목회가 너무 힘들다고, 그만 두어야 할 지 모르는 위기 중에 있다고 조언을 구하는 이들을 가끔 본다. 이때 나의 대답은 간단하다.

"힘들고 재미없으면 그만 두십시오. 하기 싫으면 안 하면 되지 뭐 위기라고 까지 하실 일이 있나요. 목회가 아니라도 주님을 섬길 수 있는 방법은 많이 있습니다."

목회를 하다가 그만 두면 사람들은 그를 실패자라고 여긴다. 아니 다른 이들보다 자기 자신이 그렇게 여기는 경향이 있다. 그러나 과연 그럴까? 모든 사람이 목회자로 부름 받는 것은 아니다. 누구나 자기의 부름이 있으며 그것은 모두 귀한 것이다.

목회를 그만 두면 타락이라고 생각하는 것은 목회가 다른 일보다 더 훌륭하고 좋은 일이라는 인식이 있기 때문이다. 과연 그런가? 부름을 받은 이들에게 목회는 세상에서 가장 귀한 일이다. 그러나 다른 일로 부름 받은 이들에게는 또한 그 일이 가장 귀한 일이다. 그것은 각자가 다 다른 것이다.

나는 포장마차에서 오뎅과 떡볶이를 파는 일이 목회일보다 더 낮은 일이라고 생각하지 않는다. 그가 주의 영으로 충만한 사람이라면 그는 그 일을 통해서 사람을 도우며 복음으로 인도하고 주님의 통로가 될 수 있을 것이다. 중요한 것은 어떤 일 자체가 아니고 그 사람이다.

어떤 자매가 자신은 사모의 사명으로 부르심을 받았다고 했다. 그런데 기도해도 그 길이 잘 열리지 않는다고 질문을 하는 것이었다. 나는 그녀에게 자신이 기도를 하는 중에 그런 사명을 느낀 것이었는지, 아니면 다른 사람이 그녀에게 그러한 말을 한 것인지 물었다. 그러자 그녀는 후자라고 했다.

나는 대답했다. 그렇다면 그 말은 무시하고 잊어버리라고, 그리고 중요한 것은 무엇을 하느냐가 아니라고, 어떤 사람이 되는 것인가 하는 것이라고.

바퀴벌레는 무엇을 하든지 바퀴벌레이다. 기어다니든 뛰어가든 바퀴벌레이다. 음식점에 있던 집안에 있던 바퀴벌레이다. 사모가 되던 포장마차를 하던 바퀴벌레이다. 바퀴벌레로서 무엇을 하는가 보다 더 중요한 것은 바퀴벌레가 인간이 되는 것이다.

그러므로 무엇보다 더 중요한 것은 우리가 무엇을 하는가 보다 우리가 주님을 알아 가는 것이 더 중요한 것이다. 목사가 되느냐 사모가 되느냐 하는 것보다 더 중요한 것은 주님을 아는 사람이 되느냐 하는 것이다.

주를 잘 알지 못한다면 그는 어떠한 위치에 있더라도 유능한 사람이 될 수 없을 것이다. 그러나 그가 주를 가까이 아는 사람이라면 그가 무엇을 하든지 그를 통해서 주님의 생명이 나타나게 될 것이다.

그러므로 나는 그녀에게 사모가 되는 것에 대해서 그리 마음을 쓰지 말라고 권면했다. 주님이 인도하시면 그 길로 가면 된다. 다른 길로 인도하시면 그 다른 길로 가면 된다. 그것은 그리 대단한 일이 아니다.

부름을 받는 이들은 자신의 부르심에 대한 재능과 즐거움의 느낌을 얻게 된다. 어떤 이가 목회자로 부름을 받았다면 그는 말씀을 가르치고 깨닫는 은사가 있을 것이다. 그는 말씀을 묵상하고 새로운 빛을 발견할 때마다 기쁨이 가득하게 된다. 그리고 성도들은 그러한 가르침을 받을 때 속에서 불이 켜지는 것을 경험하게 된다. 그것은 서로 간에 즐거운 일이다.

또한 목회자로 부름을 받은 이들은 어머니의 마음과 같은 목양의 은사가 있다. 그래서 그들은 인내와 사랑이 많은 것이 보통이며 사람을 사랑하고 돌보고 축복하는 일에 즐거움을 느낀다. 이것이 목회 사명자의 일반적인 특성이다.

만일 어떤 이가 가르침에 탁월하지 않다면 그는 자신의 부름이 맞는지 다시 생각해봐야 한다. 만일 어떤 이가 성도를 양육하면서 진자리 마른자리를 갈아주는 것에서 기쁨을 느끼지 못한다면 그는 자기의 부르심을 다시 생각해볼 필요가 있다.

도대체 내가 언제까지 이 짓을 하고 있어야 하나, 언제 나는 성공해서 대접을 받을 수 있을까.. 하는 생각이 든다면 그는 자기의 부름이 맞는 것인지 다시 생각해봐야 한다. 목회자는 사람을 돌보는 것을 통해서 기쁨을 느끼는 존재이기 때문이다. 무릇 주님의 부르심과 감동에는 기쁨과 즐거움이 따라오는 것이다.

자신이 그러한 일을 기본적으로 좋아하는데 일시적으로 너무 지쳐서 영적 침체가 온 것이라면 그것은 기도로 주님 앞에 나아감으로 회복될 수 있다. 그렇게 되면 그는 다시 소원과 감동과 기쁨을 얻을 수 있을 것이다.

초대교회의 제자들은 복음을 전하고 성령과 동행하면서 기쁨이 충만했다. 그들은 감동으로 움직이는 사람들이었다. 사도바울도 항상 감동을 따라서 움직였다. 예루살렘에 가면 잡혀 죽을 줄 뻔히 알면서도 그는 마음의 감동을 따라 예루살렘에 들어갔다. 스데반은 돌에 맞아죽으면서도 얼굴에는 기쁨이 가득했다. 그 이유가 무엇인가? 그들은 감동을 따라가는 사람들이었다.

오늘날 그리스도인들이 근심이 많고 두려움이 많고 슬픔이 많고 어두운 이유가 무엇인가? 그것은 그들이 감동을 따라 살지 않고 머리를 따라 살기 때문이다.

합리적으로 보이는 일이 가다보면 일이 그릇되는 경우는 너무나 많다. 논리는 미래를 알지 못한다. 영원을 알지 못한다. 그래서 당시에는 옳아 보이지만 나중에 보면 옳은 길이 아니다.

우리 안에는 주님이 계시다.

그리고 그 주님은 우리를 감동으로 인도하신다.

그러므로 우리는 감동으로 사는 것을 배워야 한다. 훈련해야 한다. 그렇게 할 때 우리는 풍성한 열매를 경험할 수 있을 것이다. 그리고 주님께서 우리를 통해서 일하시는 것을 볼 수 있게 될 것이다.

23. 희생이 주는 기쁨이 없이는 희생하지 말라

남을 기쁘게 해주기 병이라는 것이 있다. 그것은 정말 병이다.
물론 어느 정도 성숙한 사람은 다른 이들을 즐겁게 해주고 기쁘게 해주는 것에서 만족감을 느낀다. 어린 사람일수록 이기적이며 남을 이용하려고 한다. 그러므로 남을 기쁘게 해주려는 성향이 나쁜 것이라고 할 수는 없다. 그러나 그것도 지나치면 병이 된다.
대체로 우울하고 어두운 이들이 그런 성향을 가지고 있는 경향이 있다. 이들은 희생하는 것을 좋아한다. 자신이 원하지 않는 일이라고 하더라도 남이 즐겁다면 그들은 기꺼이 자신을 희생해서 남들을 즐겁게 해주려고 할 것이다.
희생은 좋은 일이다. 하지만 그것이 지나치면 그들은 희생과 남 기쁘게 해주기라는 질병의 노예가 된다.
자존감이 부족한 이들은 자기를 위해서 사는 것을 죄스럽게 생각한다. 좋은 음식을 먹으면 내가 이것을 먹을 자격이 있는가 하고 생각한다. 좋은 것을 얻게 되면 내가 이것을 가질 수 있는 가치가 있는가 하고 생각한다.
겸손하고 자기를 낮추는 것은 좋다. 하지만 부정적인 자기 인식을 통해서 이런 반응이 나온다면 그것은 겸손이 아니라 궁상이다.
나는 아무렇게 되어도 좋다. 당신만 괜찮다면.. 너희들만 괜찮다면.. 이러한 의식은 숭고한 사랑일수도 있지만 어두운 궁상일수도 있다. 만약 그러한 희생이 주님께로부터 온 것이라면 그것은 밝고 생명으로 충만한 것일 것이다. 희생도 다른 모든 선함과 마찬가지로 주님의 통제 아래 있어야 한다. 주님의 인도하심 안에 있어야 한다.

주님은 우리를 자유롭게 하는 분이다. 그러므로 우리가 주님의 말씀을 듣고 순종한다면 그것이 남을 대접하는 것이든 희생하는 것이든 그것은 우리를 자유롭게 하고 행복하게 한다. 그러나 그것이 자기로부터 나온 것이면 거기에는 묶임이 있는 것이다.

순수한 희생에는 기쁨이 따른다. 영혼으로부터 오는 희생에는 자유함과 만족감이 있다. 거기에는 어떤 보상도 필요 없다. 왜냐하면 희생 자체가 놀라운 기쁨을 주기 때문이다.

우리에게 이러한 감동이 있다면 우리는 당연히 희생해야 한다. 그리고 다른 이들을 기쁘게 하려고 해야 한다. 그러나 그렇지 않다면 억지로 희생하고 남을 기쁘게 하려고 애를 쓸 필요는 없다. 요컨대 억지로 희생하지 말라는 것이다. 하기 싫으면 관두면 된다. 아무도 당신에게 그것을 강요하지 않는다.

자녀들을 위하여 자신을 지나치게 희생하는 부모들이 있다. 만약 그것이 그들에게 기쁨과 만족을 준다면 그것은 좋다. 그러나 그렇지 않다면 굳이 희생을 하려고 애를 쓸 필요는 없다.

부모는 당연히 자녀를 위해 많은 고생을 한다. 그러나 단순히 그것이 일방적인 희생이고 고통이기만 할까? 자녀들은 부모에게 많은 기쁨을 준다. 부모로서 자녀들을 양육하면서 하나님의 아버지 마음을 배우게 되며 많은 깨달음을 얻고 영적 성숙을 위해 나아가는 데 도움이 된다.

돈이 많고 삶에 풍성함이 있더라도 자녀들이 없다면 그는 삶에서 많은 만족감과 행복감을 누리기 어려울 것이다. 보통의 경우에는 그렇다. 그만큼 자녀들은 부모에게 많은 것들을 준다.

병으로 죽어 가는 어머니에게 어린 자식의 똘망 똘망한 눈동자는 소생의 의지를 준다. 자식이 그녀를 살려주는 것이다.

세상에 일방적인 희생이라는 것이 있는가? 있다면 그것은 별로 좋은 것이 아니다. 그러한 희생은 그만 두는 것이 좋을 것이다. 예를 들어 부모가 자녀를 위해서 엄청나게 고생을 하는데 자녀들은 부모의 고생을 전혀 알지 못하며 관심도 없으며 제멋대로 낭비하며 펑펑 돈을 쓴다. 여기에 부모 희생의 가치가 있는가?

만약 부모가 그 희생하는 자체에서 기쁨을 얻고 만족을 얻는다면 그것은 좋은 것이다. 그러나 그것이 억울하다면 그만 두어도 좋다. 희생이 주는 기쁨이 없는 일방적인 희생은 별로 좋지 않은 것이다.

나는 많은 부모들이 자녀들을 원망하는 것을 들었다. 자신이 자녀를 위해서 그렇게 희생하고 고생했는데 자식들이 알아주지 않는다고 억울해하는 것을 보고 들었다.

하지만 그것은 바람직하지 않은 것이다. 어떤 이가 희생으로 인한 대가를 원한다면 그것은 바람직한 희생이 아니다. 자식들이 부모 고생의 가치를 알아주지 않는 것이 속상하다면 더 이상 희생을 할 필요가 없다. 만약 자녀의 반응과 상관없이 희생하는 것 자체가 즐겁다면 희생을 해도 좋은 것이다.

부모들은 누구나 다 일방적으로 자녀를 위해서 헌신하고 희생해야 하는가? 나는 그렇지 않다고 믿는다. 부모는 부모의 길이 있고 자녀는 자녀의 길이 있다. 주님은 각자에게 다른 부르심을 주신다. 부모는 그것을 간섭할 수 없고 자녀도 부모에게 간섭할 수 없다. 서로 좋은 조언자이며 협력자가 될 수 있을 뿐이다. 주님과 동행하는 부모는 믿음의 선배로서 자녀들이 하나님 안에서 자신의 소명을 발견할 수 있도록 좋은 충고와 정보를 줄 수 있어야 할 것이다.

어떤 자매가 이런 질문을 하는 것을 보았다. 아이가 책을 너무 좋아해서 하루에 7-80권이나 되는 동화책을 읽어주느라고 목도 붓고 아프고 하루 종일 아무 일도 할 수 없다고 한다. 어쩌면 좋으냐고 묻는 것이다.

나는 그것이 별로 바람직한 것이 아니라고 생각한다. 왜냐하면 아이가 책을 좋아하는 성향 때문에 어머니에게 지나친 희생을 요구하고 있기 때문이다. 아이를 위해서 엄마가 목도 아프고 몸도 힘든 상황에서 다른 아무 일도 하지 못하고 아이의 원하는 대로 해주어야 한다면 아이는 지식이 쌓여지겠지만 그것은 남의 희생을 통한 지식이다.

그렇게 할 때 그에게 그러한 영들이 오게 된다. 즉 자신의 지식을 통해서 남의 희생을 요구하는 그러한 영들, 그러한 기운이 그에게 오게 되는 것이다.

엄마는 그럴 경우 책을 읽어주다가 피곤하고 힘들 때에는 그것을 아이에게 이야기해야 한다. 부드럽고 따뜻하게, 엄마는 지금 힘이 들기 때문에 나중에 읽어주겠다고 말해야 한다.

그것이 교육이다. 아이는 자신의 지식욕에 못지않게 엄마의 상태를 생각하고 배려할 줄 아는 아이가 되어야 하는 것이다. 아이에게는 그 어떤 지식을 배우는 것 못지않게 엄마의 마음과 상태를 이해하는 것이 필요하다. 그것이 바른 지식에 속한 것이다.

엄마의 마음을 잘 읽고 배려할 줄 아는 사람은 나중에 커서도 아내를 따뜻하게 사랑하고 배려해줄 수 있다. 어머니는 아이가 이기적인 사람이 되지 않도록 그렇게 아이를 양육해가야 하는 것이다.

자녀의 성공을 위해서 부모가 일방적으로 눈물을 흘리고 고통을 겪는 것은 좋은 일인가? 나는 좋은 일이라고 생각지 않는다. 부모는 자녀를 통해서 만족감을 얻을 것이 아니라 자신을 통해서 자신의 발전을 통해서 만족과 기쁨을 얻어야 한다.

나중에 하늘나라에 갔을 때 우리는 자신의 삶과 영적 상태에 따라서 심판을 받는다. 누구의 부모라고 평가받는 것이 아니다. 우리는 혼자 태어나서 혼자 죽는다. 자신의 영혼을 발전시키지 못한다면 그 인생은 성공이 아니다.

주님께서 특별한 사명으로 자녀를 위한 희생의 사명을 맡기셨다면 거기에는 순종해야 한다. 그러나 나는 그러한 일은 특별한 경우라고 생각한다.

많은 부모들이 자녀들이 고생을 하지 않게 하기 위해서 희생한다. 많은 인생의 어려움을 겪은 사람일수록 자기 자녀들은 그러한 아픔을 겪지 않기를 바란다.

그것은 좋은 일인가? 그렇지 않다.

사람은 경험하지 않은 것은 알 수가 없다. 그러므로 자녀들이 어려운 일을 겪지 않고 편안하게 사는 것이 꼭 좋은 일이라고는 할 수 없는 것이다.

부모가 가난했기 때문에 자녀에게만큼은 가난을 물려주지 않겠다는 마음, 부모가 배우지 못했기 때문에 자녀만큼은 꼭 많이 가르쳐야 하겠다는 마음, 그러한 것들은 자기 자신에게서 나오는 것이지 주님에게서 나오는 것이 아니다. 그들은 아직 자신을 초월하지 못한 것이다.

부모는 자녀들을, 사랑하는 사람들을 주님의 손에 맡겨야 한다. 그리고 순종해야 한다. 그들이 어떠한 연단을 겪으면서 주님의 손 안에서 성장해갈 것인가 하는 것은 어디까지나 주님과 자녀들과의 문제이다. 부모는 자녀의 고뇌와 고통을 보는 것을 두려워해서는 안 된다. 그것이 바로 자녀들을 주님의 손에 맡기는 것이다.

자녀들도 주님 앞에서 한 사람으로서 각자가 짊어지고 가야할 십자가가 있다. 그들은 그것을 통하여 성장하고 주님 앞으로 나아가게 될 것이다. 부모가 그것을 가슴아파해서는 안 된다.

부모는 자녀들에게 인생의 선배로서 신앙의 선배로서 좋은 조력자가 되는 것으로 충분한 것이다. 자녀를 자기의 마음 안에서 놓지 못하는 부모들은 자녀들에게 일종의 짐이 될 수 있을 뿐이다.

우리 집에는 TV를 보는 시간이 정해져 있다. 혼자서 TV를 보는 일은 거의 없다. 볼 프로그램을 정하고 다 같이 거실에 모여서 웃고 떠들면서 본다. 보고 나서는 그것과 관련된 주제를 가지고 토론을 하기도 한다.

우리가 보는 프로그램은 주로 웃기는 프로그램이다. 우리는 궁상을 떨거나 긴장이 있는 살벌한 프로그램은 보지 않는다. 즐거움을 위해서 보는 것이지 스트레스를 받기 위해서 보는 것이 아니니까.

하루는 아이들이 재미있는 프로그램이 있다고 보자고 해서 TV를 켜라고 허락했다. 토요일 저녁시간이었는데 그 때 아내는 밥을 차리고 있었다. 아내가 밥상을 가져오면 우리는 같이 밥을 먹으면서 시청을 하게 되는 것이다.

먼저 아이들과 같이 TV를 보고 있다가 나는 아이들에게 TV를 끄라고 말했다. 아이들은 TV를 끄고 나서 나를 의아한 눈으로 바라보았다. 내가 말했다.

"지금 우리들은 거실에 앉아서 웃으면서 TV를 보고 있다. 그런데 엄마는 혼자 주방에서 음식을 열심히 차리고 있다. 누구는 웃고 놀고 누구는 혼자서 일하고.. 이것은 공평하지 않다. 엄마가 음식을 다 차린 후에 가지고 오면 그 때 같이 보자."

아이들은 내 말에 수긍을 하고 엄마가 음식을 차리는 것을 도왔다. 그래서 밥상을 거실에 가지고 와서 다 같이 즐겁게 웃으면서 보게 되었다.

이것이 무엇인가? 바로 가족이다. 가족은 서로 공평해야 한다. 한 쪽은 희생하고 다른 쪽은 그 희생으로 인하여 놀고 먹고 웃고.. 그것은 바람직한 가족의 자세가 아니다.

꼬마들도 자기의 연령에 맞는 것으로 가정을 위해서 봉사하고 섬길 수 있다. 그래야 공평하다. 그리고 영적으로 성장하게 된다.

한쪽이 일방적으로 희생하고 아이들은 그 희생과 봉사를 받기만 하면서 자란 다면 그러한 아이들은 이기적인 사람이 될 것이다.

희생에는 기쁨이 있다. 주님이 주시는 감동과 희생이라면 그것은 놀라운 행복감이 따른다. 그 때 우리는 혼자 희생하는 것이 아니라 주님을 섬기고 있는 것이다. 그러나 희생에 그러한 기쁨이 따르지 않는다면 나는 당신에게 무리하게 억지로 희생하지 말라고 권하고 싶다. 나중에 당신은 스트레스를 받게 된다. 그리고 다른 이들에게 원망을 품게 된다. 그럴 바에는 하지 않는 것이 영혼의 건강에 도움이 된다는 것이다.

투덜거리며 청소를 하는 사람이 있다. 그럴 바에는 하지 않는 것이 좋다. 투덜거리며 설거지를 하는 이들이 있다. 그럴 바에는 하지 않는 것이 좋다.

무엇이든 봉사하는 것은 영혼의 감동에 의해서 즐거움과 기쁨으로 해야 한다. 설거지를 하면서 방을 깨끗이 치우면서 움직이는 기쁨, 살아있는 기쁨을 느끼고 주님과 같이 움직이는 것이라면 그것은 좋은 것이다. 하지만 불만스럽고 짜증이 나는 상태에서 할 수 없이 한다면 그것은 영혼을 죽인다.

희생이 주는 기쁨이 없이는 희생하지 말라.

하기 싫은 것을 억지로 하지 말라.

기쁨이 없이 하는 봉사에는 생명력이 없다.

당신이 만약에 영혼의 기쁨이 동반된 봉사를 한다면

당신의 영혼은 하늘을 날게 될 것이다.

그리고 당신의 봉사는 하늘에 기록될 것이다.

당신은 소자에게 물 한 그릇을 주었다고 하더라도
거기에 대해서 상급을 받게 될 것이다.
부디 모든 행위에 영혼의 감동으로 움직이며
주님의 감동 안에서 살기를 바란다.
그렇다면 당신은 희생도 봉사도
즐거이 여기게 될 것이며
그러한 것들이 당신의 삶을 구성하는
중요한 아름다움과 행복임을 깨닫게 될 것이다.

24. 선을 독점하지 말라

앞의 글에서 부모의 일방적인 희생은 자녀에게 좋은 것이 아니라는 이야기를 했다. 자녀는 부모의 일방적인 희생을 당연한 것으로 알고 자라게 될 수 있다. 그는 부모가 모범을 보인 것처럼 자기도 희생하는 사람이 될 것인가? 그렇기 보다는 상대방의 일방적인 희생에 익숙해져서 다른 이들에게도 그러한 것을 요구할 가능성이 훨씬 더 많다.

부모의 일방적인 희생이 좋지 않은 또 하나의 중대한 이유는 그것이 선의 독점이 되기 때문이다.

혼자서 선을 독점하는 사람이 있다. 그런데 그것은 아주 좋지 않다. 그것은 부자들이 땅을 독점하고 돈을 독점하는 것보다 더 나쁜 것이다. 선의 역할을 부모가 독차지하려고 해서는 안 된다.

대체로 완악한 부모 밑에서는 선한 자녀들이 많다. 그것은 부모의 강퍅함 때문에 자녀들의 속에 있는 악이 잘 자라지 못했기 때문이다.

또한 선하고 착한 부모 밑에서는 자녀들이 완악한 경우가 많다. 선한 부모들은 대체로 여리고 힘이 없어서 자녀들을 잘 잡지 못하기 때문이다. 그들은 혼자서 희생하고 선의 역할을 맡기 때문에 자녀들은 악의 역할을 맡게 된다.

이것이 얼마나 무서운 일인지 알겠는가? 바로 부모가 선의 역할을 독점해버렸기 때문에 자녀들이 악해진 것이다. 자녀들은 부모가 선한 일을 다 해버리기 때문에 그들이 할 일이 없다. 할 수 있는 선한 일이 없기 때문에 악한 쪽으로 기울게 되는 것이다. 그것은 부모들이 선한 일을 독점하고 자녀들에게 그것을 행할 수 있도록 역할을 나누어주지 않았기 때문이다.

엘리는 제사장이었지만 혼자만 선하고 자녀들이 온갖 악행을 해도 대수롭게 여기지 않았다. 그 결과가 어떻게 되었는지는 성경이 보여준다.

그러므로 부모는 선을 독점해서는 안 된다. 일방적으로 희생해서는 안 된다. 자녀에게 역할을 주어야 하고 고생을 시켜야 하고 선한 일을 함으로써 얻어지는 희생과 기쁨의 즐거움을 깨닫게 해야 한다. 부모가 혼자서 선을 독점해버리면 그들의 영혼은 자랄 수가 없는 것이다.

한쪽에서 선한 역할을 독점하고 있는 것은 흔하게 볼 수 있는 현상이다. 예를 들어서 아내가 아주 부드럽고 선한 여성일 경우에 남편은 성품이 조폭 같은 사람인 경우가 많다. 그 반대도 마찬가지다. 남편의 성품이 자상하고 부드러우면 아내는 대체로 사납고 거칠다. 그 이유는 무엇일까? 한쪽이 선한 역할을 도맡아 하고 있기 때문이다.

한쪽이 사고를 치면 그 옆에서 "제발, 죄송합니다. 저이는 원래 성품이 좀 그래요. 넓게 이해해주세요." 하는 사람이 있다. 이렇게 옆에서 사람의 악을 자꾸 덮어주는 사람이 있기 때문에 그 사람은 계속 악에 머물게 된다.

영의 법칙은 이렇다. 악에는 대가가 따른다. 그러므로 악을 행한 이들은 고통을 겪게 되며 그를 통해서 악이 나쁜 것임을 알게 되고 선을 향하여 마음이 움직이게 된다. 그러나 이렇게 나쁜 행동을 지켜주는 역할을 하고 있는 사람이 있으면 그것은 그의 변화와 발전을 늦추게 되는 것이다.

부모가 똑똑하면 자녀가 바보가 되는 경향이 있다. 그것은 똑똑한 부모가 자녀를 자꾸 다그치게 되기 때문이다. 똑똑한 부모의 눈에는 자녀의 모습이 참으로 답답하고 한심스럽게 보인다. '도대체 나 같으면 안 그럴 텐데 저 아이는 왜 저럴까..' 하는 마음을 가지게 된다. 그래서 자꾸 야단을 치게 된다.

그러니 자녀는 자꾸 주눅이 들고 더 바보 같은 행동을 하게 된다. 부모가 혼자 똑똑한 역할을 맡고 있으니 자녀가 바보 역할을 맡을 수밖에 없는 것이다.

역할의 독점은 좋지 않은 것이다. 항상 한쪽은 투정을 부리고 한쪽은 달랜다. 한쪽이 잘못하는 데도 항상 사과하는 쪽은 다른 쪽이다. 이것은 한쪽은 선이 발전하고 있고 한쪽은 악이 발전하고 있는 것이다.

악이 발전하고 있는 사람은 자기가 잘못해도 옆에서 잘 해결해 주니 자기 속에서 선을 발전시켜야 할 필요를 느끼지 못한다. 그런 면에서 선이 악을 일으키게 되는 것이다.

그런 면에서 혼자서 모든 선한 일을 다 하려고 하는 것은 좋지 않은 것이다. 모든 고통은 자기 혼자 다 겪으려고 하는 것은 좋지 않은 것이다. 그것은 다른 사람을 악인으로 만드는 것이나 마찬가지다. 우리는 선한 사람이 되는 것보다 주님의 사람이 되어야 한다.

선한 사람이 되는 것은 좋은 것이다. 선행을 하는 것은 좋은 것이다. 사랑을 하는 것은 좋은 것이다. 그러나 당신은 그것을 혼자 하려고 해서는 안 된다.

사역자가 성도들은 편하게 해주려고 혼자서 온갖 희생을 하고 있다면 그것은 잘 하고 있는 것이 아니다. 어떤 사역자는 교회의 청소를 비롯해서 온갖 궂은 일은 혼자서 도맡아 한다. 그것이 좋은 일인가? 별로 좋은 일이 아니다.

성도들을 적당히 수고에 동참시키는 것이 좋은 것이다. 사역자는 성도들에게 적당하게 봉사할 수 있는 일들을 나누어 주고 섬기고 봉사하는 기쁨을 맛보게 해야 한다. 그들을 마냥 편하게 해주는 것이 좋은 것이 아니다.

선수들은 놀고 감독은 힘을 다하여 뛴다면 그 팀은 시합에서 이길 수 없다. 고생하고 희생하지 않은 이들은 진정한 기쁨이 무엇인지 모른다.

오직 주님만이 선하시다. 우리는 선하지 않다. 그러므로 우리는 주님이 허락하시는 분량 안에서 선해야 한다. 그리고 그 외의 것들을 다른 이들에게 나누어주어야 한다. 우리의 권위 아래 있는 이들이 선 안에서 자라갈 수 있도록 역할을 주고 격려해야 한다. 우리도, 그들도 선 안에서 자라갈 때 우리는 좀 더 온전한 사람이 되는 것에 가까워질 수 있을 것이다.

25. 망상에 잠긴 자들에게서 멀어 지라

　자신의 신앙이 아주 좋다고 여기는 이들이 있다. 자기의 지식과 지혜가 뛰어나다고 생각하는 이들이 있다.
　이들은 항상 남을 가르치려고 한다. 이러한 이들과 같이 있으면 참 피곤하게 된다. 항상 모든 일에 토를 달고 교훈을 가르치려고 하기 때문이다.
　또한 이들은 눈에 띄는 모든 이들이 다 잘못되었다고 한다. 이것은 이래서 틀렸고 저것은 저래서 틀렸다고 한다. 자기 같으면 저렇게 하지 않을 것이라고 말한다. 요는 자기만이 잘났다는 것이다.
　이러한 이들과 같이 있는 것은 정말 힘든 일이다. 왜냐하면 그러한 이들은 지옥을 전파하는 이들이기 때문이다. 가르치려고 하고 자신을 드러내려고 하는 자세는 바로 지옥에서 나오는 것이다. 그것은 천국과 멀다.
　천국은 오직 주님을 드러낸다. 오직 주님만을 높이고 그 은총에 감사를 드리며 자신을 낮춘다. 그것이 천국이다. 그러니 이러한 이들은 천국과 멀리 있는 것이다.
　그런데 이들보다 좀 더 증상이 심각한 이들이 있다. 바로 망상에 빠진 이들이다. 이들은 자신에 대해서 감탄하며 '아, 나는 깊다. 너무 깊다' 고 말한다. 자기와 자기에 속한 무리들에 대해서 이야기하며 '나는 깊으며 우리는 깊다' 고 말한다.

이들은 '내가 깨달은 것이 얼마나 놀랍고 깊은지!' 하고 감탄한다. 그들은 유명한 사람들을 예로 들면서 '그는 아직도 초보다. 어리다. 육적이다.' 하고 이야기한다. 유명한 영성인을 예로 들면서 '제법이지만 아직..' 그런 식으로 이야기한다.

그들은 과연 깊은가? 깊다. 정말 깊다. 그런데 너무 깊어서 빠져 죽을까 걱정이 된다. 그러니 당신도 이러한 이들을 만나면 조심하기를 바란다. 잘못하면 그들이 걸려 있는 병에 감염이 될 수도 있기 때문이다.

아내는 청년 시절에 큰 교회에서 목사님의 비서로 한동안 근무한 적이 있었다. 그 때 옆에서 같이 근무하던 언니뻘의 자매가 있었는데 이 자매가 '깊은 병'에 걸려 있는 자매였다.

그녀는 항상 우중충하고 어두운 얼굴로 깊고도 고뇌 어린 사색에 빠져 있었다. 항상 '인생이 뭐니? 도대체 왜 살아야 하는 거니?', '삶의 고뇌란 뭘까?', '죽음의 의미는 뭘까?', 하면서 살았다. 보통 개똥철학은 사춘기 시절에 조금 하다가 마는 것이다. 이 자매와 같이 30가까운 나이에 계속 그러고 있는 이들은 드물다. 하루는 이 자매가 아내에게 말했다.

"아.. 나는 너무 깊어. 아, 너무 깊어.. 너는 이런 거 모르지?"

어처구니가 없었던 아내가 한 마디 했다.

"언니, 누구나 한 때 그런 과정을 겪는 거지요. 그런데 언니처럼 그렇게 계속 빠져 있는 사람이 있나요?"

이 말은 그녀에게 굉장한 충격을 주었다. 아내는 깊은 사람인가?

아니다. 그녀는 그런 것과 거리가 멀다. 그녀는 밝고 단순하다. 사소한 것에도 깍깍거리고 웃으며 명랑하고 즐겁게 산다. 그녀는 고뇌 쪽에는 근처에도 가지 않는다. 그녀는 슬픈 일이 있으면 울지만 5분만 지나면 잊어 먹고 깔깔 웃는다. 그러니 그 자매는 내심 아내를 얕은 사람이라고 우습게 여기고 있었던 것이다. 그래서 그녀는 더듬으면서 말했다.

"아니, 너도.. 그랬단 말이야..?"

그녀는 충격으로 한 동안 말을 잇지 못했다.

'자신이 깊다'고 생각하는 이들은 이와 비슷한 증상을 가지고 있다. 그것은 망상에 빠져 있다는 것이다. 물론 증상의 깊이는 각자에 따라 정도의 차이가 있을 것이다.

아내와 데이트를 하던 시절 하루는 아내와 같이 삼각산에 있는 기도원에 간 적이 있었다. 둘이서 가파른 골짜기를 올라가고 있는데 어떤 노인이 헉헉거리며 걸어오고 있었다. 오십대 정도로 보이는 분이었는데 우리와 방향이 같은 모양이었다.

그런데 이 노인은 우리와 가까이 오더니 자꾸 말을 붙이는 것이었다. 그러다 대화중에 내가 신학 대학을 다니고 있는 것을 알고는 끈질지게 성경 이야기를 하기 시작했다.

나는 그와 성경에 대한 담론을 나누고 싶은 마음이 별로 없었다. 무엇보다 이 언덕이 조금 가파른 편이어서 대화를 나누면서 올라가기는 조금 버거웠다. 하지만 그는 나의 기분과 상관없이 자기가 성경에 통달해있다고 하면서 여러 깊은 진리를 설파하는 것이었다. 물론 깊은 진리라는 것은 그 사람의 주장이었다.

그가 이야기를 진행하다가 베드로가 예수님께 '주여 그리 마옵소서' 하고 주님이 고난을 겪는 것을 반대했다가 예수님으로부터 '사탄아, 물러가라' 하고 야단을 맞는 내용이 나오게 되었다.

이 노인은 이 이야기를 하면서 왜 그가 사탄이라는 꾸지람을 들었는지 이 의미가 무엇인지 아느냐고 묻는 것이었다.

내가 무슨 대답을 하던 이 노인은 그것이 아니라고 대답할 것이 틀림없었다. 그래서 내가 모른다고 하자 이 노인은 그것을 알고 싶지 않느냐고 계속 물었다.

별로 알고 싶지도 않고 특별한 대답이 있을 것 같지도 않지만 노인은 계속적으로 그 비밀을 알고 싶지 않느냐고 약을 올리듯이 묻는 것이었다. 할 수 없이 나는 그것을 알고 싶다고 했다. 하지만 노인은 그 때부터 뜸을 들이기 시작했다.

'아.. 이거 정말 비밀인데.. 내가 보통 사람에게는 이 이야기를 안 해주는데.. 이 깊은 진리를 이해할 수 있을까..' 그런 말로 한참 동안 뜸을 들이더니 그는 결심했다는 듯이 말했다.

"내가 그럼, 특별히 이 비밀을 말해 줄 테니 대신에 이것을 많은 사람들에게 가르치고 전파해야 되요?'

나는 그가 도대체 무슨 말을 하나 싶어서 그렇게 하겠다고 약속했다. 그래서 지금 이 글을 쓰고 있지 않은가.. 약속을 지키기 위해서 말이다. 아무튼 그는 드디어 결연한 태도로 말하기 시작했다.

"그건 베드로가 아무리 예수님을 사랑한다고 해도 인간적인 감정으로 말한다면 사탄이 될 수도 있다는 이야기예요. 어때요? 놀랍지요? 깨달았지요? 기가 막히지요?'

나는 정말 기가 막혀서 그 노인을 쳐다보았다. 정말 놀랍고 기가 막혔다. 겨우 그런 정도의 이야기를 깨달음이라고 그렇게 난리를 치면서 이야기한단 말인가. 그 정도의 이야기는 성경의 쌩 기초만 아는 사람이라면 누구나 뻔하게 느낄 수 있는 이야기가 아닌가.

나는 노인의 얼굴을 가만히 바라보았다. 그는 순박하고 어린아이 같은 면이 있었다. 그의 얼굴은 이제 막 숨겨진 진리를 세상에 전수한 후련함과 기쁨으로 환하게 빛이 나고 있었다. 그 즈음에 우리는 언덕의 경사를 다 넘고 평지에 올라왔다. 그는 휴~ 숨을 내쉬면서 말했다.

"이제 다 올라왔네. 이야기를 나누면서 올라왔더니 금방 왔구만!"

나는 속으로 말했다. 이야기를 나누었다고? 자기 혼자만 열심히 이야기를 하고선.. 나는 할 수 없이 '네, 네'만 했을 뿐인데..

그는 이제 진리의 계시 1단계를 마치고 2단계로 들어가려는 것 같았다. 아직도 전해야 할 진리가 너무 많다는 것이었다.

하지만 나는 정중하게 그에게 인사를 했다. 그 정도의 깨달음도 내게는 과분하고 그리고 한꺼번에 진리를 너무 많이 들으면 내가 감당을 할 수 없다고.. 그렇게 이야기를 하고는 아내와 함께 그와 반대 방향으로 걸음을 옮겼다.

그렇게 해서 나는 그에게서 해방되었다. 나는 짧은 시간이었지만 진리를 주장하는 사람에게 잘못 걸리면 너무나 지겹고 고통스러운 시간을 보내야 한다는 것을 분명히 깨닫게 되었다.

몇 년이 지난 후에 나는 내가 다니고 있던 총신 대학의 정문 앞에서 그를 발견했다. 그는 '칼빈주의 5대 교리 완전 이단 교리', '토론 요청' 이라는 팻말을 들고 그 앞에 서 있었다. 그는 누구와 토론을 해도 능히 물리칠 수 있다는 굳건한 확신과 자신감 속에서 서 있었는데 아무도 그에게 토론을 요청하는 사람이 없자 혼자서 마구 소리를 지르기도 하고 서성거리기도 하는 것이었다.

나와 같이 가던 신대원 학생들은 그를 이미 알고 있었는지 '우~' 하는 웃음과 박수를 보냈다. 격려성이라기 보다는 조롱이 섞인 것이었을 것이다.

내가 다녔던 총신 쪽은 장로교이다. 칼빈주의 교리를 중하게 여긴다. 그래서 필수 과목에 들어있다. 감리교에서는 알미니안 주의라고 한다.

나는 솔직히 말하자면 교리에 대해서 잘 모른다. 시험을 쳤을 때는 그냥 책을 달달 외워서 시험을 쳤을 뿐이다. 나는 어떤 주의를 믿는 것보다 예수님을 믿는 것을 좋아한다. 그리고 그냥 성경을 믿는다. 어떤 주의나 관점에서 보는 것은 그리 좋다고 생각하지 않는다. 교리에 대해서 잘 모르는 것도 많다.

독자들 중에는 성경의 난해한 문제를 골라서 내게 물어보는 이들도 있는데 내가 그것을 어떻게 안단 말인가. 그런 것은 성경학자에게 맡기는 것이 나을 것이다. 아무튼 골치 아픈 것을 묻는 이들도 많이 있는데 나는 그냥 모른다고 대답한다. 안다고 대답하면 그 순간에 많은 의무가 따른다. 그러나 모른다고 대답하면 모든 번뇌에서 해방된다. 그러니 편한 것이 좋다.

우리가 모든 것을 다 알아야 하는가. 모르는 것은 내버려두고 아는 것을 믿고 실천하면 되지 않는가. 아내를 사랑하라. 이웃을 섬기라. 주님을 사랑하라. 그런 말씀을 모르는 이들은 없지 않은가. 그러면 그 정도로도 충분한 것이 아닌가.

나는 칼빈주의에 대해서 잘 모른다. 대강이야 알겠지만 속속들이 모른다는 말이다. 하지만 신앙에도, 삶에도 예의라는 것이 있다. 상대방을 존중해주어야 하는 것이다.

장로교 계통의 신학교에서 그 문 앞에서 그들이 믿고 있는 기본 교리를 사탄의 교리라고 내세우며 누구든지 한판 붙자고 하는 그러한 행동은 정말 예의가 없는 것이다. 그것은 정말 어처구니가 없는 행동이다. 그는 팻말에 그 이야기 외에도 여러 자극적인 문구를 적어놓았는데 다른 것은 다 기억이 나지 않는다. 아마 그 문구가 가장 자극적이었던 모양이다.

그는 자신이 성경에 도를 텄으므로 신학교에 가서 논쟁의 고수와 한판 붙어보고 싶은 마음이 있었던 것 같았다. 그러나 며칠 동안 그렇게 정문 앞에 서 있어도 아무도 상대를 해주지 않자 몹시 서운한 모양이었다.

정말 그는 자기의 생각대로 성경에 도가 튼 것일까? 아마 그렇지 않을 것이다. 나와의 잠깐 나누었던 대화를 통해서 유추해보건대 그는 자기 확신과 착각으로 가득 차 있는 노인일 뿐이었다.

왜 내가 이런 이야기를 장황하게 하고 있을까. 나는 그러한 이들을 아주 많이 보았기 때문이다. 그리고 그러한 이들은 정도의 차이는 있을지언정 비슷하게 혼란스러운 영을 가지고 허탄한 것들을 전파하고 있기 때문이다.

나는 한 친구의 적극적인 권유를 따라 성경 1천 독을 하고 지혜와 계시의 영을 받고 뻥 뚫려서 모든 것을 알게 되었다는 한 여전도사님을 만나러 간 적이 있었다. 신학대학을 다니고 있던 시절이다. 그리고 보니 나도 참 많이 돌아다닌 것 같다. 내게는 영성의 원리에 대한 자료와 경험이 필요했기 때문에 영성인라고 주장하는 많은 이들을 인터뷰하고 싶었다.

하지만 그 곳에서도 나는 역시 실망했다. 거기서 발견했던 것은 자기가 모든 것을 알고 있다고 여기는 오만함과 다른 이들의 인격을 함부로 무시하고 함부로 말하는 좋지 않은 태도뿐이었다.

그분이 수시로 쏟아놓는 성경 구절도 흔히 알려지고 인용되는 구절일 뿐이었다. 갑자기 피스톤처럼 성경에 대한 질문을 쏟아 붓고 상대가 순식간에 대답을 하지 않고 머뭇거리면 성경을 모른다고 호통을 치는 자세도 주님의 사람이라고 보기 어려운 것이었다.

예의가 없고 비인격적인 자세는 주님의 사람이 아니라 불신자들보다도 더 못한 것이다.

무당들은 신이 실렸다고 하면서 호통을 친다. 그러면 사람들은 머리를 조아린다. 군대에서는 상급자가 부임을 하면 먼저 졸병들에게 기합을 준다. 초장에 군기를 잡고 기선을 제압해야 졸병들이 나중에 고분고분 말을 듣기 때문이다.

그러한 것이 세상의 방법이다. 하지만 그것이 주님의 방법인가? 그것은 그렇지 않다. 주님은 섬기시는 분이며 사랑이 많으시고 따뜻한 분이시다.

그녀는 성경을 읽다가 머리가 갑자기 시원해졌으며 그것은 진리와 계시의 영이 임했다는 증거라고 주장했지만 사실 그러한 경험은 별로 대단한 경험이 아니다. 그것은 흔하게 일어나는 영적 현상일 뿐이다. 그것을 그렇게 자신을 대단하게 여기는 근거는 될 수 없는 것이다. 그녀는 사실 아는 것이 없다. 다만 자신이 모든 것을 깨달았다고 착각하고 있는 것에 불과하다.

나는 도대체 왜 이런 인간들에게 사람들이 끌리고 미혹되는지 이해가 되지 않았다. 약간의 능력이 있고 약간의 병을 고친 경험이 있고 약간의 은사가 나타나고 사람의 마음속에 있는 비밀을 알고.. 그것이 그렇게도 대단한 일인가? 무엇보다 중요한 것은 사랑이며 순결한 아름다움이다. 주님의 사람에게는 그러한 향취가 있는 것이 당연한 것이다.

20년쯤 전에 한국 교회를 소란스럽게 한 사건이 있었다. 한국 교회가 악으로 가득 차 있고 회개하지 않기 때문에 곧 전쟁이 일어날 것이라는 예언의 내용을 한 무리의 사람들이 전하기 시작했다. 그들이 지적한 죄는 거짓말, 음란, 물질 숭배였다. 많은 교회에 이 유인물이 뿌려졌다.

이 일을 주도한 사람은 카톨릭에서 성령운동을 몇 십 년 간 하신 분이었다. 개신교에서도 유명한 성령 운동 지도자가 부분적으로 이 예언의 내용을 인용하여 유명한 잡지에 싣기도 했다.

그들은 예언의 내용에 대해서 확신을 가지고 있었다. 그들은 한국을 위해서 그들이 대신하여 회개했으나 주님께서 그것을 허락하지 않으시며 곧 전쟁이 일어난다고 말씀하셨다고 한다. 그래서 그들에게 피난처를 주셨다는 것이다.

그들의 예언 가운데는 맞아 들어가는 표적이 많이 있었다. 그래서 그들은 더욱 확신을 가지게 되었으며 그들 가운데는 여러 은사들이 나타났다. 그들은 서로의 사역에 대해서 이야기하면서 누구는 사도 은사이며 누구는 예언자의 은사, 누구는 전도자의 사명을 받았느니 하면서 그들의 비전과 이상에 대해서 같이 나누곤 했다.

그러나 그들이 이야기하는 시간에 전쟁은 일어나지 않았다. 그들은 예언에 대해서 자기의 역할과 사명에 대해서 분명한 확신을 가지고 있었으나 그것이 맞지 않자 나중에는 거의 다 흩어지게 되었다.

나의 아는 친구가 이 일에 관여하고 있었다. 그는 여러 교회에 다니며 유인물을 뿌리고 있었다. 그는 사명감을 가지고 그 일을 하고 있었다. 나는 그의 강권에 따라 그 본부를 방문한 적이 있다.

그 후 나는 그에게 열두 가지의 이유를 제시하며 그것이 주님께로부터 온 예언이 아니니 거기에서 나오라고 권면했다. 그는 나의 말에 충격을 받았지만 당장은 나오지 않았다. 그 곳에 계속 같이 머물면서 영혼이 엉망이 된 후에야 그는 나중에 나오게 되었고 나오자마자 나를 찾아왔다.

나는 그 곳에 속한 이들을 조금 접해보았다. 그리고 그들의 몇 가지 특성을 느낄 수 있었다. 어떠한 사람들이 이러한 운동에 빠져들게 되는지 나는 그것이 궁금했던 것이다.

그들은 대부분 선량하고 신앙적인 열정이 많은 이들이었다. 그리고 이러한 특성을 가지고 있었다.

첫째 그들은 대체로 복잡한 기질의 사람들이었다. 그들은 영지 주의자들의 글을 많이 읽고 복잡한 이야기와 깊은 이야기를 즐기는 경향이 있었다.

둘째 그들은 기성교회에 대한 부정적인 인식이 기본적으로 자리 잡고 있었다.

셋째 그들은 열심이 특심한 사람들이었다. 그들은 자기들의 신앙이 대단하다고 믿는 경향이 있었다. 그들은 자신들이 특별하게 선택을 받았다고 생각하는 것 같았다.

넷째로 그들은 귀가 얇았다. 영적인 예민성을 가지고 있었다.

나는 어떤 이들이 이러한 데에 잘 빠지는지를 대체로 인식할 수 있었다. 복잡한 사람, 열정이 많은 사람, 교회에 대한 부정적인 인식이 있는 사람, 자기 신앙을 대단한 것으로 여기는 사람, 그리고 영적 예민성이 있고 귀가 얇은 사람들이 곧 위험한 사람들이라고 나는 느꼈다.

복잡한 것은 좋지 않다. 신앙은 단순한 것이다. 교회에 대한 부정적 인식도 좋지 않다. 교회는 아무리 한심스러워도 이는 주님의 신부이며 주님의 사랑이 거하는 곳이다.

자기 신앙에 대한 긍지도 위험한 것이다. 우리가 부족하고 연약하기 때문에 주님의 은혜가 임하는 것인데 그것을 자기가 잘난 것으로 여기면 곤란한 것이다.

영적 예민성도 조절하지 않으면 위험한 것이다. 그러므로 쉽게 은사가 임하는 이들은 위험하다. 이들은 은혜도 잘 경험하지만 미혹이나 다른 영들도 잘 받기 때문이다. 그래서 이들은 균형을 위한 조절과 관리가 필요한 것이다.

말이 나온 김에 비슷한 이야기를 조금 더 하기로 하자. 나는 다양한 영성의 원리와 체계를 세우기 위해 많은 기도원을 방문했고 많은 영성인, 은사자들을 만났다. 그리고 많은 질문과 대화를 나누었다.

내가 간 곳들은 신기한 기적과 능력과 역사가 나타나는 곳이 참 많았다. 말로 표현하기 어려울 정도로 묘한 능력과 역사가 나타나는 영성인들이 있었다.

그런데 가는 곳마다 한 무리들을 만나게 되었다. 그것은 그 기도원이나 영성인을 추종하다시피 하는 사람들이다. 내가 만난 이들은 주로 목회자들이었다.

내가 그러한 기도원에 가면 그들은 너무나 반가워했다. 이렇게 놀라운 곳에 온 것은 정말 하나님의 축복과 인도하심이라고 환영했다. 그리고 여기에서 능력을 크게 받고 하나님께 크게 쓰임 받는 종이 되자고 권면했다.

내가 만난 그러한 분들은 다들 순진하고 좋은 사람들이었다. 연세도 환갑이 넘으신 분들인데 어찌 보면 어린 아이처럼 순박한 면이 있었다. 어떤 목사님은 입신을 한번만 시켜달라고 간곡한 부탁을 하는 분도 있었다. 거금의 헌금을 하면서 말이다. 어떤 분은 영안이 열리게 해달라고 간절하게 기도하곤 했다. 그들이 기도를 얼마나 열심히 하는지 그 열정은 정말 놀라울 정도였다.

세상에는 그러한 영적인 경험이나 은사를 무시하는 이들도 많다. 주로 젊고 지성적인 사역자들이 그렇다. 그러나 반면에 이렇게 거의 목숨을 걸다시피 하면서 사모하고 추구하는 이들도 있었다.

그들은 그렇게 능력을 받아서 목회를 하고 싶어했다. 아무튼 그들의 순진한 열정은 주님이 받으시리라고 믿는다.

그러한 기도원이나 영성단체의 특성이 하나 있었다. 그것은 그들이 아주 특별한 사람이며 그 기도원이나 영성단체가 세계적으로 다시 없는 곳이라는 것이었다. 어떤 곳은 이 우주 안에서 가장 탁월한 영성단체라고 하는 곳도 있었는데 어차피 우주 안에 사람 사는 곳은 지구밖에 없으니 같은 말이라고 할 수 있을 것이다.

그게 정말일까? 아무튼 내가 만난 모든 곳에서 그런 주장을 했으니 한 곳만 빼고는 나머지는 다 틀렸을 것이다. 솔직하게 말하자면 나는 그런 주장을 하는 이들은 별로 바른 사람들이 아닐 것이라고 생각한다. 아주 기본적으로라도 주님을 아는 이들은 그런 이야기를 하지 않을 것이다. 자신들이 그렇게 대단한 존재라고 생각하는 그러한 의식은 결코 주님으로부터 오지 않는다.

아무튼 그들은 그 곳을 떠나면 마치 죽는 것처럼 하나님을 떠나는 것처럼 가르치고 그렇게 여기는 것이 보통이다. 어느 기도원에서 말하기를 이 기도원을 한 동안 오지 않는다면 그건 영성에 문제가 생긴 것이라고 말을 하곤 하였다.

그래서 기도원에서 혹독한 기도 훈련을 하다가 지쳐서 다시 세상으로 내려간다고 하면 남아있는 목사님들은 정말 안타까운 눈으로 그에게 조금만 더 참으라고 권면하기도 하였다. 그들이 볼 때 기도원을 떠나 세상으로 가는 것은 곧 타락이며 실패인 것이다.

그러한 곳에서는 그 곳이 최고라고 말하며 다른 곳은 우습다고 말한다. 거기는 아직 멀었다고 한다. 다른 곳이 초등학교라면 자신들은 대학과 같다고 한다. 그렇게 한결 같이 자신들을 드러내고 높이는 것이 그들의 특징이다.

그러한 곳에서 나타나는 역사들은 실제로 놀라운 것들이 많다. 환자가 그 장소를 방문하는 순간 낫는 경우도 있다. 영안이 열려 사람의 마음속을 유리처럼 읽는 경우도 있다. 손만 갖다 대면 사람이 수십 미터 나가떨어지는 곳도 있다. 속사포처럼 성경 귀절을 쏟아내기도 한다. 보혈을 강조하는 곳도 있다. 보혈을 통해서 모든 치유가 이루어진다. 기름부음의 역사와 능력을 강조하는 곳도 있다. 아무튼 뭔가 사람을 매료시키는 것이 있으니까 그런 추종자들이 있을 것이다.

그런데 그렇게 한 곳에서 열정적으로 기도하며 이곳이 세계 최고라고 하시던 분들은 나중에 어떻게 되었을까?

그 결과는 한결 같았다. 하나 같이 어느 정도의 시간이 지나면 그들은 처소를 다른 곳으로 옮겼다. 그리고 이제야말로 진정한 것을 찾았다고 이곳이 정말 진짜 세계적인 곳이라고 더욱 더 강력하게 주장하였다.

어떤 연로하신 목사님이 내게 지금 자기에 속한 단체로 오라고 강력하게 권유하셨다. 나는 그 분과 대화를 하면서 지난번에 다니시던 곳은 안가냐고 묻자 대답을 잘 안 하시려고 하였다. 계속 묻자 결국 싸우고 나온 것을 알게 되었다. 그 다음에 열심히 다니시던 곳은 어떠냐고 묻자 역시 거기서도 싸우고 나온 것을 알게 되었다.

내게 계속 그들에게 속하기를 요구했으나 나는 거부할 수밖에 없었다. 나는 다양한 사람들의 영성과 신앙 행태에 대해서 경험하고 알고 싶었다. 어디에 소속이 되고 싶은 마음은 없었다.

이분들은 결국 끝없이 영적인 방황을 하고 있는 것이었다. 오늘은 이곳에 열심을 내고 그 열심이 사라지면 다시 다른 곳으로 가서 다른 것을 추구하는 것이다. 이들 중 한 목사님이 내게 간절하게 권하면서 한 말이 잊혀지지 않는다.

"정 목사, 꼭 이쪽으로 와요. 우리가 여태까지 얼마나 진리를 찾아 헤맸소. 그런데 이번에 정말 찾았어요. 그러니 이번 기회를 놓치면 정말 귀한 하나님의 은혜를 받을 수 있는 기회를 놓치는 거요."

나는 정중하지만 분명하게 대답했다.

"목사님, 죄송합니다. 하지만 '우리가 여태까지 얼마나 진리를 찾았다' 니요. 거기에서 저는 빼 주세요. 저는 저의 사명 때문에 여러 경험들이 필요해서 여러 곳을 방문한 것뿐입니다. 저는 이미 오래 전에 진리를 찾았어요. 그 진리는 오직 예수뿐입니다."

나는 영성에 대한 글을 쓴다. 그러므로 직접 체험과 간접 체험이 필요하다. 다양한 영성의 현상을 경험하고 그에 대해 객관적인 시각을 가지고 평가하고 영성을 이해하는 것이 필요하다. 그렇지 않고 추측하여 글을 쓴다는 것은 옳은 일이 아닐 것이다. 그러나 그것은 진리의 추구가 아니다. 진리는 단순한 것이다. 그것은 바로 예수다. 그것은 결코 멀리 있지 않으며 복잡한 것이 아니다.

나는 그분들과 헤어졌다. 그분들은 한결같이 선량하고 좋으신 분들이다. 하지만 너무 귀가 얇다. 그래서 너무 잘 믿고 잘 빠지신다. 그것은 균형 잡힌 영성이 아니다.

'나는 정말 깊다. 우리는 최고이다. 다른 곳은 아직 멀었으며 우리가 진짜다..' 이렇게 말하고 생각하는 이들..

그들은 바른가? 그들의 생각은 옳은가? 한 마디로 말해서 그들은 틀렸다. 그들은 바르지 않다. 그러한 생각은 결코 주님으로부터 오지 않는다. 책을 읽다보면 은근히 그러한 주장을 드러내는 이들도 있다. 그들 역시 바른 것이 아니다.

내게도 나를 그런 식으로 여기는 이들이나 독자들이 많이 있었다. 그들은 내게 말하기를 도대체 이런 말씀을 어디서 듣겠느냐고, 목사님은 정말 특별하신 분이라고 말하곤 한다. 그러면 나는 대답한다. 제발 정신 차리시라고. 사람들의 그러한 이야기를 듣다가 나까지 정신을 잃어버리면 안 될 것이다. 모든 좋은 것들은 오직 주님께로 부터만 온다.

어떤 이가 나는 모든 것을 통달했다고 느낄 때 그것은 실제로 그가 모든 것을 통달한 것이 아니다. 어떤 영이 그에게 '나는 통달했다' 고 하는 느낌과 생각을 불어넣어 주는 것이다. 그 영은 주의 영인가? 아니다.

어떤 이가 '우리가 최고다.' 하고 생각할 때 과연 그들이 최고인가? 아니다. 어떤 영이 '우리는 최고다' 하는 생각을 넣어주는 것이다. 그 영은 주의 영인가? 결코 아니다. 주의 영에게서는 그러한 생각이 오지 않는다.

그러한 영은 속이는 영이며 거짓의 영이다. 자기가 우주의 왕이며 세상의 왕이라고 여기는 영이 누구인가? 그것은 어두움의 영이다. 그것은 주님으로부터 오는 것이 아니다.

자기가 잘났다고 생각과 느낌은 결코 주님께로부터 오지 않는다. 그것은 교만한 영이다. 그것은 속이는 영이다. 그것은 자신을 높이는 영이다. 그러한 영의 특성은 주님을 드러내지 않는다.

주의 영은 어떠한 영인가? 그것은 온유하고 겸손하고 부드럽고 아름다운 영이다.

어떤 이가 주의 영으로 사로잡혔을 때 그는 자신이 높임 받기를 원하지 않는다. 그는 자신이 드러나기를 원하지 않는다. 그는 높은 보좌를 원하지 않는다. 그는 무릎을 꿇고 주님 앞에 엎드리며 오직 모든 면류관과 영광을 주님께 드리고 싶어 한다.

그는 자신에게 공치사하지 않으며 우리는 무익한 종이라 마땅히 해야할 것을 할 따름이라고 고백한다. 그는 티끌과 같이 부족한 자기에게 베푸신 주의 은혜와 사랑에 감격한다. 그것이 주님으로부터 오는 영이다.

오늘날 얼마나 속이고 거짓되고 허탄한 영들이 많은지! 얼마나 많은 이들이 이 거짓된 영에게 속아서 망상 속에 빠져 있는지! 그들은 자신이 높은 곳에 있기 때문에 함부로 사람들을 비판한다. 함부로 사람들을 정죄하고 교회를 정죄하고 사역자들을 비난한다. 우리만이 옳기 때문에 우리끼리 새롭게 무엇을 하자고 한다.

그들에게서 어떤 열매가 있는가? 그들은 오직 끼리끼리 다니며 분파를 만들뿐이다. 그것이 속고 있는 것이다.

적지 않은 사람들이 자기에게 있지도 않은 것을 있는 듯이 보이려 한다. 다른 이들에게 영적으로 보이고 싶어 한다. 깊은 사람으로 보여지고 싶어한다. 그것이 옳은 길인가? 바로 어두움에 잡혀가는 길이다. 그 길은 천국과 멀다.

다른 이들에게 영적이라 인정을 받고 높임을 받는 것이 좋은 일인가? 아니다. 그것은 무서우며 두려운 일이다. 그것은 주님 앞에서 심히 걱정해야 하는 일이다.

많은 이들이 이렇게 '깊다' 병에 빠지는 이유는 무엇인가? 왜 그들은 거짓된 영에게 속아 넘어가는가? 그것은 근본적으로 그들의 교만이 처리되지 않았기 때문이다.

그들이 교만하지 않다면 그러한 영들에게 잡히지 않을 것이다. 그러나 교만한 영은 그 영혼의 감각이 마비되며 자신의 영혼이 주님을 대적하며 어두운 곳에 떨어져도 전혀 아무런 느낌을 가지고 있지 않다. 교만이란 얼마나 두려운 것인지!

나는 당신의 주변에 망상에 빠진 사람이 있다면 당신에게 조심하라고 말하고 싶다. 어떤 이가 자신을 대단한 신앙인으로 여기고 있다면 나는 그러한 이들과의 교제를 절제하라고 말하고 싶다. 그것은 빛에 속한 것이 아니기 때문이다. 그러한 교제는 별로 좋지 않은 것을 전염시킨다.

진리란 어떤 것인가. 그것은 복잡한 것이 아니다. 그것은 간단하고 단순한 것이다. 그것은 지적이지 않은 사람이라도 쉽게 알아먹을 수 있는 것이다.

예수는 진리다. 그것은 쉽다. 예수를 알고 예수를 사랑한다면 그는 진리를 알고 있는 것이다. 그는 주를 사랑하고 가족을 사랑한다. 항상 감사하고 있는 것으로 베풀기를 좋아한다. 그리고 하잘 것 없는 우리를 사랑하시고 용서하신 그 주님의 사랑과 은총을 감사하고 또 찬양한다. 이것이면 충분한 것이 아닌가!

우리는 대단한 사람인가? 우리는 별로 대단하지 않다. 우리는 잘난 사람인가? 우리는 별로 잘난 것이 없다. 그러나 그 부족하고 떨떨한 우리를 주님께서는 사랑하신다. 이것이 바로 복음이다.

복음이란 그렇게 간단하고 단순 명료한 것이다. 그러므로 우리는 깊다고 하면서 신앙생활을 할 것이 없다. 날마다 새로운 것을 또 깨닫고 배우는 것도 좋지만 지금 아는 것을 실천하고 누리는 것으로도 좋은 것이다.

우리는 모두 죄인이다. 그러나 주님은 우리를 용서하셨다. 그러므로 우리는 살아있는 한 주님을 사랑하고 찬양하며 모든 사람들을 사랑하며 살아갈 것이다. 이것이면 충분하지 않은가?

나는 당신이 너무 깊은 사람이 되지 않기를 바란다. 당신이 최고가 되기를 바라지 않는다. 그저 단순하고 소박한 사람이 되기를 바란다. 언제 어디서나 항상 그저 주님의 뒤만을 졸졸 따라가는 어린 양이 되라..

그것이면 충분하지 않은가?

26. 사소한 것에서 기쁨을 느껴라

그리스도인들은 어떠한 사람들인가? 기뻐하고 즐거워하는 사람들이다. 인생을 즐기는 사람들이다. 이 세상에는 슬픔과 어두움과 고통들이 많이 있지만 그 가운데서도 기뻐하고 삶의 아름다움과 여유와 낭만과 향취를 발견해내는 사람들이다. 그것이 참다운 그리스도인들이다.

모든 두려움이나 고통의 근원은 무엇일까? 그것은 죽음이다. 대부분 사람들이 두려워하고 있는 것의 마지막은 무엇인가? 그것은 죽음이다. 돈이 없거나 명예가 없거나 실패하거나.. 그 모든 마지막 종착역은 무엇일까? 죽음이다. 돈이 없으면 먹을 것을 살수가 없고 결국은 굶어죽는다. 결국 두려워한다는 것은 죽음을 두려워하는 것이다.

그러나 그리스도인들에게는 죽음이 축제이다. 그것은 멸망이 아니고 실패가 아니고 천국의 문이다. 그러므로 죽음이 두렵지 않으니 세상에서 염려할 것이 없는 것이다. 괴로워 할 일이 없는 것이다.

그리스도인들은 무엇으로 기뻐할 수 있는가? 주님으로 기뻐한다. 또한 크고 작은 모든 일을 통해서 즐기고 삶을 누릴 수 있다.

그런데 큰 일에 대해서 즐거워하는 것은 모든 사람이 한다. 흔히 자녀가 원하는 대학에 들어갔다든지 돈에 여유가 생겨서 모처럼 시간을 내어 멋진 여행을 다녀오게 되었다든지.. 그와 같이 비교적 큰 사건을 통하여 기뻐하고 즐거워한다.

하지만 우리가 그런 큰 일에만 즐거워해야 하는가? 그렇다면 우리는 삶에서 기뻐할 일이 그렇게 많지 않을 것이다. 하지만 작고 사소한 일에 즐거워하고 기뻐할 수 있다면 우리는 좀 더 많은 시간을 행복하게 보낼 수 있지 않겠는가?

나는 일회용 면도기로 면도를 한다. 보통 일회용 면도기를 일주일 정도 사용하는 편이다. 그런데 얼마 전에 어느 자매로부터 조금 고급인 일회용 면도기를 여러 개 선물 받았다. 이것은 좋은 것이기 때문에 한 개에 2주일 정도 사용할 수 있었다.

그런데 나는 며칠 전에 이 면도기를 조금 더 오래 사용할 수 있는 방법을 알게 되었다. 면도를 하다보면 수염의 털이 날에 끼게 되어서 날이 무디어 진다. 그래서 한 개를 어느 정도 사용하게 되면 나중에는 뻑뻑해져서 사용하기가 힘들게 된다.

그런데 세탁할 때 사용하는 솔을 이용해서 면도기에 끼어있는 수염의 털들을 깨끗하게 청소할 수 있다는 것을 알게 된 것이다. 그렇게 해서 깨끗해진 날을 가지고 면도를 해보니 조금 전까지 뻑뻑해서 사용하기 어려웠던 것이 얼마나 부드럽게 움직이는지! 나는 너무나 신이 났다. 너무나 즐거워서 할렐루야를 외쳤다. 한 개로 이제는 3, 4 주 이상 사용할 수 있게 된 것이다.

이것은 사소한 일인가? 물론 사소한 일이다. 그런 일 정도로 그렇게 기뻐하는 것은 유치한 일인가? 물론 유치할 지 모른다. 하지만 나는 별로 고상해지고 싶은 마음이 없다. 고상하고 복잡하게 불행한 것보다는 유치하고 단순하게 행복한 삶을 살고 싶다.

나의 아내는 어떤가? 그녀는 나보다 한술 더 뜬다. 그녀는 언제나 즐겁고 행복하게 사는 것이 어떤 것인지 잘 알고 있는 사람이다.

그녀는 아주 사소한 일에 웃음을 터뜨린다. 나의 아주 사소한 농담이나 장난에 웃음이 터지기도 한다. TV의 코미디를 보다가 웃음이 터지는 경우도 있다.

그녀의 웃음소리는 정말 요란하다. 일단 한번 터지면 쉽게 멈추지를 않는다. 몇 분 동안 숨이 넘어갈 듯이 웃어댄다. 몸부림을 치면서 웃는 것이 보통이며 심할 때는 바닥에 떼굴떼굴 구르면서 웃는다.

정말 웃기는, 기가 막힐 정도로 웃기는 상황에서일까? 아니다. 다만 그녀는 우스운 것을 참지 못하는 것뿐이다. 그녀는 매사에 즐겁게 사는 습관이 되어 있다.

그녀가 워낙 고생을 모르고 평탄하게 살아왔기 때문일까? 그렇지는 않다. 그녀는 질병으로 사경을 헤맨 적도 여러 번이다. 극심한 가난으로 대낮에도 컴컴한 지하에서도 오래 살았다. 아이들이 어릴 때 아주 간단한 것들, 예를 들어 운동화를 사주고 싶지만 사 줄 수 없어서 다 떨어진 것을 신고 다니는 것을 보면서 마음이 아팠던 적도 많았다. 목회를 하면서 사람들에게 받은 상처도 엄청나게 많았다.

하지만 그러한 상황들이 그녀를 불행하게 만들지는 않았다. 그녀는 즐겁게 사는 것을 좋아한다. 그녀도 나도 인생은 파티와 같은 것이라고 생각하기 때문에 사소한 것에도 깔깔거리고 웃으며 모든 것을 게임으로 생각하고 재미있게 지내는 것뿐이다. 그것은 환경인가? 아니다. 그것은 삶의 자세이며 습관일 뿐이다.

나는 그리 대단한 시련이라고 하기 어려운 여건에서 낙담하고 좌절하고 힘들어하는 이들을 많이 보았다. 그것은 환경인가? 아니다. 그것은 삶의 습관일 뿐이다. 그들은 조금만 상황이 어려워지면 인생은 고난이라고 생각하는 습관이 있을 뿐이다. 물론 그것은 자신의 선택에 있는 것이다.

우리의 삶에는 우리가 평범하게 그냥 그 가치를 알지 못하고 지나가는 많은 보화들이 있다. 아름다움이 있다. 나는 그 중의 하나가 햇살이라고 생각한다.

언젠가 삶이 너무나 힘들어 죽고 싶다고, 하나님께서 빨리 자기를 데려가 주셨으면 좋겠다는 이와 대화를 나눈 적이 있다.

그런데 그 때가 봄이었다. 그래서 나는 말했다.

"아, 지금 죽으시면 안 됩니다. 지금 죽으면 큰일나요."

그 자매는 놀라서 물었다.

"왜요?"

"얼마 전에 천국에서 특별법이 제정되었거든요. 봄에 자살하는 사람들은 지옥으로 바로 보내기로 했다구요. 봄에는 햇살이 아주 따뜻하기 때문에 그렇게 좋은 날에 죽는 사람은 지옥으로 보내야 한다고, 방금 천국의 의회를 통과했다는 군요."

상대방은 놀라서 물었다.

"그게 정말이에요?"

나 참, 정말이기는.. 그런 말을 믿으면 어떻게 하나. 내가 천사들이 천국에서 뭘 하는지 어떻게 알겠는가. 하여간 그녀는 봄에는 안 죽기로 결정했다. 그럼 여름에 죽고 싶다고 한다면? 그 때는 또 천국에서 특별법이 다른 게 또 제정되었다고 하면 되겠지..

아무튼 봄에는 햇살이 좋다. 그리고 그 햇살을 충분히 쬐고 있으면 죽고 싶은 마음, 우울증이 그대로 있을 수가 없다. 햇살은 모든 어둡고 나쁜 마음을 깨끗이 청소해버린다.

날씨가 좋은 대낮에 따뜻한 햇살을 받을 수 있다면 그것처럼 행복한 일이 또 있을지.. 공원에 나가서 놀고 있는 어린 아이들을 햇살을 맞으며 바라볼 수 있다면 그것은 정말 천국이다.

나는 햇살을 쬐고 있으면 대부분의 고민이나 문제들은 다 사라지리라고 생각한다. 햇살은 사람의 행복에 필요한 모든 것을 다 가지고 있으니까..

나는 대부분의 고민들은 밤에 늦게 자는 데서 오는 것이 아닌가 생각한다. 밤에 늦게 자면 아침에 늦잠을 자게 되고 햇살을 경험할 여건이 상대적으로 부족해진다. 밤에 늦게 자는 사람들은 밤의 사람이며 어둠의 사람이 되기 쉽다.

인간이 타락하기 전에 동산이 있었고 타락한 후에 도시가 생겼다. 동산은 자연적이며 도시는 인위적이다. 자연은 사람을 치유하며 인위적인 것은 사람을 병들게 한다. 그런데 동산에는 밤에 모든 것이 조용해지고 도시는 밤에 시끄럽다. 그래서 인간은 어두워지고 범죄가 시작되고 리듬이 깨지고 호흡이 나빠지고 뇌에 산소 공급이 안 되어 피가 잘 안 통하게 되고 그래서 온갖 어둠의 상념들이 생겨났다. 나는 불행하다, 삶은 피곤하다. 그런 사고들도 이미 망가진 뇌에서 나오는 어두움의 상념인 것이다.

그러므로 밝은 빛 가운데 있는 것은 치유의 시작이며 행복의 시작인 것이다. 빛은 마음을 치유하고 두려움을 치유하며 분노를 치유하고 악한 습관을 치유하고 비만을 치유한다. 실제로 날마다 햇볕을 받으며 걸어 다니는 것으로 다이어트에 성공했다는 많은 임상 실험의 보고들이 있다. 햇살은 우리가 삶에서 경험할 수 있는 사소하지만 놀라운 기쁨에 속하는 것이다.

삶에서 경험할 수 있는 사소한 즐거움, 보화들이 그 뿐인가? 어린 아이들은 또 어떤가? 그들은 천국의 전파자들이다.

나는 몇 년 전에 삼거리의 코너에 있는 2층집에서 산 적이 있다. 그 집에서 느꼈던 많은 즐거움 중에서 가장 기억에 남는 것은 날마다 아침의 시간이었다. 아침 여덟시가 넘으면 이 집은 시끄러워졌다. 무슨 일이냐고? 이 집은 초등학교의 근처에 있었다. 그래서 학교에 등교하는 대부분의 어린이들이 이 길을 통과해야 했었다. 그러므로 등교시간이 되면 수많은 아이들이 저 멀리에서부터 무려 수백 명이나 되는 아이들이 끝이 없는 길을 이루며 떠들면서 지나가는 것이다.

하루 종일 어린아이들과 같이 시간을 보내야 하는 선생님들이라면 그러한 소란함이 별로 즐겁지 않을지도 모른다. 그러나 나에게 있어서 그것은 천상의 화음과 같은 것이었다. 나는 한 참 동안이나 넋을 잃고 그 아이들의 재잘거림들을 지켜보곤 했다. 그것은 내게 분명히 천국의 경험이었다.

요즘도 나는 글을 쓰다가 여유가 생기면 공원으로 간다. 그리고 공원에서 사람들이 데리고 나온 강아지, 유모차에 담겨서 온 어린 아기들을 바라본다. 그것은 나에게 있어서 일종의 황홀경과 같은 것이다. 그들은 사랑스럽고 아름답고 천진난만하며 귀하다. 그들의 모든 움직임을 하나 하나 관찰하며 나는 감탄을 금치 못한다.

강아지들은 얼마나 활기차게 움직이는지! 어린 아기의 뒤뚱거리는 걸음걸이는 얼마나 사랑스러운지! 손자를 가만히 뒤에서 지켜보고 있는 할머니의 눈길은 얼마나 따뜻하고 아름다운지! 그것은 천국의 한 장면과도 같다.

그러한 구경이 내게 주는 기쁨과 감동은 너무나 크면서도 공짜다. 이 세상에는 시시한 것들을 누리기 위해서는 돈이 많이 필요하지만 정말 가치 있고 의미 있고 아름다운 것을 누리는 데는 별로 돈이 필요하지 않은 것 같다.

오래 전 인천에서 살 때의 일이다. 어느 날 밤 나는 늦은 시간에 깨어있었다. 아내와 아이들은 자고 있었다.

늦은 시간에 깨어있는 것은 별로 좋은 일이 아니지만 내 일이 주로 글을 쓰는 것이다 보니 조용한 밤에 글을 쓸 때가 많이 있다.

그런데 몹시 시장한 것을 느꼈다. 역시 밤에 무엇인가를 먹는 것이 좋지 않다는 것을 안다. 하지만 그래도 먹고 싶었다. 무엇을 먹어야 하지? 그런데 그것을 잘 알 수 없었다. 무엇을 먹어야 나는 즐거울까? 라면을 끓여먹을까? 평소에 라면을 가끔 먹기는 하지만 그때는 아니었다. 밥을 꺼내서 먹을까? 그런데 그것도 아니었다. 뭔가 먹고 싶은 것은 분명한데 무엇을 먹는 것이 좋을까.. 결론이 나지 않았다. 그런데 그 때 갑자기 밖에서 큰 소리가 들렸다.

"메밀~묵! 찹쌀~떡 사~려"

아! 불현듯 나는 깨달았다. 바로 저거야! 지금 내가 먹고 싶은 것은 바로 저거였어!

나는 주머니를 뒤져서 돈을 꺼내고는 미친 듯이 찹쌀떡을 파는 사람에게 달려갔다. 그리고 찹쌀 떡 몇 개와 메밀묵을 사서 집에 가지고 들어왔다.

나는 설레는 가슴을 가라앉히려고 노력하며 냉장고문을 열었다. 그리고 신 김치를 꺼냈다. 그 신 김치를 메밀묵에 섞은 뒤 나는 그것을 먹기 시작했다. 아, 온 몸이 짜릿짜릿해지는 그 맛, 그 감격과 희열을 어떻게 다 표현할 수 있을까.. 하여간 나는 무지 무지 행복했다.

너무 유치하다고? 나도 유치한 줄 잘 안다. 하지만 중요한 것은 그래서 내가 행복해졌다는 것이었다.

밤에 먹는 것은 위장과 건강에 나쁘다. 나도 잘 안다. 그래서 내가 잘했다고 생각하지는 않는다. 하지만 때로는 삶에 있어서 별 것 아닌 것이 우리에게 즐거움이 되고 기쁨이 되고 행복이 될 수도 있다는 것을 이야기하고 싶은 것이다.

삶에는 우리가 누릴 수 있고 기뻐할 수 있는 사소한 즐거움들이 너무나 많다. 어떤 이들은 그런 것을 하나도 찾을 수가 없다고 한다. 그것은 마음의 여유가 없으며 무감각하기 때문이다. 그리고 무감각한 것은 좋은 것이 아니다. 그것은 우리가 발전시키기를 원한다면 충분히 발전시킬 수 있는 것이다.

우리는 그러한 사소한 기쁨들을 찾아낼 수 있다. 그리고 즐거워할 수 있다. 그것은 우리에게 달려있는 것이다.

나는 그리스도인들의 삶이 밝음과 환함으로 가득한 것이 되어야 한다고 믿는다. 그리스도인들의 삶에 기쁨과 활력이 없다면 그것은 사탄에서 틈을 줄 수 있다. 우리는 행복한 그리스도인이 되어야 한다.

지나치게 경건해서 유머를 던져도 도무지 알아먹지 못하는 그리스도인들도 많이 있다. 그것은 유감스러운 일이다. 은혜를 받으면 항상 울기만 하는 이들도 있는데 많이 들 울었으면 이제는 웃는 것도 필요하다. 그것은 우리의 삶을 활기차게 한다.

나는 모든 그리스도인들이 우리의 삶 속에 숨겨져 있는 가벼운 일을 통해서 행복과 즐거움을 발견하게 되기를 기대한다. 그것은 복음 사역에도 많은 도움이 될 수 있을 것이다.

홈페이지에 오래 전에 썼었던 일기 하나를 가져와 보기로 한다. 삶에서 경험할 수 있는 작은 행복에 대한 짧은 글로 〈유머와 행복〉이라는 코너에 썼었던 글이다.

세상에서 가장 아름다운 것들

세상에서 가장 아름다운 것들은 무엇일까? 나는 그것이 무엇인지 알고 있다.

1.
어제.. 예원이가 한복을 입었다. 조금 있으면 학교에서 운동회가 있는데 6학년은 한복을 입고 '강강수월래'를 한다고 한다.

그래서 아내가 아는 분에게서 새색시가 입는 연한 초록색깔이 나는 한복을 빌려왔다. 예원이가 입기에는 조금 크지만 그래도 이쁘다.

예원이는 내 앞에서 강강수월래를 보여준다고 마구 춤을 추었다. 그리고 나중에는 이상한 춤도 추고 예쁘게 세배를 하는 연습도 한다. 나는 웃으면서.. 반쯤 넋이 나가서 그것을 구경하고 있다.

나는 확실히 느꼈다.

하나님이 지으신 가장 놀랍고 아름다운 피조물이 무엇인가?

그것은 한 글자다.

그것은 〈딸〉이다.

2.
며칠 전에 잠시 바깥에 나갔다가 집에 돌아오는 데 예원이가 다니는 초등학교를 지나가게 되었다. 그런데 초등학교 운동장에서 요란하게 '강강수월래..' 하고 마이크에서 노래가 나온다.

나는 걸음을 멈춘다.

가만.. 이거 우리 딸이 연습하는 거잖아..

운동장을 들여다보니 6학년 아이들이 운동장에 가득하게 뛰어다니며 율동을 하고 있다.

나는 예원이를 찾으러 운동장 안으로 들어간다.

요놈이.. 어디에서 춤을 추고 있을 텐데.. 어디 있지..?
하지만 모두가 다 그놈이 그놈 같아서 찾을 수가 없다.
나는 아예 운동장 중앙으로 들어간다.
교문 근처에서 어정거리며 구경을 하는 아줌마들은 많지만 나처럼 운동장 중앙에까지 들어와 기웃거리는 사람은 없다. 하지만.. 딸을 찾으려면 창피한 것이 문제가 아니잖아.. 대를 위해서는 소를 희생해야지..
하지만 도무지 찾을 수가 없다. 비슷해 보이는 몇 놈을 발견했지만 아닌 것 같다. 결국 슬픈 마음으로 찾기를 포기하고, 집으로 왔다.
저녁에 예원이가 왔을 때 그 이야기를 했는데.. 세상에 알고 보니 내 바로 앞에 있었던 거다.. 예원이는 억울해서 깽깽.. 왜 못 찾았냐고.. 자기를 부르지.. 하면서 낑낑.. 나는 예원이를 달랜다.
"예원아.."
"왜요?"
"너무 슬퍼하지 마.. 하여튼 우리는 지금 만났잖아.."
〈만남〉도 참 아름답고 즐거운 단어이다.

3.
아내와 예원이와 같이 며칠 전에 가까운 놀이터에 갔다. 정자에 할머니가 앉아있고 그 옆에 아주 조그만 아가가 있다.
성별? 음.. 남자인지 여자인지 헷갈린다.
아마 5-6개월 된듯.. 혼자서 앉기는 하는데 일어나지는 못한다.

아내와 이야기하다가 조심스럽게 할머니에게 다가간다.
그리고 말한다.
"할머니.. 아기 좀 빌려 주세요.."
그리고는 난짝 들고 온다.
아주 예쁜 아기.. 안아주어도 울지도 웃지도.. 아무 반응도 없다. 그저 뚫어지게 나를 쳐다본다. 안아주다가 뽀뽀하다가 아내에게도 주고 예원이에게도 안기게 한다.
한참 데리고 있다가 할머니에게 다시 갖다준다. (음.. 물건인가?)
그리고 말한다.
"아가가 아주 순하네요.. 낯도 안 가리고.."
할머니는 말한다.
"낯을 안 가리기는 요.. 버스를 타고 처음 본 사람을 보기만 하면 울어요.. 아저씨는 마음에 드는 모양이네요.."
우와.. 신난다.. 아가의 마음에 들다니..
나는 기분이 좋아서 다시 한번 더 뽀뽀를 해준다.
세상에서 정말 아름다운 단어.. 그것은 〈아가〉이다.

4.
아내와 같이 며칠 전에 연신내에 있는 서점에 갔다.
어지러워서 금방 나오려는 데 뭔가를 발견..
무엇일까? 2-3살 정도로 보이는 예쁜 여자아이..
메롱메롱하면서 엄마 옆에서 놀고 있다.
내가 어떻게 했을까?

당연히 가까이 다가갔다.

아내는 나에게 말한다.

"여보.. 나 없을 때는 아가들에게 가까이 가지마.. 유괴범인줄 알아.."

내가 아기에게 다가가면 아내는 말한다.

노란 아이, 파란 아이.. 찢어진 아이..

온갖 잡 아이를 좋아한다고..

나는 아가에게 말을 건다.

"몇 살이에요?"

아가는 손가락을 힘껏 내밀어서 두개를 접고 세 개를 내민다.

세 살을 먹었다는 뜻이다.

"우와.. 아주 많이 먹었네요.. 근데 엄마는 어디 있어요?"

아기는 바로 옆을 가리킨다. 엄마는 보면서 웃는다.

나는 다시 묻는다.

"아빠는 어디 갔어요?"

아가는 여기서 뭐라고 막 소리를 지르면서 이야기를 하는데 그 말을 알아들을 재간이 없다.

나는 다시 말한다.

"아저씨하고.. 뽀뽀.."

아가는 즉시로 내 얼굴에 쪽! 하고 뽀뽀를 한다.

옆에서 엄마가 막 웃는다.

세상에.. 쟤 좀 봐.. 하는 표정이다.

나는 아가와 빠이빠이를 한다.

아가는 열심히 손을 흔든다.
밖에 나와서 나는 아내에게 묻는다.
"여보.."
"응. 왜?"
"내가 아기들에 대해서 좀 병적인 것 같아?"
아내는 고개를 흔든다.
"아니.. 광적이야.."
으윽.. 꽈당..
하지만 그래도 아기는 너무 사랑스러운 존재이다.

5.
며칠 전 몸은 아프고 잠은 안 오고..
조금 우울해져서 밤중에 집을 나왔다.
내가 어디로 갔을까?
당연히 놀이터로 갔다.
나에게 놀이터가 교회고 기도원이다.
늦은 밤.. 혼자 조용히 한참을 있었다.
밤이니 당연히 아무도 없다.
날은 추운데 그냥 이 생각 저 생각에 잠겨서 앉아있다.
그런데..
갑자기 그 밤 시간에 웬 아이와 아빠가 등장한다.
우와.. 반가워라..
캄캄한 밤에 누군가를 발견한다는 것은 반가운 일이다.

게다가 사랑스러운 아가라니..
이게 웬 은혜람?
아가는 아빠의 손을 잡고 걷는다.
걷는 모습이 아주 불안하다. 돌은 조금 지난 것 같은 아기다.
아가는 아주 느리게 걷는다. 한발을 딛고 뭐라고 한참을 떠든다.
아빠는 응응응 하고 대꾸하면서 같이 간다.
놀이터의 그 짧은 거리를 그들은 한참을 간다.
아빠가 아가를 안아 들고 갔으면 아까 다 갔겠지만 아빠는 아기가 걷는 대로 천천히 손을 잡고 따라가 준다.
아기는 걸으면서 무지하게 말이 많다.
몹시 시끄럽게 떠든다.
물론 말이 되지 않는 말이다.
들리는 대로 기록하자면 아..바.. 부.. 자.. 이야! 무와... 뭐 이런 이야기를 하면서 간다.
그러면 아빠는 으응. 아우.. 와.. 봐.. 하면서 같이 간다.
그들이 집으로 간 후 나도 자리에서 일어났다.
이상하게 참 기분이 좋아졌다.
내가 보기에는 아기는 천사와도 같다.
나는 생각했다.
세상에서 아기처럼 아름답고 사랑스러운 것이 또 있을까.. 하고.
집에 도착했는데 집 문 앞에서 서성거리고 있는 아내를 발견했다.
내가 없어지자 걱정이 되었는지 나와서 기다리고 있다.

그녀는 묻는다.
"어디 갔었어요? 몸 좀 괜찮아요?"
나의 그녀에게서 따뜻한 사랑과 염려하는 마음을 느낀다.
나의 몸도 마음도 곧 따뜻해진다.
그녀는 나의 팔을 부드럽게 잡고 집으로 들어간다.
아, 참 내가 이 이야기를 안 했는가?
당신에게 이야기하고 싶은 것이 있다.
세상에서 가장 아름다운 것.. 아가보다 더 아름다운 것..
가장 아름다운 피조물..
그것은 〈아내〉라는 이름이다.
아내란 세상 그 무엇보다 더 아름답다.

27. 늙어 가는 것을 즐거워하라

　우리보다 앞서서 살아간 인생의 선배들은 우리에게 많은 충고나 조언을 준다. 유익한 정보를 주기도 한다.
　우리들은 그러한 충고나 정보들을 무시할 수 없다. 그들이 먼저 삶을 향하여 걸어갔기 때문이며 우리가 경험하지 않은 것을 알고 있기 때문이다. 하지만 어떤 조언이나 정보에 대해서는 과연 그럴까? 하는 것들이 적지 않은 것이 사실이다.
　그런 경우에 어떡해야 할까? 그것을 무시할 수는 없지만 자신이 삶으로 직접 경험하기 전까지는 조심스럽게 하나의 참고로 기억을 해두는 것이 좋을 것이다.
　하지만 막상 자신의 삶과 경험을 통해서 그러한 이야기들이 사실이 아닌 것으로 드러난다면 우리는 그러한 단언이나 충고나 조언을 폐기처분해도 좋을 것이다. 우리의 삶에서 말이다. 그래서 우리는 그런 조언에서 비로소 벗어날 수 있게 된다. 그것은 얼마나 즐거운 일인지!
　내 경우도 적지 않은 인생 선배들의 그러한 조언이나 단언들을 많이 가지고 있었다. 실로 그 진위가 의심되는 조언 말이다. 그런데 막상 삶을 통해서 그 조언이나 정보가 사실이 아니라는 것을 입증하게 되었을 때 나는 아주 기뻤다.

이런 이야기를 하면 내가 들었던 정보나 조언이 무슨 대단한 이야기인줄로 생각할 텐데 나의 이야기는 그런 거창한 것이 아니다.

예를 들어서 설명을 해보자. 결혼하기 전에 나는 먼저 결혼한 이들로부터 결혼식을 할 때는 정신이 하나도 없다는 이야기를 들었었다. 결혼 전날에는 도무지 잠이 오지 않으며 너무 긴장되어서 입맛도 없어서 제대로 식사도 하지 못한다고 했다. 그리고 결혼식에 누가 왔는지 갔는지도 잘 모르게 된다는 것이다. 그것은 나중에 정신이 들고 난 후에 결혼식 사진을 보면서 비로소 누가 왔는지 알 수 있다고 하였다.

나는 그 말을 믿었다. 그리고 아내도 그 말을 믿었다. 하지만 나에게는 그 말이 사실이 아닌 것 같았다. 결혼식 전날 밤에 잠이 잘 오지 않는다는 것은 사실이 아니었다. 나는 그 날 친한 친구와 함께 늦게 까지 탁구를 쳤다. 그래서 밤늦게 집에 들어오는 바람에 너무 피곤해서 집에 오자마자 곯아떨어지고 말았다.

결혼식에 늦는 일은 거의 없다는 이야기를 나는 들었다. 나는 아내로부터 그녀의 친한 친구가 있는데 항상 모임에 정확하게 한 시간씩 늦게 오기 때문에 그녀에게만은 항상 약속 시간을 한 시간 늦게 이야기해주어야 하는 친구가 있다고 했다. 그러나 그녀도 결혼식 만큼은 한 시간 전부터 와서 기다렸다는 것이다. 그러니 결혼식에 지각하는 사람은 없다는 것이었다.

하지만 이것도 나에게는 맞지 않았다. 나는 늦잠을 자는 바람에 깨고 보니 집에는 나 혼자 밖에 없었다. 모두들 나의 결혼식에 가 버렸던 것이다.

결혼식 아침에는 입맛이 없다고 한다. 하지만 나는 그렇지 않았다. 나는 깨자마자 배가 몹시 고팠다. 그래서 여기저기를 뒤져서 밥을 꺼내서 먹었다. 그러고 보니 시간이 조금 늦었다.

결혼식을 시작하는 시간에 도착하지 못한 것은 아니지만 신랑은 미리 와서 뭔가 해야 하는 것이 있는 모양이다. 그래서 사람들이 나를 열심히 찾았나 보다.

결혼식을 하면서 나는 미리 들었던 정보가 또 다시 옳지 않다는 것을 깨달았다. 결혼식에 누가 왔는지 언제 왔는지가 선명하게 보였던 것이다. 나는 결혼식에는 정신이 없어진다고들 말했기 때문에 언젠가는 내 정신이 없어질 줄 알았다. 하지만 나의 정신은 계속 나에게 붙어 있는 것이었다. 그 놈의 정신은 도무지 떨어질 줄을 몰랐다.

나는 결혼식을 하면서 몹시 즐거웠다. 그래서 나는 장난을 치기로 했다. 어른들이 많이 오셨는데 나는 신랑이니까 많은 분들과 악수를 하면서 인사를 드려야 했다.

그런데 나는 내가 고개 숙여 인사할 때 사람들은 인사는 받지만 나의 입술 모양에는 별로 주의를 하지 않는다는 것을 알았다. 그래서 내가 무슨 말을 하는지 잘 모르는 것 같았다. 장소가 소란했기 때문에 잘 들리지도 않았을 것이다.

그래서 나는 어른들에게 손으로 악수를 하고 고개를 숙이면서 입으로는 "메롱 메롱아.." 혹은 "귀엽게 생겼구나.." "에고. 머리가 벗겨졌구나.." 하고 인사를 했다. 그들은 내가 "와주서서 감사합니다." 하고 인사를 하는 것으로 생각했을 것이다.

아무튼 나는 아무에게도 들키지 않고 장난을 칠 수 있었기 때문에 참으로 즐겁고 행복했다. 이 이야기를 하는 것은 내가 결혼식을 할 때 정신을 잃어버리지 않고 있었다는 것을 설명하기 위한 것이다. 결혼식 때 정신을 잃어버리는 것이 보통이라는 말은 사실이 아니었다.

아니, 조금은 사실일지도 모르겠다. 나와 아내는 멀쩡한 정신을 가지고 있었는데 주례를 하시는 목사님은 많이 긴장하신 모양이다. 목소리도 떨고 말씀의 내용도 왔다 갔다 했으며 순서를 빼먹거나 틀리기도 하셨다. 찬송가 가사까지 틀리셨다. 그러니 결혼식에는 아마 누군가는 정신이 조금씩 오락가락하는 것이 보통인지도 모른다.

결혼식을 대강 마치고 우리는 식당에 가서 밥을 먹었다. 나는 결혼식에 많이 다녀봤지만 이상하게도 신랑 신부가 밥을 먹는 것을 본 적이 없었다. 실제로 굶는 경우도 많이 있다고 한다. 하지만 우리는 그렇게 슬픈 결혼식은 싫었다. 그래서 우리는 식당에 주저앉아서 열심히 가장 늦게 까지 앉아서 밥을 먹었다. 이렇게 맛있는 밥과 반찬이 있는데 그것을 먹지 않는다는 것은 정말 말이 안 되는 것이다. 그래서 사람들과 같이 장난치고 떠들면서 사진을 찍기도 하면서 우리는 열심히 밥을 먹었다.

결혼식을 마친 후에 나는 사람들이 이야기하는 결혼식과 내가 경험하는 결혼식이 왜 그렇게 다른가에 대해서 생각해보았다. 그리고 이런 결론을 얻었다.

그것은 가치관의 차이이다. 나에게 결혼식이 되면 정신이 하나도 없어진다고 말해주었던 사람들은 아마 결혼식을 올리지 못하고 죽은 조상을 가지고 있는지도 모른다. 하여튼 그들에게 있어서 결혼식은 그들의 삶에 있어서 가장 중요하고 대단한 행사에 속한 것이었다.

하지만 내게는 그렇지 않았다. 나에게도 결혼은 중요한 일이었고 축복스러운 것이었지만 그것은 날마다의 일상과 그리 다른 것이 아니었다.

삶에서 가장 중요한 것은 무엇인가. 그것은 주님을 추구하는 것이다. 주님을 아는 것이다. 주님의 손을 잡고 날마다 걸어가는 것이다.

그러므로 내게는 결혼식 날이란 주님과 같이 걸어가는 수 없이 많은 날 중의 하나에 불과했다. 그리 대단한 날이 아닌 것이다. 주와 함께 가는 길이라면 그것은 모두가 다 위대하고 놀라운 일인 것이다. 결혼식장에 가든 감옥에 가든 그것은 똑같이 아름답고 귀한 일이다.

나는 그래서 한 가지를 배우게 되었다. 선배들의 말이 다 맞는 것이 아니라는 것을 말이다. 그것은 그들에게는 진리였지만 다른 사람들에게는 그렇지 않을 수도 있었다.

아기를 낳을 때의 일을 이야기해보자. 우리는 여자가 아이를 낳을 때가 되면 고통이 극심해지며 그래서 남편이 마구 미워진다는 이야기를 들었다. 진통을 하면서 남편에게 온갖 욕을 퍼붓기도 한다는 이야기를 들었다. 평소에 욕을 모르던 아주 온순한 여자도 남편의 욕을 한다는 것이다. 자기가 그렇게 끔찍한 고통을 받게 된 원인 제공을 한 것이 남편이니까 말이다.

그것은 슬프고 무서운 이야기였다. 아내는 나에게는 말할 것도 없고 한 번도 욕을 한 적이 없었다. 하지만 그렇다니까 그럴 줄 알았다. 나는 아내에게 미움을 받고 욕을 먹을 각오를 하고 있었다.

아기를 낳을 때가 가까워졌다. 우리는 아내의 변화를 기다렸다. 남편이 미워지면 병원에 가려고.. 그러나 아내는 아무리 기다려도 내가 미워지지 않았다고 한다. 그래서 나는 기다렸다. 그녀가 나를 미워할 때까지.. 그러나 그녀는 나를 미워하지 않았다.

할 수 없이 우리는 병원에 갔다. 간호사는 아기가 나올 때가 다 되었는데 좀 늦었다고 핀잔을 주었다. 그녀에게 아내가 나를 미워하지 않는 바람에 늦었다고 말할 수는 없었다.

아내는 분만실에 들어가고 나는 밖에서 초조하게 기다리고 있었다. 나는 아내가 내 욕을 할 것을 기다렸다. 아내가 남편의 머리털을 다 뽑아버리는 경우도 있다고 들었기에 나는 마음의 준비를 단단히 하고 있었다.

그런데 그러고 있는데 간호사가 나를 불렀다. 아기가 나왔다는 것이다. 새 생명의 탄생에 가슴이 찡하며 눈물이 나왔다. 그런데 그 순간 떠오르는 생각이 있었다. 왜 아내는 내 욕을 하지 않는 걸까? 왜 내 머리털을 안 뽑는 거지? 아기 낳은 것 맞나? 하지만 아기를 보니 아기는 정말 사랑스럽고 놀랍고 아름다운 아기였다. 남편의 머리털을 뽑지 않고 욕하지 않아도 이렇게 예쁜 아기를 낳을 수 있는 것이었다. 아기를 낳고 나서 우리는 선배들이 말이 틀릴 수 있다는 것을 알았다. 그것 역시 사람의 가치관에 따라 다른 문제였다.

아내는 아기를 낳을 때뿐만 아니라 나로 인하여 많은 괴로움을 겪었음에도 불구하고 나를 미워하지 않았다. 농담으로도 나를 비난하지 않았다. 같이 결혼해서 살면서 그녀의 사랑에 보답한 것은 거의 없고 고생만 시켰음에도 불구하고 그녀는 한 번도 나에게 원망을 늘어놓는 적이 없었다.

나는 많은 아내들이 친구들이나 동네 아줌마들과 같이 모여서 남편의 험담을 한다는 것을 알고 있다. 또는 자녀들에게 남편의 잘못된 점을 이야기하는 경우도 있다고 한다.

하지만 아내는 한 번도 그렇게 한 적이 없었다. 아내는 그런 것이 너무나 싫다고 한다. 남편에 대한 비난은 자기 스스로를 욕하는 것 같아서 전혀 하고 싶지 않다고 한다. 나는 그래서 아기를 낳을 때에 남편에게 욕을 하거나 남편을 미워하게 된다는 것은 사실이 아닌 것을 알게 되었다. 그것은 각 사람의 가치관에 달려있는 것이다.

인생의 선배들에게 어떤 정보에 대해서 듣고 배우고, 그리고 실제로 삶을 경험해보면 그것이 사실이 아닌 것에 대해서 이야기하자면 그것은 한두 가지가 아니니라. 한두 가지만 더 이야기해보자. 선배들의 말이 틀렸다는 것을 발견하는 것은 그들의 조언이나 충고로부터 자유로울 수 있는 것을 의미하기 때문에 그것은 내게 큰 기쁨을 주었기 때문이다.

흔히 개척교회나 농어촌 교회하면 사람들이 하는 이야기가 '고생한다', '힘들다', '너무 어렵다', 하는 것이다. 작은 교회를 경험한 선배들은 항상 그런 이야기를 한다. 그런데 그 말은 언제나 맞는가?

이번에는 내 친구 이야기를 해보자. 이 친구는 서해안 말단에 있는 조그마한 섬에서 전도사로 7년 동안 사역을 했다.

개척교회나 농어촌의 작은 교회를 사역하는 이들은 눌림이나 무기력, 침체와 같은 분위기를 많이 가지고 있다. 사람들은 그러한 이들에게 항상 '얼마나 고생이 많으시겠어요' 하고 말한다.

이 친구가 나에게 말했다. 그런 곳에서도 눌리고 침체된 삶이 아닌 즐겁고 재미있게 사역하면서 사는 삶을 보여주겠다고..

여건은 그리 좋은 편이 아니었다. 섬의 전체 가구 수는 16가구에 불과했다. 전기도 들어오지 않았다. 육지로 가는 배는 하루에 한 번씩 오지만 바람이 세게 불어서 파도가 높으면 오지 않았다.

헌금은 그가 천 원 정도 하면 다 합쳐서 2천 원쯤이 되었다. 한 달 헌금은 만원 정도였는데 10여 년 전이기는 하지만 지금의 화폐가치로도 10만원은 넘지 않을 것이다.

여기저기서 지원해주는 돈으로 간신히 삶을 꾸려가고 있었는데 섬 주민들은 전도사를 봉으로 여겨서 툭하면 교회에 돈을 빌리러 왔다. 알콜 중독에 빠져서 날마다 소주 값을 빌리러 오는 사람도 있었다. 물론 말이 빌리는 것이지 갚는 일은 없다.

학교라고 말하기도 어려운 섬 안의 조그마한 분교에 다니는 아이들이 있었는데 아이들은 거칠고 예의가 없어서 아무 때나 노크도 없이 방으로 들어왔다.

상황은 대충 그랬다. 별로 좋은 형편이 아닌 것이다. 이 친구가 어떤 기독교 월간지에 글을 썼다. 글을 쓴 이유는 작은 교회를 보통 우중충하고 초췌한 분위기로 생각하는데 그런 곳도 즐겁고 풍성하게 사역할 수 있다는 것을 보여주고 싶어서였다.

이 친구는 분위기와 낭만을 아주 좋아한다. 그가 섬에 가서 가장 먼저 한 일은 그의 작은 방에 들어갈 수 있는 작은 책상을 육지에서 사서 갖다놓은 것이었다. 거기에 앉아서 무엇을 하느냐고? 설교 준비? 아니다.

그는 차 종류만 10여 종류를 가져다 놓았다. 방문을 열면 바다가 보인다. 그는 장작을 패서 부뚜막에 집어넣고 그 불 위에서 고구마를 구워먹으며 그 책상에 앉아서 바닷가를 보면서 차를 마셨다. 커피, 홍차, 율무차, 결명자차 등 모든 차가 있었다. 반찬이 없어 일주일 동안 간장에만 밥을 비벼먹은 적도 있었다. 그는 그것을 낭만으로 생각했다.

김치라는 것은 생각하기 힘든 사치였다. 나도 그와 같이 일주일을 보낸 적이 있었는데 간장으로만 밥을 먹다가 어느 날 찬장에서 오래된 말라비틀어진 마늘을 발견하게 되었다. 그래서 그 날 점심은 간장에다가 마늘을 빻아서 밥에다 비벼먹었다. 세상에! 그렇게 맛있는 점심은 지금껏 먹어본 적이 없다. 그에게 그것은 낭만이었다. 밥에다 간장과 생마늘만 있으면 누구나 천국의 식탁을 경험할 수 있다.

나중에 전기가 들어오자 그는 가장 먼저 카세트라디오를 들여놓았다. 그래서 책상에 앉아 클래식을 들으며 바다를 보면서 커피를 마셨다. 어떤가? 멋이 있지 않은가?

모든 이들이 작고 가난한 교회를 비참하게 생각하는 것은 아니다. 그것은 사람의 가치관에 달려있는 것이다. 행복한 사람은 어디에서나 행복하며 그것은 자신에게 달려있는 것이다.

선배들의 말이 맞지 않았던 다른 이야기를 좀 더 해보자. 나는 버릇이 없고 예의가 없고 고집과 떼깡을 부리는 아이들을 참 많이 보았다. 전도사 시절 성도들의 집에 가보면 아이들이 통제가 안 되기 때문에 대화 자체가 안 될 때가 많았다.

도무지 아이들에게 부모의 이야기가 먹혀 들어가지 않았다. 부모는 그저 아이들에게는 밥이었다. 나는 왜 부모들이 아이들을 제대로 가르치는지 못하는지 이해가 가지 않았다. 나는 웨슬레의 어머니의 말을 기억했다. 그녀는 이렇게 말했다.

"나는 돌이 되면 아이들을 매로 다스립니다. 그래서 아이들에게 순종을 가르칩니다. 그렇게 가르치기 시작해서 3살이 되기 전에 그들의 의지를 굴복시킵니다. 그래서 주님께 양도합니다. 그렇게 하지 않으면 그들의 삶을 다스릴 수 없습니다."

나도 그렇게 하기로 결심했다. 돌이 되면 아이들이 선과 악을 이해할 수 있다. 그 전에 예를 들어서 7개월쯤 되었을 때 아이를 야단치거나 때린다면 아이는 그게 무엇인지 이해를 못한다. 그러나 돌이 되면 대체로 아이들은 부모의 의도를 이해한다.

세 살이 되었을 때 인격의 60% 정도가 형성된다고 한다. 흔히 세 살 버릇이 여든까지 간다는 말이 있지 않은가. 세 살 때 제멋대로 하는 아이들은 어른이 되어도 여전히 고집부리고 자기 맘대로 살 것이다. 나는 청년 시절 그렇게 하기로 분명하게 마음먹었다.

부모들은 아이가 고집을 부리고 성질을 내고 통제가 안 되고 어른들의 대화나 교제에 방해가 되는데도 그것을 어찌할 능력이 없었다. 현역군인으로 영관급 장교이던 어느 집사님의 집에서 그런 이야기를 하자 그 집사님은 껄껄 웃었다. 그리고 말했다.

"전도사님.. 그게 말처럼 쉽게 되는 줄 아십니까? 저도 군인이지만 그게 군대식으로 안 돼요. 한번 애를 키워 보세요."

나는 할 말이 없었다. 그 때 나는 신혼이었다. 그러니 마음속으로는 가능할 것 같은데 실제로 아이를 키워본 적이 없으니 그것을 입증할 수가 없는 것이었다.

나는 그래서 그 말을 마음속에 간직하기만 했다. 과연 아이들을 주의 말씀으로 양육하고 훈계해서 그들에게 순종을 가르치고 고집을 부려서는 안 된다고 가르치는 것이 불가능한 일인지 내가 직접 겪어보기로 했다.

아이가 돌이 되었을 때 나는 아이에게 순종을 가르치기 시작했다. 그리고 경험해본 결과 그것은 불가능한 일이 아니었다. 즉 아이들은 부모의 결심만 분명하다면 얼마든지 주안에서 순종하고 부모의 권위 아래서 사는 것을 가르칠 수 있는 것이다.

우리 아이들은 부모에게 순종한다. 그리고 그것을 즐거워한다. 나와 아내는 아이들에게 순종을 가르치지만 그들의 인격을 존중하며 강요하거나 억압하지 않는다. 하지만 그들은 할 수 있는 한 부모의 뜻을 따르려고 한다.

지금 아이들은 한 놈은 고등학생이고 한 놈은 중학생이다. 이들은 자신이 부모가 되었을 때도 꼭 아이들에게 순종을 가르치겠다고 말하고 생각한다. 그들은 순종이 얼마나 좋은 것인지 잘 안다.

아이들은 어릴 때 반드시 부모에게 순종하는 것을 배워야 한다.

그것은 생명만큼 중요한 일이다. 아이들의 지식은 온전하지 않다. 무엇이 필요하고 무엇을 피해야 하는지 아이들은 모른다. 그러니 어느 정도 자랄 때까지 모든 선택을 부모가 대신 해주어야 하며 아이들은 그것을 의지해야 한다.

아이가 자라가고 지혜와 인격이 발전해갈수록 부모는 자녀들에게 스스로 바른 판단을 내릴 수 있도록 자유의지와 선택권을 조금씩 부여하고 넓혀가야 할 것이다. 나중에 성인이 되었을 때는 모든 것을 스스로 결정하며 부모는 결정권을 내어주고 그들이 원할 때에만 그저 조언을 하는 정도로 역할을 바꾸어야 할 것이다. 그러나 그것은 나중 문제다. 어릴 때는 부모가 그들을 다스리고 인도해야 한다.

하지만 아주 어릴 때부터 아이들은 고집을 부린다. 돌 정도 된 아이가 밥상에 올라가 손에 잡히는 대로 음식을 만지고 던진다. 부모는 그것을 말리지만 아이에게 씨도 먹히지 않는다.

할 수 없이 부모들은 아이를 내버려둔다. 아이는 원래 그런 것이라고 생각하며 포기하고 만다. 그것이 무엇인가? 바로 아이를 망치고 있는 것이다.

어릴 때에 그런 식으로 고집을 부리는 아이는 장래가 없다. 그것을 가만히 내버려두는 것은 부모가 아이의 기를 살려주는 것이 아니라 불순종의 자식으로 만드는 것이다.

그것은 아이의 영혼을 사탄에게 내어주는 것과 같다. 중고등 학교 시절에도 함부로 부모에게 반항하고 자기 생각과 고집대로 하는 아이들이 있는데 그것은 돌에서 세 살 정도에 이르는 중요한 시기에 제대로 된 교육을 시키지 않아서 이미 불순종과 고집의 영들이 그들의 인격 속에 들어왔고 그렇게 그의 인격이 형성되었기 때문이다.

아이를 두 명 키우고 나서 나는 선배들의 말이 옳지 않다는 것을 알게 되었다. 아이들을 주님 앞에 굴복시키는 것이 어려운가? 불가능한가? 그렇지 않다.

그것은 부모의 가치관에 달려있는 것이었다. 고집과 불순종이란 암을 앓는 것보다 더 무서운 것이라는, 그러한 인식이 부모에게 있다면 그들은 그것을 바로 잡을 수 있을 것이다. 하지만 부모들은 자식들이 공부를 못하거나 중병에 걸려있으면 괴로워해도 불순종하고 제 멋대로 하는 것은 내버려둔다. 그것은 그들의 가치관이 다르기 때문이다.

인생의 선배들이 불가능하다고 말하고 있는 것, 그러나 그것이 실제로 가능하다는 것을 삶에서 경험할 때 그것은 정말 즐겁고 유쾌한 일이다. 그것은 새로운 자유를 가져다준다.

이제 한 가지만 더 이야기해보기로 하자. 이 장의 주제인데 다른 데로 돌아오다 보니까 조금 늦었다.

흔히 인생의 선배들이 하는 말이 '늙으면 외롭다' 는 것이다. '늙으면 아이가 된다' 는 말도 있다. '늙으면 서럽다' , 좀 과격하게는 '늙으면 죽어야지' 하는 말도 들린다.

그 모든 말의 공통점은 늙는 것에 대한 부정적인 인식이다. 늙어가는 것은 좋지 않다는 것이다. 그래서 대부분의 사람들은 늙지 않으려고 몸부림을 친다. 노인이 되지 않기 위해서 온갖 노력을 한다.

과연 그것은 옳은가? 그러한 인식은 바른 것인가? 늙는 것은 서러운 것이며 어쩔 수 없이 늙어갈 수밖에 없지만 심정적으로는 피하고 싶은 서러운 일인가?

나는 반대의 마음을 가지고 있다. 하지만 역시 여기에 대해서도 다른 사람들이 나를 보고 웃으며 "목사님.. 한번 늙어보세요." 한다면 할 말이 없다.

나는 아직 노인이 아니기 때문이다. 내년이면 우리 나이로 오십이 된다. 오십이면 노인 소리를 들을 수 있을까? 그랬으면 좋겠다. 나에게는 노인이 되고 늙어 가는 것은 내 삶에서 내가 진정 추구하는 황홀한 기쁨이며 목표이기 때문에. 하지만 오십이 된다고 해서 노인 취급을 받지는 못할 것 같다. 평균 연령이 엄청나게 늘어나게 된 오늘의 현실에서 오십은 아직 팔팔한 젊은이일 테니까.

그러니 내가 늙는 것이 뭐가 나쁜가? 그것이 얼마나 좋은 일인가? 얼마나 행복한가? 나는 늙는 것을 얼마나 기다리고 사모하는지 모른다..

이렇게 이야기를 해도 선배들은 말할 것이다. '아마 늙으신 후에는 생각이 달라질 걸요?' 하고 말이다. 그러니 억울하지만 나로서는 시간이 흐르기를 기다릴 수밖에 없다. 자신이 경험하지 않은 것을 주장할 수는 없기 때문이다.

하지만 여태까지의 경험을 통해서 위의 사례들 외에도 나는 선배들의 말이 옳지 않다는 것을 많이 입증한 경험을 많이 가지고 있다. 그래서 이제는 어느 정도 확신을 가지고 그 날들을 기다리고 있는 것이다.

조금 더 예를 들자면 "젊었을 때는 누구나 한 때 은혜를 받으려고 사모한다. 하지만 세월이 흐르게 되면 그것은 다 한 때일 뿐이다. 나도 왕년에는 너처럼 뜨겁고 열정적이었다." 이런 이야기를 하는 사람이 많다.

나는 삶의 경험을 통해서 그 말이 옳지 않다는 것을 경험할 수 있었다. 그 말은 사실이 아니다. 나는 지금보다 젊었을 때도 주님을 사모하고 추구했지만 몇 십 년이 지난 지금에도 더욱 더 주님을 사모하고 추구한다. 그 열정은 전혀 식어가지 않으며 더욱 더 간절하고 충만하다. 나는 나이를 먹을수록 주를 알고 추구하는 것이 삶의 의미이며 목적이고 모든 것임을 점점 더 느끼고 있다.

주를 믿는 것이 십자가를 지는 고난이며 고통스러운 것이라는 이미지를 신앙의 선배들은 많이 풍겼다. 나이가 먹고 경험이 쌓일수록 내가 느끼는 것은 예수 믿는 것처럼 재미있고 신나는 일은 이 우주 안에서 없다는 것이다. 그것은 가치관과 사고의 차이이다. 환란 속에서도 어떤 이들은 슬퍼하고 어떤 이들은 재미있어 한다. 그것은 각 사람의 가치관 차이이다.

그런 경험을 많이 겪다보니 이제는 어느 정도 자신감이 생겼다. 그러한 말들이 다 틀렸다는 것이 아니라 어떤 말을 할 때 그 말이 그 사람에게는 진실이겠지만 다른 사람에게는 그렇지 않다는 것이다. 그것은 사람에 따라 다른 것이다.

그러므로 나는 대다수의 사람들이 노인의 삶을 외롭고 슬프고 늙고 싶지 않으며 비참한 것 같이 인식하고 주장한다고 하더라도, 그 사람들은 그렇게 느끼겠지만 나의 경우는 그렇지 않을 것이라는 확신을 이제는 가지고 있는 것이다. 남의 말을 이제 무시할 수 있다는 것은 정말로 즐거운 일이다.

세상에는 늙지 않으려는 엄청나고도 살벌한 정도의 몸부림이 있다. 특히 여성들의 젊게 보이려고 하는, 늙게 보이지 않으려고 하는 열망은 정말 처절하다.

이런 우스개 소리가 있다. 어떤 청년 둘이서 버스를 탔다. 그 버스 안에는 나이가 많은 운전 기사님 외에 여성 두 분이 타고 있었다. 그 두 분의 여성은 어느 정도 나이가 있는 분들이었는데 젊게 보이려고 피나는 노력을 하고 화장을 하신 분들이었다.

실제일 가능성은 거의 없는 일이지만 어차피 유머니까 더 이야기해보자. 그 두 여성은 이 청년들이 마음에 들었는지 미소를 지으며 가까이 왔다. 청년 하나가 운전 기사님에게 도움을 요청하며 "아저씨, 내려 주세요." 하고 말한 다는 것이 "아저씨! 살려주세요!" 하고 외쳤다. 그러자 기사님이 차를 세우며 이렇게 말했다고 한다. "학생! 도망쳐!"

그 청년은 내려서 도망쳤고 그 운전기사님을 생명의 은인으로 고마워한다는 이야기다.

물론 엄청난 과장이 포함된 이야기지만 유머란 게 원래 그런 것이다. 이 이야기는 젊고 예쁘게 보이고 싶어 하는 여성의 심리를 비아냥거리고 있는 것이다.

아름답고 싶어 하는 소망이 잘못된 것인가? 물론 그렇지 않다. 그것은 자연스러운 본능이다. 하지만 그러한 것도 지나치면 집착이 된다. 예를 들어서 나이가 많이 드신 분들이 미니스커트를 입고 다니거나 (사실 미니스커트는 젊은 여성들이 입어도 꼴불견이지만) 지나치게 진한 화장을 하거나 하는 모습은 추하게 보인다. 그것은 자연스럽지 않다.

늙어 가는 것은 자연의 법칙이다. 하나님께서 그렇게 만드신 것이다. 그것을 굳이 되돌리려고 할 필요가 없는 것이다. 스러져 가는 젊음을 멈추게 하려고, 늦추게 하려고 매달리는 것은 애처로와 보인다. 노인들이 비아그라.. 그런 이야기를 하는 모습을 보면 정말 애처롭다. 자연을 거스르는 것은 좋은 것이 아니다.

사람은 몸을 가지고 있으며 마음과 영혼을 가지고 있다. 처음에는 몸이 빨리 자라고 발전한다. 아기가 몸이 자라는 속도는 굉장하다. 계속 그런 식으로 자라면 인간은 코끼리만 해질 텐데 다행히도 그 속도는 일정 상황이 되면 멈춘다.

처음에는 몸이 빨리 발전하지만 그 다음에는 머리와 논리가 발전한다. 마음이 자라는 것이다. 젊은 시절에는 사람들이 아주 논리적이 되고 똑똑해진다. 그들은 분명한 논리로 모든 기성세대의 잘못과 부패를 사정없이 질타한다. 계속 그렇게 논리가 자라면 사람들은 다 천재가 될 것이다. 하지만 어느 정도의 수준에서 그 논리는 더 이상 잘 발전하지 않는다.

나이가 들고 노인에 가까워지면서 사람들은 몸도 쇠약하고 논리의 날카로움도 줄어들지만 영혼이 발전하게 된다. 정을 느끼게 되고 부드럽게 되는 것이다. 젊었을 때 한 성질 하던 사람도 노년에는 따뜻해진다. 힘으로 사람을 제압하려는 속성도 사라지고 논리로 사람을 제압하려는 속성도 줄어든다. 그리고 차츰 사람 자체를 사랑하게 된다. 이것이 인생의 황혼에 영혼이 눈을 뜨기 시작하는 시점인 것이다.

그렇게 사람은 먼저 몸이 발전하고 다음에 이성이 발전하며 마지막으로는 영혼이 발전하게 되어 사랑과 정과 따뜻함과 그리움을 알아가게 되는 것이다. 이기려고 하지 않고 제압하려고 하지 않고 사랑하려고 하게 되는 것이다.

그런데 노년에 가까워져서 아직도 육체의 매력을 중시하고 육체의 쾌락을 즐기고 육체의 의식 수준에 머물러 있다면 어쩌자는 것인가? 그것은 아직도 그들의 의식 수준이 초보에 머물러 있는 것을 보여주는 것이다.

왕년의 유명한 여배우가 60이 되었는데 길을 가다가 발이 미끄러져서 넘어졌다. 어떤 사진기자가 그 모습을 사진 찍고 신문에 올린 다음 제목을 그렇게 붙었다. '아직도 여전한 그녀의 각선미'

나이 육십에 각선미가 날씬하고 아름다운 것이 자랑인가? 과거에 배우였던 50대 여성의 사진을 올리고 '아직도 그녀는 섹시하다'는 식의 제목을 붙인 것을 본 적도 있다. 그것이 그렇게도 자랑스러운가? 그것은 어리석은 것이다.

늙어서 육체와 외모의 아름다움을 유지하고 풍기는 것이 그렇게 대단한가? 노년의 아름다움은 육체가 아니다. 노년의 힘은 육체가 아니다. 어떻게 노년이 힘으로써 외모로써 젊은이를 따라갈 수 있겠는가. 그 때는 겸손과 온유와 지혜와 내면의 깊고도 부드러운 영혼의 아름다움을 가지고 있어야 한다. 육체의 아름다움은 육체의 훈련으로 조절로 가능한 것이겠지만 영혼의 아름다움은 삶을 통해서 가능한 것이다. 노년의 외모는 그의, 그녀의 인생을 보여주는 것이기 때문이다.

사람들은 누구나 본능적으로 늙는 것을 싫어한다. 아픈 것을 싫어하며 불편한 것을 싫어하며 죽는 것을 싫어한다. 육체를 가진 자라면 다 그럴 것이다.

왜 그럴까? 그것은 지금의 현재, 지금의 감각에 머물러 있기 때문이다. 그것이 육체의 감각이다. 영혼의 감각이 깨어나지 않은 상태에서는 육체의 감각에 머물러 있을 수밖에 없다.

하지만 우리는 그러한 본능을 넘어선 경험을 하게 된다. 부분적으로 실패하고 아프고 넘어진다. 그것은 실패하고 망한 것이다. 넓게 보면 작은 죽음을 경험한 것이다.

그러나 웬 일일까? 이상하게도 그러한 실패와 죽음 이후에 오히려 부분적으로 자유롭게 되었다. 새로운 세계, 새로운 경험, 새로운 인식을 얻게 되었다.

오래 전의 사람들은 지구가 바다로 둘러싸여 있으며 먼 바다로 나가면 죽는 것으로 생각했다. 하지만 나중에 그들은 그것이 죽음이 아니며 그 바깥에는 새로운 세계가 있음을 알게 되었다.

우리는 죽을 수 있고 소멸될 수 있는가? 아니다. 그런 일은 없다. 하나님께서는 인간을 무한한 존재로 설계하셨다. 우리는 영원히 소멸되지 않는 영혼으로 창조되었다. 그러므로 죽음과 실패와 같은 것은 우리를 새로운 차원으로 인도하는 문과 같은 것이다.

시냇물은 흘러서 강으로 간다. 그래서 강물이 되어서 흐르며 바다로 가게 된다. 시냇물은 소멸되었는가? 강물은 없어졌는가? 아니다. 그들은 다른 영역, 다른 차원이 되었을 뿐이다. 더 깊고 더 풍성하고 더 아름다운 새로운 차원으로 옮겨갔을 뿐이다. 시냇물의 입장에서 보면 그것은 죽음이지만 그러나 그는 소멸된 것이 아니고 더 깊어진 것뿐이다.

그러므로 우리는 변화를 두려워할 필요가 없다. 늙음과 생노병사를 두려워할 필요가 없다. 그것은 우리를 좀 더 완성에 가깝게 인도해줄 뿐이다. 몸에서 마음으로 영혼으로 더 깊은 차원으로 영원과 신성을 향해서 좀 더 가까이 나아가는 것이 인생이며 주님께서는 우리를 그렇게 설계한 것이다. 그러므로 육의 차원에서 늙음은 슬픔이지만 영원의 차원에서 그것은 행복인 것이다.

육체보다 육체의 본능보다 육체의 강건함보다 육체의 아름다움보다 더 깊은 세계가 있다. 나는 그것을 믿는다. 그 영혼의 기쁨은 육체의 기쁨과 황홀함과 비교할 수 없는 것이다.

노인이 되면 힘이 부족하다. 그래서 행동이 많이 제한된다. 그래서 이제는 육체의 힘으로 살지 않고 영혼의 힘으로, 영으로 사는 것에 익숙해져야 한다.

사후에 인간은 육체가 없어서 영으로만 산다. 젊었을 때 사람은 영혼이 거의 발전하지 않아 몸으로 육체로 산다. 육으로 생각하고 육체의 가치관을 가지고 살아간다. 노인의 상태는 이 땅의 삶과 영계의 삶의 중간에 있다. 그래서 과도기적인 삶을 통하여 영혼으로 사는 법, 영계에서 사는 법을 배우고 훈련하게 되는 것이다. 만약 노인의 과정이 없다면, 사람이 젊어서 죽어 바로 영계에 가게 된다면 인간은 영계에 적응하는 데에 많은 어려움을 겪게 될 것이다.

그러므로 육체의 힘이 약해져서 영으로 살아가는 것을 배우는 것은 아름다운 일이다. 주님의 감동과 주님의 인도로만 살아가는 것은 행복한 일이다. 전에는 힘이 있었기 때문에 어디든지 마음대로 갈 수 있었지만 이제는 제한된 힘만을 가지고 있기 때문에 주님이 인도하시지 않는 곳은 갈 수 없다. 그래서 사소한 모든 것에 주님께 묻고 인도를 받아야 한다. 그것이 노인의 복이다.

노인이 되면 힘이 없어지기 때문에 젊은이들의 힘에 도움을 받아야 한다. 그 때 노인들은 젊은이들에게 힘의 도움을 받지만 지혜와 사랑과 황혼의 아름다움을 보여주며 그들에게 내면적이고 영적인 도움을 주게 된다.

젊은이들은 노인의 옆에 있을 때 그가 힘은 없지만 그의 영혼에서 놀라운 사랑과 지혜가 넘치는 것을 느끼게 된다. 그리고 내적 에너지가 충만하게 흘러나와 그들을 채우고 새롭게 해주는 것을 느끼게 된다. 그들은 자주 와서 이 노인들을 보기를 원할 것이다. 그들에게는 그러한 사랑의 에너지, 영혼의 에너지가 필요하기 때문이다.

그러나 만약 노인이 단순히 힘이 약할 뿐 그러한 영혼의 감각이 발달하지 않았다면? 그저 잔소리나 해대고 젊은이들의 마음을 이해하고 통찰하지 못하며 삶에 교훈이 되는 지혜와 통찰력을 제공하지 못한다면? 젊은이들이 노인의 옆에 있을 때 그저 부담과 피곤함만을 준다면? 그들은 노인에게 가까이 오려고 하지 않을 것이다.

노인이 되면 고독한가? 그것은 그들이 살아온, 심어온 인생의 족적에 달려 있는 것이다. 사랑을 심고 아름다움을 심은 이들은 말년이 외롭지 않을 것이다. 그러나 그렇지 않은 이들은 말년이 외로울 것이다. 그것은 각자의 삶, 가치관에 달려 있는 것이다. 그것은 그들의 평생의 삶에 달려있는 것이다.

언젠가 우리는 이 땅을 떠날 것이고 그 후에 주님의 심판대 앞에 서게 될 것이다. 그 심판의 결과 어떤 이들은 고독해질 것이고 절망하게 될 것이고 어떤 이들은 행복하며 즐겁게 될 것이다.

거기에 토를 달 수 있는가? 그럴 수 없다. 주님의 평가는 정확하고 공평할 것이다. 나는 노인의 상태는 이생과 저생의 중간 위치에 있는 것이라고 믿는다. 그러므로 그 시기는 최종 심판을 기다리고 준비하는 시기라고 할 수 있다.

마치 수능시험을 준비하는 학생들이 최종 시험을 남겨두고 모의고사를 보는 것과 비슷한 상황이 될 것이다. 그러므로 그 때의 고독과 고요함과 여유를 통해서 자신의 삶을 돌아보고 반성하고 시험 준비를 할 수 있는 기간인 것이다.

혹시라도 조금 치의 원망이나 억울함이나 그러한 부분을 가지고 있다면 그래서는 시험을 망치기가 딱 좋은 것이다. 오직 승화를 위해서 이때가 있다. 그러므로 이 시기를 잘 활용해야 한다.

노인이 되어서 외롭다면, 삶이 허무하다면 그에게는 반성이 필요하다. 행복하지 않고 슬프다면 그는 자신이 심은 것을 돌이켜 봐야 한다. 아직도 그가 영혼에서 나오는 기쁨에 대해서 알지 못하고 몸과 환경에서 오는 즐거움을 그리워하고 있다면 그는 아직 알지 못하고 있는 것이다.

그렇다면 약하고 외로운 것은 노인들만의 문제이고 책임인가?

그러므로 젊은이들이나 주위에 노인을 모시고 있는 이들은 그들을 그냥 내버려두어야 하는가?

오, 그러한 결론은 곤란하다. 우리는 노인들을 사랑하고 섬겨야 한다. 그러한 반성과 돌아봄은 노인들 자신의 문제이며 젊은이들의 입장과 사명은 다른 것이다. 우리는 각 자의 위치에서 자신을 돌아보아야 한다.

영혼이 깨어나지 않고 발전하지 않은 사람들은 늙어 가는 것을 싫어할 것이다. 그들은 영원한 세계에 대해서 준비되어 있지 않다. 기도는 많이 하지만 항상 그들이 구하는 것은 이 세상뿐이다. 그들이 구하는 것은 문제 해결이며 외모의 아름다움과 건강을 간직하고 물질의 부함을 누리며 자자손손이 잘 먹고 잘 사는 것을 보는 것이다. 그것은 동물들의 가치관과 별로 다름이 없는 것이다.

언젠가 '웨딩싱어' 라는 코믹 애정 영화를 본 적이 있다. 나는 재미있는 것을 좋아하기 때문에 무엇이든 항상 코믹한 분야를 좋아한다. 젊은 연인들의 사랑 만들기에 대한 이야기이다.

주인공인 여성은 어떤 남자와 결혼을 하기로 되어 있다. 그런데 그 남자는 놀기 좋아하고 이기적이며 여자에게 함부로 대하며 진실하지 않은 사람이다.

남자 주인공은 결혼식에서 노래를 부르고 사회를 맡으며 분위기도 잡아가는 직업을 가지고 있는 사람인데 가난하기는 하지만 마음이 따뜻한 사람이다. 그는 이 여인을 돕다가 그녀를 불쌍하게 느끼게 되고 급기야는 사랑에 빠진다.

우여곡절 끝에 그는 결국 이 여인과 결혼하게 된다. 두 남자 사이에서 갈등하다가 결국 포기하고 비행기를 타고 떠나는 이 여인에게 비행기 안에 까지 쫓아가서 프로포즈를 하게 되는 것이다.

그는 가수답게 기타를 치면서 감미로운 노래를 부르면서 청혼을 하게 되는데 여기서 인상적인 것은 노래가사에 담긴 청혼의 내용이다. 그 내용은 '당신과 함께 늙어가고 싶다.' 는 것이다.

얼마나 멋진가! 당신과 함께 늙어가고 싶다는 것.. 자세한 가사는 잘 기억이 안 난다. 대강 이러한 내용이다.

"아침에 눈을 뜨면..

나는 당신의 자고 있는 모습을 보고 싶어요.

당신과 함께..

맛있는 토스트를 먹고 싶어요..

나는 당신과 함께..

같이 늙어가고 싶어요.."

참 인상적인 구절이었다. 누구나 상대방에게 자신의 아름다운 모습을, 좋은 모습을 보여주고 싶어 한다. 하지만 항상 그렇게 긴장하고 자신을 만들어가야 한다면 그것은 피곤한 삶이다. 그러나 누군가 우리의 있는 그대로의 모습을 사랑스럽게 보아준다면, 미인도 미남도 아니지만 사랑스럽게 보아준다면, 주름살이 늘어가는 모습을 즐거이 따뜻한 미소로 보아준다면, 그것은 정말 아름다운 삶이 아닌가?

젊은 시절에는 젊은이들, 미남 미녀만이 사랑을 할 수 있다고 느낄 것이다. 하지만 나이가 들수록 사람들은 더 깊고 아름다운 사랑을 할 수 있다.

팔십이 넘은 할아버지가 먼저 하늘나라로 떠났다. 혼자 남은 할머니는 계속 흐느껴 울기만 하고 있었다. 젊은 목사가 가서 위로했다.

"할머니. 울지 마세요. 우리는 영원한 이별이 아니고. 천국에서 다시 만나고.."

한참 이야기하고 있는데 할머니가 말씀하셨다.

"다 좋은 말씀이세요. 근데.. 목사님은 젊으시군요.."

그리고는 계속 울었다.

물론 목사는 도와야 한다. 뭔가 위로를 해야 한다. 하지만 평생을 같이 살아온 친구의 헤어짐.. 그 사랑과 그리움에 대해서 젊은 사람이 무엇을 말할 수 있겠는가?

노인이 되면 아무 말 없이 그저 가만히 있는 것만으로도 곁에 있는 사람들에게 메시지가 되고 힘과 생명을 줄 수 있다. 그러나 젊었을 때는 많이 움직이고 많이 이야기를 해야 한다. 그래야만 뭔가 통할 수 있다고 생각하게 된다.

젊었을 때 몸으로 사랑할 때 사람들은 활기찬 기쁨을 누린다. 거기에는 흥겨움이 있고 생기가 있다. 그러나 나이가 들수록 사람들은 포근하고 풍성해진다. 많은 대화가 없이도 서로를 안다. 처음에는 몸으로 애정을 나누지만 차츰 영혼이 발전하면서 마음과 심령을 서로 느끼고 교환할 수 있고 조용히 마주 보는 것만으로도 많은 것들을 나눌 수 있다. 그것이 늙음이다.

늙음은 싫은 것인가? 아니다. 그것은 아름다운 것이다. 나는 늙음을 사모한다. 너무나 너무나 사모한다.

나는 이십대였을 때 삼십이 되기를 사모하고 기다렸다. 삼십대였을 때 사십이 되기만을 손꼽아 기다렸다. 이제 나는 49살, 오십이 되기를 기다린다. 가슴 설레며 기다린다.

하루 하루 날짜를 세면서 기다린다. 지금 꼭 288일이 남았다. 오십이 되는 것이 뭐가 그렇게 좋으냐고?

늙어 가는 것이 뭐가 그렇게 행복하냐고? 밤을 새워가면서 그 이유를 이야기하고 싶지만 몇 가지만 이야기 해보기로 하자.

나는 젊었을 때 분노를 참지 못했다. 화가 나면 견딜 수가 없었다. 사소한 일에도 나는 그것을 다스리기가 힘들었다. 하지만 나는 나이를 먹어가면서 그것이 그리 어렵지 않게 되었다. 그것은 내게 얼마나 행복한 일인지 모른다.

나는 평생 주님의 임재를 사모하고 추구했다. 하지만 금식하고 기도하고 온갖 난리를 쳤지만 주님은 내게서 너무나 멀리 계신 것으로 느껴졌다. 논리로 말하자면, 성경 가지고 씨름하자면 누구와도 지지 않을 자신이 있었다. 하지만 내 속은 항상 공허했다.

그러나 나이를 먹고 기도하고 또 기도하면서 나는 차츰 주님의 감각에 대해서 예민해지게 되었다. 늙어갈수록 육체가 후패해질수록 몸의 힘은 사라졌으나 주님을 쉽게, 가까이 느끼게 되었다. 그것은 얼마나 즐거운 일인지!

젊었을 때 나의 마음은 항상 요동치고 평안이 없었다. 급하고 쫓기고 불안했다. 하지만 나이가 들어갈수록 나는 평화에 대해서 알고 체험하게 되었다. 어떨 때는 말로 표현하기 힘든 황홀경과 심지어 우주적인 평화라고 까지 말할 수 있는 심오한 평화의 물결이 내게 넘치곤 했다. 그것들은 내가 젊었을 때 상상도 할 수 없었던 평화였고 기쁨이었다.

젊었을 때 내가 가장 할 수 없었던 것이 사랑이었다. 나는 사랑한다는 말을 할 수가 없었다. 미안하다는 말도 할 수 없었다. 차라리 죽는 것이 더 쉬웠을 것이다. 하지만 나이가 들어가면서 나는 사랑한다고 말 할 수 있게 되었다. 보고 싶다고 말을 할 수 있게 되었다. 나는 나 자신에 대해서 놀랐다. 나 같은 사람이 이렇게 될 수 있다는 사실이 놀라왔다. 그것도 젊었을 때는 상상할 수 없었던 일이었다.

젊었을 때 나는 항상 혼자였다. 나는 항상 외로웠다. 학교에서 집으로 올 때 항상 혼자서 왔다. 고개를 떨어뜨리고 땅을 보면서 집으로 왔다. 그러면서 누군가 나와 같이 이야기를 하면서 같이 걸어갈 사람이 있으면 얼마나 좋을까 하고 생각했다. 하지만 나는 성격이 좋지 않고 비사교적이었다. 외로움을 타면서도 나는 사람과 같이 있는 것이 불편했다.

많은 사람들이 있는 곳에 가면 모두가 나를 쳐다보는 것 같아서 견딜 수가 없었다. 모두가 내 손을 바라보는 것 같아서 손을 주머니에 집어넣기도 빼기도 불편했다. 손을 내 놓고 있으면 어색했고 집어넣고 있으면 건방지게 볼 것 같았다. 나는 자유롭지 않았다. 그래서 나는 혼자 있었다.

하지만 나이가 들면 들수록 나는 사람들과 같이 있는 것을 재미있게 느끼게 되었다. 나는 많은 이들과 같이 있으면서 장난을 치고 웃으면서 깔깔거린다. 그리고 아주 행복하다.

혼자 있어도 즐겁다. 지금도 글을 쓰느리 삶의 대부분을 혼자 보낸다. 하지만 그 시간은 더욱 더 즐겁고 행복하다. 혼자 있으면 주님의 임재가 선명하고 나는 더 따뜻하고 포근한 느낌이 든다.

젊었을 때는 상상도 할 수 없는 일이지만 사람을 그리워하고 사랑하는 것이 점점 더 쉬워진다. 잘못을 하고 있는 사람을 보아도 비난이 나오지 않는다. 사랑스럽게 보인다. 내가 젊었을 때는 그러한 사람들을 용서할 수 없었다.

늙음의 축복을 어찌 다 말로 할 수 있을 것인가.. 나는 젊은 시절 수많은 진리와 지식에 대한 의문에 시달렸다. 영성적으로 알려진 사람들을 쫓아다니면서 영성의 원리에 대하여 수 백 가지의 질문을 쏟아 부었다. 하지만 답을 해주는 사람은 없었고 나는 절망감과 답답한 마음으로 가득할 뿐이었다.

하지만 어느 순간부터 나는 하늘로부터 오는 빛을 느꼈다. 갑자기 모든 것이 선명해지기 시작했다. 하나의 질문을 던지면 얼마 지나지 않아 빛과 같은 속도로 해답이 쏟아지는 것을 느낄 수 있었다. 나는 그것을 받아 적기에도 시간이 벅찼다.

나는 여러 경험들을 하게 되었고 정리가 되기 시작했다. 진리에 대한 깨달음과 그 인식, 그것이 주는 기쁨은 말로 형용할 수가 없다. 그것은 나처럼 진리에 대해서 굶주리고 목마른 이에게는 정말로 은총에 속한 것이었다.

젊었을 때 나는 지금의 많은 젊은이들이 그렇게 하듯이 여러 황당한 꿈들을 많이 꾸고 있었다. 나는 그것을 위대한 비전이라고 생각했다. 나는 위대한 사람이 되고 싶었다.

하지만 나이를 먹으면서 나에게는 대부분의 꿈들이 사라져버렸다. 지금 생각해보면 그러한 많은 꿈들은 대부분 나의 인간적인 욕망에 지나지 않는 것이었다. 이제 그러한 것들로부터 해방된 것이 얼마나 나에게 기쁨과 해방을 주었던지!

지금 나의 꿈은 오직 주님을 아는 것이다. 순종하는 것이다. 내 영혼을 좀 더 발전시켜서 주님께 가까이 나아가는 것이다. 그 외에는 아무런 꿈이 없다.

많은 이들이 '오, 오직 주님, 당신 밖에 없습니다.' 라고 말한다. 늙음이란, 삶의 경험이란 우리의 그러한 고백이 좀 더 절실하고 간절하며 생명을 담는 것이 될 수 있도록 인도하는 것이다.

자, 이런 식으로 이야기하자면 끝이 없을 것이다. 아무튼 이 정도만 해도 내가 왜 그리 늙음을 사모하고 기다리고 있는지 알 수 있지 않겠는가? 젊었을 때 할 수 없었던 많은 것들을 할 수 있다는 것, 사랑할 수 있고 용서할 수 있고 기뻐할 수 있고 주께 가까이 갈 수 있다는 것.. 젊었을 때 알 수 없었던 많은 것들을 알 수 있게 되었다는 것.. 그것이 얼마나 놀랍고 행복한 일인가?

30이 되자 20대에 상상할 수 없었던 세계가 열렸다. 40이 되자 30대에 상상할 수 없었던 세계가 열렸다. 자, 이제 내년이면 50이 된다. 이제 또한 어떠한 세계가 열릴 것인가? 나는 그것을 기대하고 기대하고 또 기대하는 것이다.

그러니 이제 내가 늙어 가는 것을 정말로 간절하게 기다리는 이유를 알 수 있을 것이다. 나는 육체의 즐거움과 힘은 너무나 제한적인 것이지만 영혼의 감각이 깨어나고 열릴수록 인간은 무한한 존재가 되는 것임을 경험해하고 있다. 우리 안에 있는 신성의 불꽃이 놀랍게 타오르게 되는 것이다.

하지만 아직도 오십이 되지 않았기 때문에 아직은 노인이 아니기 때문에 인생 선배들의 노인이 되면 괴롭다, 외롭다, 슬프다.. 이런 이야기에 대해서 별로 반박할 수가 없는 것이다. 그래서 나는 기다린다. 충분히 늙을 때까지.. 그리고 그 때 가면 이야기할 것이다.

늙음처럼 아름다운 것은 없다. 늙어 가는 것만큼 황홀한 것은 없다. 늙음은 바로 천국의 입문 과정인 것이다.. 라고.

하지만, 아직 그렇게 단언할 수 있는 나이는 아니지만 그래도 나는 권면하고 싶다. 여러분들도 늙어 가는 것을 즐거워하라고. 늙어 가는 것을 슬퍼하지 말라고 말이다.

늙는 것이 슬픈 사람은 천국에 가면 더 슬퍼지게 될 것이다. 왜냐고? 늙으면 몸의 기능이 쇠해져서 몸의 기쁨은 사라지게 된다. 음식의 맛을 모르며 활동의 기쁨도 사라진다. 그래서 영으로 살아야 한다.

그런데 평생 동안 살면서 육으로만 살아 영혼이 발전하지 못하게 되면 영의 기쁨과 영의 감동에 대해서 누릴 수 없으니 슬프고 외롭게 되는 것이다. 영으로 살아야 하는데 영이 아직 어둡고 낮은 차원에 있으니 고통스러운 것이다. 그러니 그 어두운 영혼의 상태로 영원히 살아가게 된다면 그것은 영원히 슬픈 상태가 아니겠는가?

그러므로 늙음 자체를 싫어할 이유는 없는 것이다. 늙음은 축복이다. 늙음은 육을 약화시키며 서서히 영을 깨어나게 한다. 우리의 삶을 이 세상 중심에서 육 중심에서 서서히 영 중심, 천국 중심의 삶으로 바꾸어가게 되는 것이다.

그러므로 천국을 사모하는 이들은 늙음을 사모하는 것이 좋은 것이다. 천국의 영광을 사모하는 이들은 늙음의 연약함을 사모하는 것이 좋은 것이다.

젊은이들이여, 활기차고 즐겁게 살라. 아무 것도 하지 않고 그저 늙기만 기다리는 것은 어리석은 일이다.

하지만 늙음이 오는 것에 대해서 두려워하거나 슬퍼하지 말라. 아름답게 늙고 진리와 사랑과 지혜안에서 늙어가기를 기대하라.

늙음은 축복이다.

나는 그것을 믿는다.

경험할수록 당신은 그 기쁨을 알아갈 수 있을 것이다.

28. 모든 과정은 아름다운 것이다

　신앙관에 있어서 잘못된 사고를 가지고 있으면 많은 묶임과 눌림 속에 있게 된다. 예를 들어서 하나님을 무서운 분으로 여긴다든지, 인생은 피곤한 것이라고 생각한다든지, 자신을 악하고 더러운 존재로 여긴다든지 하는 사람은 풍성한 삶을 살 수 없다.
　그러므로 하나님을 어떻게 생각하느냐? 하는 하나님관, 인생을 어떻게 생각하느냐? 하는 인생관, 나 자신을 어떻게 생각하느냐? 하는 자아관이 어떠한가 하는 것은 풍성한 삶을 위해서 가장 기본적이고 중요한 것이다.
　나는 이 기본적인 사고가 잘못되어서 고생하는 이들을 많이 보았다. 인생은 고난과 고통으로 가득한 훈련뿐이라는 의식, 자신은 가치 없고 악한 존재라는 의식, 하나님은 두려운 분이며 조금만 잘못하면 가차 없이 때리고 패시는 분이라는 의식.. 그러한 의식 속에서 눌려서 비극적인 인생을 사는 분들을 많이 보았다.
　그러한 이들과 만나서 교제를 하게 되고 내가 운영하고 있는 홈페이지를 통해서 삶과 신앙관을 나누게 되면서 나는 새로운 변화와 자유를 경험한 이들을 많이 보게 되었다. 어떤 이들은 지난날의 무섭고 두렵고 눌린 삶에서 벗어나게 되어 한없는 눈물과 감사를 주님께 드리기도 했다.

그런데 거기까지는 좋다. 그것은 좋은 간증이다. 의식의 변화를 통해서 자유함을 얻는 다는 것, 하나님의 사랑을 받아들이고 자신의 아름다움을 깨닫게 되며 인생을 보는 눈이 바뀜으로써 삶을 즐기게 되었다는 것 - 그것은 아름답고 좋은 일임에 틀림이 없다.

하지만 한 가지 언급하고 싶은 것이 있다. 대부분 그러한 어두움에서 벗어난 이들은 이런 생각을 가지고 있었다. 자기는 그 동안 잘못된 신앙에 빠져 있었으며 그래서 쓸데없이 고생을 하고 시간을 낭비했다는 생각이다.

그러한 생각은 옳은가? 그것은 반드시 옳다고 보기 어렵다.

진리를 발견한 것은 좋다. 하지만 진리에 이르기 전의 모든 상황들도 다 나쁜 것만은 아니다. 그것은 진리로 가는 하나의 과정이기 때문이다.

우리는 모두 갑자기 하늘에서 떨어진 것이 아니다. 우리의 탄생에는 많은 과정이 있다. 그리고 그 모든 것들은 필요한 것이다. 거기에는 좋은 일도 있고 나쁜 일도 있다. 하지만 그것들은 다 필요하기 때문에 생기는 것이다.

어떤 바보가 있다. 그는 몹시 배가 고팠다. 그래서 그는 빵을 한 개 먹었다. 하지만 그는 여전히 배가 고팠다. 다시 한 개를 더 먹었다. 하지만 여전히 배가 고팠다. 그가 여섯 개를 먹을 때까지 그는 배가 고팠다. 그러나 일곱 개를 먹게 되자 그는 드디어 배가 부르게 되었다. 그는 말했다.

"이런, 처음부터 일곱 번째 빵을 먹을 걸.. 여태까지 먹어봤자 배가 부르지도 않을 빵을 쓸데없이 여섯 개나 먹었잖아!"

물론 그의 말은 모순이다. 그가 배가 부른 것은 일곱 번째 빵을 먹었기 때문이 아니라 일곱 개의 빵을 먹었기 때문이다.

이 예화가 별로 적절하지 않다고 항의할 수도 있을 것이다. 일곱 개의 빵은 다 같은 것이지만 신앙에 대한 부정적인 인식과 긍정적인 인식은 서로 전혀 다른 것이 아니냐고.

맞다. 하지만 다르게 보이는 것도 한편으로는 비슷한 연장선일 수도 있다. 즉 이것을 돋보이게 하기 위해서 다른 것이 그 전에 등장할 수도 있는 것이다.

새벽에 해가 떠오르기 전에 가장 어둡다고 한다. 그렇다면 해가 뜨기 전의 어둠은 단지 어둠이기만 할까? 그것은 빛을 경험하기 전의 준비라고 생각할 수는 없을까?

갈라디아 4장 4절에 보면 "때가 차매 하나님이 그 아들을 보내사 여자에게서 나게 하시고 율법 아래 나게 하신 것은" 이라는 말씀이 나온다.

여기서 '때가 찼다' 는 것은 어떤 의미일까? 신학자들은 이 때에 대해서 말하기를 문화적이고 정치적이고 종교적인 환경이 주님이 오셔서 복음을 전하기 좋은 상황이 된 것이라고 한다.

종교적으로 암울한 처지에 놓여 있었던 유대인들은 구세주를 앙망했으며 정치적으로는 로마가 세계를 지배하고 있었고 그 과정에서 큰길을 닦아놓았으며 로마의 중요한 업적이기도 하며 로마의 상징이기도 한 그 길을 따라 복음을 전파하는 통로가 되었다.

또한 문화적으로는 로마의 영향력을 따라 세계의 언어가 거의 헬라어로 통일이 되어서 복음서가 헬라어로 기록되고 세계에 전파

되는 데 큰 기여를 하게 되었다. 때가 되었다는 것은 그러한 여러 상황을 이야기하는 것이라고 한다.

학자들의 이야기니까 별로 이의를 제기하고 싶은 마음은 없다. 다만 주님이 이 땅에 오시게 된 '때'에 대해서 나는 사람들의 갈망이 극에 달한 것도 중요한 요인이 아닌가 하고 생각한다.

이스라엘이 애굽에서 바로의 학정에 의해서 곤고하여 구원자를 간절하게 구하고 부르짖을 때에 하나님은 모세라는 구원자를 보내셨다.

사사기에서 이스라엘이 이방의 압제에 시달리며 신음하고 부르짖으며 구원을 갈망했을 때마다 하나님은 사사를 보내어 그들을 구원하셨다.

갈망이 있는 곳에 하나님은 항상 구원자를 예비하셨다. 물론 주님 이전의 구원자들은 근원적인 구원자는 아니었으며 앞으로 오실 주님에 대한 예표이며 그림자와 같은 사람들이라고 할 수 있을 것이다. 그리고 주님이 오시기 전의 그 상황에서도 사람들은 메시야를 간절하게 기대하고 갈망하고 있었다.

그래서 사람들은 어떤 예언자 비슷한 사람이 나타나기만 하면 그들에게 물었다. 당신은 메시야냐고. 그렇게 구원자, 메시야를 갈망하는 분위기가 팽배해 있었다. 그것이 바로 주님이 오시는 때이다. 고통과 압제, 절망이 주님에 대한 구원에 대한 진정한 해방에 대한 갈망을 항상 일으켰던 것이다.

그런 면에서 볼 때 주님의 빛과 진리를 경험하기 전에 절망과 실패와 눌림과 고통 속에서 한 동안을 지냈다는 것, 그것은 과연 시간

낭비일 뿐일까? 그것은 자신이 잘못 판단해서 속아서 보낸 쓸데없는 고통일 뿐일까? 나는 그렇게 생각하지 않는다.

새벽이 오기 위해서 밤은 필요한 것이다. 그러므로 밤은 가치가 있다. 항상 낮만이 있다면 사람들은 그 빛의 의미에 대해서 아름다움에 대해서 잘 알기 어려울 것이다. 하지만 충분히 어둠과 고난과 아픔을 경험함으로써 빛에 대하여 갈망하고 사모하는 마음을 얻게 된다면 잠시 어두움에 속했던 기간은 결코 시간의 낭비이며 실패라고만 볼 수 없을 것이다.

우리에게는 빛이 필요하다. 하지만 그 빛이 오기 전에 어두움의 기간도 필요하다. 그것은 우리로 하여금 빛에 굶주리게 만든다. 참된 진리에 대해서 굶주리게 만든다.

이스라엘은 가나안 땅에 들어가기 전에 애굽의 기간이 필요하였다. 광야의 기간이 필요하였다. 그리고 가나안에서의 전쟁이 필요하였다.

여호수아는 애굽에서 태어났다. 그리고 모세의 인도로 애굽을 떠나게 되었고 광야의 수난을 겪었으며 우여곡절 끝에 가나안에 들어가게 되었다. 그리하여 주님을 모시고 섬기게 되었다.

하지만 그의 후손들은 대부분 하나님을 떠났으며 하나님의 영광과 임재를 계속 누리고 붙잡지 못했다.

그 후손들은 나중에 다 타락하고 말았다. 왜 그랬을까? 그들은 가나안에서 태어났기 때문이다. 그들은 가나안을 공짜로 얻었다. 그들은 전쟁을 경험하지 않았다.

그들은 그들 조상의 애굽 경험에 대해서 이야기로 들었을 뿐이었다. 광야 체험에 대해서 학교에서 교과서로 배웠을 뿐이었다. 그들은 그것을 체험하지 못했다.

그러한 사람들은 가나안의 풍성함의 가치를 알 수 없다. 그래서 하나님께서는 가나안 전쟁을 모르는 이스라엘의 후손들을 위하여 가나안의 민족들을 다 멸하지 않고 일부를 남겨두셨다. 전쟁과 어둠과 고난의 계절을 알지 못하는 이들은 하나님의 영광과 임재를 계속 하여 붙잡고 누릴 수 없기 때문인 것이다.

애굽은 필요 없고 광야도 필요 없으며 오직 가나안의 경험만이 필요하다고 할 수 있는가? 그럴 수 없다. 어둠 속에 잠겨 있지 않던 사람은 빛에 대해서 알지 못한다. 탕자는 방황을 겪은 후에 아버지의 사랑에 대해서 깨닫게 되었다. 그러나 탕자의 형은 여전히 불평과 원망을 할 뿐이었다. 왜 그랬을까? 탕자의 형은 항상 가나안에 있었기 때문에 애굽이 뭔지 세상이 뭔지 어두움이 뭔지 몰랐기 때문이다. 그러므로 그는 빛의 가치에 대해서 알지 못했던 것이다.

그랬기 때문에 우리에게는 어두움의 과정이 필요한 것이다. 기도가 응답되지 않고 주님께 버림받은 것 같이 느껴지는, 이 우주 안에서 혼자 있는 것 같은, 그러한 경험들이 필요한 것이다.

아무리 울어도 소용이 없고 아무리 많이 결단해도 소용이 없으며 모든 것이 다 절망스럽고 비참하기만 한 그러한 과정, 이제는 모든 것이 끝났다고 생각하게 되는 그러한 과정들이 우리에게는 필요한 것이다. 바로 빛이 우리에게 오기 위한 과정으로 말이다.

아브라함은 하나님께서 좀 더 가까이 오시기 위해서 13년 간의 침묵이 있었다. 야곱은 얍복강에서 주님의 임재를 경험하기 전에 많은 위기와 삶의 절망적인 순간을 통과해야 했다. 다윗은 왕위에 오르기 전에 수많은 배신과 좌절과 눈물과 아픔의 순간을 겪어야 했다.

그 모든 일들은 다 실패요, 시간낭비였을까? 아니다. 그것은 그들이 빛을 발견하기 전에 거쳐 가야 하는 최소한의 준비였다. 그것은 왕이 오시기 전에 광야에서 외치는 소리와 같은 것이었다. 그 절망과 아픔은 빛의 순간을 위해서 필요한 조연과 같은 것이었다. 오직 주님이 우리에게 오시기 위해서 바로 그 순간을 위해서 그 모든 과정과 준비는 필요한 것이었다.

그렇다면 그 모든 과정은 얼마나 아름다운 것이겠는가? 주님이 우리에게 오시고 왕으로서 우리를 지배하시며 우리의 모든 것이 되시기까지 우리가 겪어야 했던 수많은 고통과 눈물과 좌절의 밤들, 그 모든 것들은 얼마나 아름다운 것이겠는가?

그것이야말로 우리가 오직 주님만을 구하고 바라보게 되도록 인도하였으니 말이다. 그것이야말로 우리 안에 강렬한 갈망을 일으켰으니 말이다. 우리들은 그 모든 것들을 아름다운 과정으로 감사하고 기뻐하여야 하리라.

이런 비슷한 간증을 들을 기회가 많이 있었다. 어떤 사역자가 있다. 그는 제자 훈련 사역을 한다. 십 여 년 동안 열심히 사역을 한다. 외적으로는 어느 정도 열매도 있고 사회적으로 어느 정도 인정받는 위치에 있다.

그러나 그는 마음에 평화가 없다. 그는 자신이 변화되지 않는다는 것을 잘 안다. 그의 영혼은 자유롭지 않다. 그는 삶이 버겁고 힘들다. 또한 성도들도 변화되지 않는다. 그들은 종교적인 신자들일 뿐이며 주님을 깊이 알지 못하고 별로 관심도 없다.

깊이 좌절하고 탈진한 그가 우연한 계기로 영성에 대해서 영혼에 대해서 눈을 뜬다. 그는 비로소 하나님의 임재를 가까이 경험하기 시작한다. 그리고 영혼에 차고 넘치는 하나님의 거룩하심과 영광을 맛보기 시작한다.

그는 비로소 깨닫는다. 아.. 내가 여태까지 하나님에 대해서 설명만 했을 뿐 그 하나님을 맛보지 못했구나. 내가 변화되지 않았기 때문에 성도들도 변화되지 않았던 것이구나..

그는 놀란다. 충격을 받는다. 그리고 변화를 선언하고 새롭게 된다. 그는 교회의 방향을 바꾸겠다고 결심한다. 그리고 이제는 비로소 올바른 사역의 방향을 잡았으며 그 길로 가야겠다고 다짐한다.. 나는 이러한 간증에 많이 접했었다.

그것은 좋은 일이다. 하지만 역시 하고 싶은 이야기가 있다. 그가 전에 했던 사역은 다 의미 없고 가치가 없는 것이었을까? 그들은 잘못된 길을 걸은 것이었을까? 나는 그렇게 생각하지 않는다.

개념훈련.. 성경에 있는 많은 개념을 이해하고 습득하고 가르치고 적용하려고 애를 쓰는 것.. 그것은 진리라고 할 수 없다. 그것은 사실이다.

하지만 그 과정이 나쁘다고 할 수는 없다. 그것은 실제가 아니지만 많은 이들에게 있어서 그러한 메마름의 기간, 광야의 기간은 필요할 것이다. 즉 어둠을 경험하지 않고 처음부터 빛을 알기는 어렵기 때문이다. 실제를 경험하기 전에 그림자를 붙들게 되는 과정은 그것도 하나의 의미가 있는 것이라고 할 수 있는 것이다.

사역자들은 대체로 사역의 방향을 잡기까지 많은 방황을 거친다.

사역의 경험이 없이 신학교에서 많이 공부하고 그대로 사역하는 이들은 현실의 사역에서 많은 무기력과 절망을 경험하게 된다. 물론 어느 정도 규모와 체계가 잡혀 있는 교회들은 영적인 실제와 상관없이 교회가 알아서 움직여가기 때문에 별 문제가 없을 것이다. 하지만 규모가 작은 교회는 유지하기가 쉽지 않을 것이다.

사역자들은 비로소 사역의 방법과 틀을 찾아서 방황하게 된다. 여기 저기 세미나도 찾아다니고 영성훈련, 치유사역, 가정 사역 등 온갖 방법론을 찾는다.

한 군데에서 은혜를 받고 정말 깨달았다고 생각한다. 여태까지는 진리를 알지 못했으나 이제는 사역의 방향을 확실하게 깨달았다고 좋아한다. 그것을 교회에서 선포하기도 한다.

대체로 그러한 결단은 오래 가지 않고 새로운 사역으로 바뀐다. 그리고 그러한 변화가 계속 되면 한쪽에 치우치지 않고 다양하게 균형을 잡기 위해서 그렇다고 사역자들은 변명한다.

물론 그것이 나쁘다고 할 수는 없다. 내가 말하고 싶은 것은 이것이다. 그 모든 것들은 나중에 좋지 않다고 느끼는 한이 있다고 하더라도 하나의 과정이라는 것이다.

어떤 이들은 좀 더 본질적인 것, 주님 자신을 사모하고 알아가는 쪽에 가까울 것이다. 어떤 이들은 아직 조금 덜 본질적인 것들, 육체의 치유나 문제의 해결 쪽에 머물러 있을지도 모른다. 하지만 중요한 것은 그 모든 것들이 아름다운 것이며 우리는 하나의 과정 가운데 있다는 것이다.

어떤 이들은 성격이 강하다. 그래서 한쪽으로 치우치게 되면 이쪽이 진리이며 다른 모든 것들은 사탄의 미혹이며 속임이라고 강하게 말한다.

조금 시간이 지나서 마음이 바뀌면 그는 이번에는 반대쪽으로 가서 전에 자신이 잘못 생각했으며 사실은 자신이 마귀에게 속았다고 말한다. 그리고 이 쪽이 진리라고 말한다.

이런 식으로 어떤 이들은 은사에 치중했다가 그것을 부인하기도 하며 어떤 이들은 제자훈련에 치중했다가 나중에 그것을 대적하기도 한다. 이러한 것은 그들이 말한 대로 마귀에게 속았다고 보기는 어렵다. 그러한 표현은 그들의 성격이 조금 급하다는 것을 보여주는 것이다.

그 모든 것들은 하나의 과정에 있는 것이다. 어떤 이들에게는 이러한 과정이 필요할 것이다. 또한 어떤 이들에게는 다른 과정이 필요할 것이다.

이 세상에는 유치원도 필요하고 초등학교도 필요하다. 고등학교, 대학교도 필요하다. 대학은 진리이며 초등학교는 마귀이고 그런 것은 아니다. 그 모든 것들은 각자 수준과 상태에 따라 필요한 사람이 있을 것이다. 어느 것이 가장 귀하고 중요하다고 할 수 있는가? 지금 각자에게 필요한 것이 있을 뿐이다. 우리 모두에게는 과정이 필요하다.

그러므로 우리는 우리의 과거에 대해서 낙심할 필요가 없다. 우리 과거의 실수에 대해서 속상해 할 필요가 없다. 우리의 지난 날에 대해서 후회할 필요가 없다. 그 모든 것은 주님의 허락하심 속에 있는 것이다.

우리는 과거의 실패에 대해서 너무 낙담할 필요가 없다. 실수와 넘어짐은 우리의 성장을 위하여 주님이 허락하신 것이다. 많은 실패는 사람을 너그럽게 만든다. 자신이 많은 실수를 한 사람은 너그러워진다. 나도 예전에 날카로웠다. 하지만 많이 잘못을 하고 많이 실수를 하고 나니까 사람들을 함부로 판단할 수 없게 되었다.

낮은 곳에서의 삶은 사람을 낮은 사람으로, 자비의 긍휼의 사람으로 만들어간다. 그래서 우리의 삶은 계속 발전해가게 된다.

악을 행하고 죄를 행한 것이 있다면 주님께 고백하고 그의 용서를 받아들이면 된다. 하지만 그 후에는 그분의 용서를 받아들임과 함께 감사를 드려야 한다. 그러한 당신의 좌절과 실패는 당신이 주님 없이는 도저히 살 수 없음을 보여주는 것이기 때문이다. 그리고 그러한 실패의 경험들은 당신을 주님께로 이끄는 몽학선생이 되기 때문이다. 그러므로 과거에 대해서 아파하고 기억하기도 싫어하고, 그럴 필요가 없는 것이다.

모든 과거는 아름다운 것이다. 모든 과거는 사랑스러운 것이다. 그것은 그 모든 것들이 우리를 주님께로 이끌기 때문이다.

내게는 많은 독자들의 메일이 온다. 학대를 당했다고.. 성폭행을 당했다고.. 자식이 죽었다고.. 딸이 알콜 중독이라고.. 남편이 바람났다고.. 많은 슬픔의 편지들이 온다.

나는 그들에게 주님의 위로를 전한다. 주님께서 당신과 함께 하시며 당신을 치유하실 것이라고 말한다. 그러면서 내가 꼭 잊지 말라고 전하는 메시지가 있다.

　나는 그들에게 그 경험들에 대해서 감사하라고 전한다. 그러한 경험들은 고통스럽지만 완전히 나쁜 것만은 아니라고, 그러한 경험들을 통하여 당신은 주님의 품에 더 가까이 가게 될 것이라고, 당신은 주님의 사람이라고.. 그러니 감사함으로 주님을 더 간절하게 붙들라고..

　답장들이 온다. 울면서 말한다. 감사하다고, 감사하다고. 이제 영원히 오직 주님만 붙잡고 살겠다고..

　고난은 아프다. 하지만 그것은 악인가? 저주인가? 나는 그것을 광야에서 외치는 소리라고 생각한다. 그것은 그들에게 주의 길을 예비하는 소리이다. 주의 첩경을 평탄하게 하는 것이다. 그 광야의 소리와 경험을 통하여 그들의 안에 주님의 길이 형성된다. 그들은 주님의 사람이 된다.

　그러므로 나는 당신에게 이야기한다. 당신이 겪었던 영혼의 어두운 밤을 인하여 후회하지 말라. 절망하지 말라. 그 밤은 지금 당신에게 새로운 빛과 태양을 가져다준다. 그 빛과 태양은 바로 주님이시다.

　지금 당신은 주님 앞에 있다.

　그분은 빛이시다.

　하지만 지금이 있기 전에
　그 전의 어두움이 필요했다.

　그러므로 그것을 감사하라.

이해가 되지 않더라도 감사하라.
과거에 죄를 지었던 부도가 났던
버림을 받았던 학대를 당했던
감사하고 감사하라. 또 감사하라.
당신은 그 어둠의 경험을 통하여
더욱 더 빛으로 나아가게 될 것이다.
부디 어둠의 계절을 기뻐하라.
당신은 더욱 더 빛의 사람,
주님의 사람이 될 수 있을 것이다.
할렐루야.

도서구입신청

도서 구입을 원하시는 분들을 위한 안내입니다.

1. 도서 목록 확인

페이지를 넘기시면 정원 목사님의 도서 전권이 안내되어있습니다.
도서 목록을 참조하셔서 필요로 하시는 책을 선택하십시오.
각 도서의 자세한 목차와 내용을 원하시면 정원목사 독자 모임 카페의 [저자
및 저서소개] 코너를 참조하십시오. (http://cafe.daum.net/garden500)

2. 책신청

구입하실 도서를 결정하신 후에, 영성의 숲 출판사로 전화를 주세요.
(02-355-7526 / 010-9176-7526. 통화시간: 월~금 오전 9시~저녁 7시)
신청 도서 목록을 알려주시면 입금하실 금액을 안내해 드립니다.
신청하실 때는 책을 받으실 주소와 전화번호를 함께 알려주세요.
책신청은 전화 외에도 영성의 숲 홈페이지의 [책신청] 코너,
출판사 이메일(spiritforest@hanmail.net)을 사용하실 수 있습니다.

3. 송금

안내 받으신 도서 대금을 아래 계좌로 입금해 주세요.
(국민은행: 461901-01-019724, 우체국: 013649-02-049367, 예금주: 이혜경)
신청자 성함과 입금자 성함이 일치하지 않는 경우에는 입금자 성함을
꼭 알려주셔야 확인이 가능합니다.

4. 배송

입금 확인 후에 바로 발송 작업을 하는데, 발송후 도착까지 보통 2-3일 정도
가 소요 됩니다. 책을 급하게 필요로 하실 경우에는 일반 서점을 이용해 주세
요. 해외 배송을 원하시는 분은 총판을 담당하고 있는 생명의 말씀사로 문의
해주시기 바랍니다. (생명의 말씀사 080-022-1211 www.lifebook.co.kr)

<기도 시리즈>

1. 하늘의 권능이 임하는 부르짖는 기도 1
영성의 숲. 373쪽. 12,000원 / 핸디북 10,000원
부르짖는 기도는 모든 기도의 형태 중에서 가장 기본적이고 중요한 기도입니다. 이 기도를 바르게 배우고 적용한다면 하늘의 권능이 임하는 것을 경험하게 되며 모든 면에서 강건한 그리스도인이 될수 있을 것입니다.

2. 하늘의 권능이 임하는 부르짖는 기도 2
영성의 숲. 444쪽. 14,000원 / 핸디북 11,000원
부르짖는 기도 1권은 발성의 의미, 능력과 부르짖는 기도의 전체적인 원리를 다루 었으며 2권은 부르짖는 기도의 실제로서 구체적인 기도의 방법과 적용원리를 다루고 있습니다. 3부에 수록된 다양한 승리의 간증은 독자님들에게 좋은 도전이 될 것입니다.

3. 대적기도의 원리와 능력
영성의 숲. 400쪽. 14,000원 / 핸디북 10,000원
대적기도 시리즈 1편. 대적기도는 주님께 간구하는 기도가 아니며 우리에게 주어진 권세와 능력을 발견하고 사용하여 능력과 승리를 경험하는 기도입니다. 이 기도를 알게 될 때 당신의 삶은 진정 달라지게 될 것입니다.
휴대를 위한 작은 사이즈의 핸디북도 있습니다.

4. 대적기도의 적용 원리
영성의 숲. 424쪽. 14,000원 / 핸디북11,000원
대적기도 시리즈 2편. 대적기도에도 원리와 법칙이 있습니다. 그 원리와 법칙을 잘 익혀서 실제의 삶에 적용한다면 우리는 풍성한 삶을 살 수 있습니다. 이 책에서는 그 원리들을 구체적으로 제시해 주고 있습니다.
휴대를 위한 작은 사이즈의 핸디북도 있습니다.

5. 대적기도를 통한 승리의 삶
영성의 숲. 452쪽. 14,000원 / 핸디북 12,000원
대적기도 시리즈 3편. 대적기도를 인간관계, 가정에서의 삶, 복음 전도와 사역에 구체적으로 적용하는 방법을 제시하였습니다. 여기서 제시된 원리를 잘 읽고 적용한다면 삶과 사역에 있어서 많은 변화와 승리를 경험할 수 있게 될 것입니다.
휴대를 위한 작은 사이즈의 핸디북도 있습니다.

6. 대적기도의 근본적인 승리 비결
영성의 숲. 454쪽. 14,000원 / 핸디북 12,000원
대적기도 시리즈 4편. 완결편. 1부에서는 악한 영들을 근본적으로 완전하게 제압하고 승리할 수 있는 원리와 비결을 제시하고 있습니다. 2부에서는 대적기도를 적용하고 경험한 성도들의 사례가 실려 있는데 이것은 각 사람의 적용과 승리에 좋은 참고가 될 수 있을 것입니다. 휴대를 위한 작은 사이즈의 핸디북도 있습니다.

7. 아름답고 행복한 기도의 세계
영성의 숲. 279쪽. 9,000원
〈기도업데이트〉의 개정판. 자연스럽고 편안하게 기도의 아름다움과 행복에 잠길 수 있도록 돕는 책입니다. 기다리는 기도, 듣는 기도, 안식하는 기도 등 다양하고 풍성한 기도의 원리들을 일상의 예화들을 통하여 쉽게 정리하였습니다.

8. 주님의 마음에 이르는 기도
영성의 숲. 309쪽. 10,000원
기도의 원리와 방법에 대한 200개의 조언을 담았습니다. 주님의 마음을 향하여 가는 것. 그것이 기도의 방향이며 목적임을 보여주는 책입니다.

9. 주님의 임재를 경험하는 길
영성의 숲. 308쪽. 10,000원
〈주님을 경험하는 100가지 방법〉의 개정판. 주님의 살아계심과 임재를 경험하기 위한 100가지의 실제적인 방법을 제시하고 있습니다. 사모하는 마음으로 이 방법들을 시도한다면 누구나 쉽게 그분의 역사를 경험하게 될 것입니다.

10. 예수 호흡기도
영성의 숲. 460쪽. 14,000원 / 핸디북 11,000원
호흡을 통한 기도가 주님의 임재와 영적 실제에 들어가는 중요한 비밀이며 열쇠임을 보여주는 책입니다. 이 책에 제시된 원리와 방법을 충실히 시도해 본다면 누구나 놀라운 변화를 경험하게 될 것입니다.

11. 방언기도의 은혜와 능력 1
영성의 숲. 459쪽. 16,000원 / 핸디북12,000원
방언기도 시리즈 1편. 방언에 대한 성경적이고 균형잡힌 설명 뿐 아니라, 저자의 개인적인 경험과 간증, 방언을 받는 과정과 통역을 시도하는 과정에 대한 구체적인 설명, 여러 경험자들의 실례가 풍성하게 실려있어, 방언의 은혜에 대해 이해하고 적용하는 데에 실제적인 도움을 주는 책입니다.

12. 방언기도의 은혜와 능력 2
영성의 숲 403쪽. 13,000원 / 핸디북 11,000원
방언기도 2편에서는 방언과 통역이 발전해 나가는 과정과 그 영적인 의미를 깊이있게 다루었습니다. 방언의 가치와 의미를 바르게 이해하고 적용하게 될 때, 오래동안 방언을 사용하면서도 주님의 은총를 누리지 못하던 이들이 주님의 가까우심과 아름다우심을 풍성히 경험하게 될 것입니다.

13. 방언기도의 은혜와 능력 3
영성의 숲 489쪽. 15,000원 / 핸디북12,000원
방언 기도 시리즈의 결론적인 부분을 다룬 책입니다. 방언에 대한 부정적인 견해와 원인들, 방언을 통해 어떻게 부흥이 시작되는지, 은사의 바른 방향과 의미, 목적 등을 정리하였고, 전체적인 요약정리와 함께 경험자들의 구체적인 사례들을 첨부하여 실제적인 적용에 도움이 되도록 하였습니다.

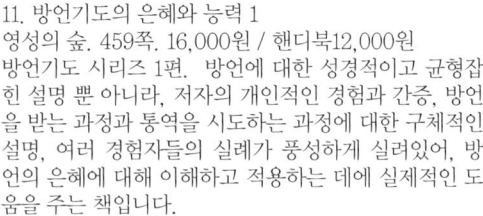

<영성 시리즈>

1. 영성의 실제를 경험하는 길
영성의 숲. 357쪽. 11,000원
〈그리스도인의 아름다운 영성〉의 개정판.
많은 은혜의 도구들이 있지만 그것들이 다 주님을 접촉하는 것은 아닙니다. 참다운 영성과 주님을 경험하는 원리를 제시하는 책입니다.

2. 생각의 자유를 경험하는 길
영성의 숲. 228쪽. 8,000원
〈그리스도인의 생각 다스리기〉의 개정판. 우리가 겪는 삶의 대부분의 고통들은 스스로 만들어낸 생각의 감옥에 지나지 않으며 생각을 분별하고 관리함으로써 풍성하고 행복한 삶을 살 수 있다는 메시지를 다양한 예화와 함께 설득력 있게 제시하고 있습니다. 많은 교회에서 훈련 교재로 사용되기도 했습니다.

3. 영성의 중심은 사랑입니다
영성의 숲. 243쪽. 8,000원
하나님의 은혜를 받아들이고 누림으로써 진정한 사랑과 따뜻함의 세계를 경험할 수 있도록 돕는 책. 신앙의 따뜻함과 아름다움을 회복하고, 영혼들을 이해하고 도울 수 있는 관점을 제시하고 있습니다.

4. 영성의 원리
영성의 숲. 319쪽. 10,000원
영성에도 원리가 있습니다. 이 책은 영성의 발전을 위한 다양한 원리들, 영의 흐름, 영의 인식, 영적 승리를 위한 중보 등의 원리를 실제적인 예와 함께 잘 설명해 줍니다. 영적 부흥과 충만함을 사모하는 이들에게 좋은 참고서가 될 수 있을 것입니다.

5. 문제는 주님의 음성입니다
영성의 숲. 227쪽. 9,000원
우리의 삶에 다가오는 여러가지 어려움들, 문제들은 우연이 아닙니다. 거기에는 주님의 배려와 가르치심이 있으며 반드시 우리가 배워야 할 것이 있습니다. 이 책은 그 문제들에서 주님의 뜻과 음성을 발견하는 원리를 가르쳐 주고 있습니다.

6. 영성의 발전은 어떻게 이루어지는가
영성의 숲. 254쪽. 8,000원
〈영성의 상담〉의 증보 개정판. 영성에 대한 여러 질문과 답변을 통해 다양한 영적현상의 의미와 삶 속에서 영적 성장을 이루는 구체적인 방법들을 소개하고 있습니다.

7. 지금 이 공간에 임하시는 주님
영성의 숲. 340쪽. 11,000원
주님은 믿을수 없을만큼 가까이 계시지만 사람들은 흔히 그분을 무시함으로 그의 임재를 소멸시킵니다. 이책은 그분의 가까우심과 구체적인 공간을 통한 임재, 나타나심을 경험할수 있도록 실제적인 지침을 제시하고 있습니다.

8. 심령이 약한 자의 승리하는 삶
영성의 숲. 228쪽. 9,000원
영혼의 힘이 약하고 마음이 여리고 민감하여 고통을 겪고 있는 이들을 위한 책. 영혼의 원리 및 기질과 사명을 이해함으로써 이전에 알지 못했던 자유와 해방과 놀라운 행복감을 누리게 될 것입니다.

9. 천국의 중심원리
영성의 숲. 452쪽. 14,000원
천국은 사후에만 갈 수 있는 장소가 아닙니다. 이 땅에 살면서 천국의 임재, 그 천국의 빛과 영광을 경험할 수 있습니다. 이 책에서는 내면세계의 천국을 경험하기 위한 길과 원리를 제시해 주고 있습니다.

10. 행복한 신앙을 위한 28가지 조언
영성의 숲. 348쪽. 12,000원
〈자유롭고 행복한 그리스도인 1〉의 개정판. 묶여 있고 창백한 의식의 틀을 벗어나, 자유롭고 풍성한 믿음의 삶으로 나아가도록 돕는 책입니다. 28가지 조언속에 행복한 신앙을 위한 영적 원리들을 담고 있습니다.

11. 성숙한 신앙을 위한 30가지 조언
영성의 숲. 340쪽. 12,000원
〈자유롭고 행복한 그리스도인2〉의 개정판. 의식이 바뀔 때 천국의 자유와 기쁨을 누릴 수 있음을 보여주는 책입니다. 묶여있는 사고와 습관, 잘못된 의식에서 해방되는 원리를 제시해 주고 있습니다.

12. 의식의 깨어남을 사모하라
영성의 숲. 239쪽. 9,000원
잠과 꿈과 깨어남의 실체를 보여주며 진정한 깨어있음의 세계로 인도하는 책입니다.
의식과 영혼을 깨우기 위한 방법과 원리들을 제시해 주고 있습니다.

13. 주님의 마음, 주님의 임재 속으로
영성의 숲. 348쪽. 11,000원
오늘날 주님의 마음에 대한 많은 오해가 있어서 주님의 깊으신 임재에 들어가지 못합니다. 이 책은 그 오해를 풀어주며 우리를 향한 주님의 사랑을 보여주고 그 사랑의 임재 속에 들어가는 길을 안내해주고 있습니다.

14. 영성의 발전을 갈망하라
영성의 숲. 292쪽. 10,000원
영성의 진리 시리즈 1편. 영성을 깨우고 발전시킬 수 있는 다양한 이야기, 원리, 법칙들을 묶은 36가지의 메시지가 수록되어 있습니다. 영혼의 각성에 도움이 되는 지식과 도전을 얻게 될 것입니다.

15. 집회에서 흐르는 주님의 은혜
영성의 숲. 254쪽. 8,000원
이미 출간되었던 [집회 가운데 임하시는 주님]을 새롭게 개정하였습니다. 회원들의 간증을 줄이고 더 많은 분량을 추가하였습니다. 집회 가운데 나타나는 주님의 생생한 역사와 이에 관련된 여러 영적 원리를 기술하였습니다. 읽을수록 집회 현장에 있는 듯한 감동과 은혜를 얻을 수 있을 것입니다. 은혜를 사모하는 이들, 영성 사역에 관심이 있는 사역자들에게 좋은 참고가 될 것입니다.

16. 삶을 변화시키는 생명의 원리
영성의 숲. 348쪽. 값 11,000원
삶 속에서 열매를 맺을 수 있는 비결과 원리를 시편 1편의 말씀과 요한복음 15장의 말씀을 중심으로 제시하고 있습니다. 포도나무이신 주님과 가지로서 항상 연결되는 삶이 열매를 맺는 원리이며 은총의 비결인 것을 명쾌한 논지로 설명하고 있습니다. 신앙의 기초와 방향을 분명히 밝히는 책으로서 풍성한 삶과 승리하는 삶을 갈망하는 그리스도인들에게 귀한 도전이 될 것입니다.

17. 낮아짐의 은혜1
영성의 숲. 308쪽. 값 11,000원
쉽게 하나님의 임재를 경험하며 그 은혜 가운데 머무르는 사람이 있습니다. 그 은총의 비밀은 무엇일까요? 그것은 바로 낮아짐이며 이를 통하여 주의 무한한 은혜와 천국의 풍성함을 누릴 수 있음을 본서는 증명합니다. 사람을 파괴하는 높아짐의 시작과 타락, 은혜의 회복, 열매의 풍성함 등을 다루고 있으며 누구나 그 은혜의 세계에 쉽게 이르도록 길을 제시하고 있습니다.

18. 낮아짐의 은혜 2
영성의 숲. 388쪽. 값 14,000원
낮아짐은 감추어진 비밀이며 천국의 문을 여는 보화입니다. 마귀는 낮아짐을 빼앗을 때 그 영혼을 사로잡을 수 있으므로 온갖 유혹으로 이 보화를 가로챕니다. 하나님은 천국의 풍성함을 주시기 위하여 낮아짐을 훈련하시며 인도하십니다. 2권은 적용을 주로 다루며 구체적으로 풍성한 은총을 누릴 수 있도록 권면하고 있습니다.

19. 그리스도를 갈망하는 삶
영성의 숲. 268쪽. 값 9,000원
부흥과 영적 깨어남, 영성의 다양한 원리에 대한 이야기. 삶 속의 이야기와 함께 자연스럽게 풀어서 정리하였습니다. 일상의 사소한 삶에서 영적 원리를 발견하고 적용하도록 도우며 그리스도에 대한 갈망이 증가되도록 도전하고 있습니다.

20. 영이 깨어날수록 천국을 누린다
영성의 숲. 244쪽. 값 8,000원
독자들과 일대일로 마주 앉아서 대화를 하듯이 영적 성장과 풍성한 삶을 누리는 원리에 대해서 메시지를 전달하고 있습니다. 사랑하는 삶, 영성의 깨어남에 대한 새로운 통찰력을 제공해주며 기쁨으로 주님을 따르는 길을 제시해줍니다.

<생활 영성 시리즈>

1. 주님과 차 한잔을
영성의 숲. 220쪽. 6,000원
신앙의 귀한 진리들, 주님을 사모하고 가까이 나아가는 데 도움이 되는 원리들을 유머를 통해 밝고 즐겁게 전달해주는 책입니다.
주님과 같이 차를 한잔 마시는 기분으로 부담없이 읽다 보면 자연스럽게 영적 통찰을 얻을 수 있을 것입니다.

2. 일상의 삶에서 주님을 의식하기
영성의 숲. 280쪽. 8,000원
일상의 사소한 삶 속에서 주님을 의식하며 살아가는 이야기. 신앙과 영성은 기도할 때만이 아니라 일상의 모든 삶 속에서 나타나야 한다. 작고 사소한 모든 일에서 주님을 의식하는 것이 진정한 행복의 원리인 것을 이 책은 보여주고 있습니다.

3. 일상에서 경험하는 주님의 사랑
영성의 숲. 277쪽. 8,000원
일상의 묵상 시리즈 2편. 사소한 일상의 삶에서 주님의 임재와 사랑을 느끼고 주님의 메시지를 경험하는 이야기. 항상 모든 것에서 주님의 마음과 시선으로 삶과 사람을 보고 느껴야 하며 이를 통해서 날마다 천국을 경험할 수 있음을 사소한 삶의 이야기를 통하여 부드럽게 전달해주고 있습니다.

4. 삶이 가르치는 지혜
영성의 숲. 212쪽. 6,000원
〈삶이 가르치는 지혜〉의 개정판. 우리의 삶에서 경험하는 많은 즐거운 일, 힘든 일들이 결국 우리 영혼의 성장을 위하여 주어진 일임을 보여줍니다. 가슴을 따뜻하게 하는 소박한 이야기들을 통해서 사랑의 중요성을 다시 한번 깨닫게 합니다.

5. 사랑의 나라로 가는 여행
영성의 숲. 156쪽. 5,000원
〈사랑의 나라〉의 개정판. 어른들을 위한 우화로서 한 청년이 여행을 통하여 삶의 목적과 방향을 깨달아 가는 과정이 흥미진진하게 전개되고 있습니다. 즐겁게 이야기를 읽어나가다보면 영적 성장의 방향과 중심, 영적 세계의 에너지와 원리, 흐름을 이해하는데 도움이 될 것입니다.

6. 하나님의 뜻을 발견해 가는 여행
영성의 숲. 269쪽. 신국판 변형 8,000원
성경에 등장하는 입다, 다윗, 암논의 삶과 사건들을 통하여 하나님의 아버지 마음과 하나님의 의도와 훈련을 이해하고 발견하도록 안내하는 책입니다. 등장인물들의 마음과 정서가 드라마처럼 녹아있어 흥미와 감동을 전달해 줍니다.

7. 일상에서 경험하는 주님의 은혜
영성의 숲. 253쪽. 값 8,000원
일상시리즈 3편입니다.
가족 이야기, 모임 이야기, 일상에서 경험하는 여러 가지 일들을 통해서 영적 원리와 교훈을 정리하였습니다.
일기와 이야기 형식으로 기록되어 있어서 즐겁게 읽는 가운데 주님과 같이 걷는 삶의 흐름 속으로 들어갈 수 있게 될 것입니다.

<묵상 시리즈>

1. 맑고 깊은 영성의 세계를 향하여
영성의 숲. 140쪽. 5,000원.
잠언시리즈 1편. 내 영혼의 잠언1을 판형을 바꾸어 새롭게 만들었습니다. 순결하고 맑은 영혼으로 성장하기 위한 진리의 묵상들이 간결하게 정리되어 있습니다.

2. 주님은 생수의 근원 입니다
영성의 숲. 196쪽. 6,000원
〈내 영혼의 잠언2〉의 개정판. 맑고 투명한 영성의 세계로 안내하는 영성 잠언집. 새벽녘의 신선하고 향긋한 바람처럼 우리 영혼을 달콤하게 채워주는 묵상의 글들을 모아서 정리했습니다.

3. 묻지 않는 자에게 해답을 던지지 말라
영성의 숲. 156쪽. 5,000원
삶과 사랑과 영혼의 진리를 담은 잠언 시집.
인생의 의미와 진리, 영성의 발전과정을 예리하면서도 부드러운 시각으로 표현하고 있습니다. 불신자에 대한 전도용으로도 좋은 책입니다.

4. 영혼을 깨우는 지혜의 샘물
영성의 숲. 180쪽. 6,000원
〈영적 성숙으로 향하는 여행〉의 개정판
인생, 진리, 마음, 영성 등 중요한 8가지의 주제에 대한 짧은 묵상을 담았습니다. 맑은 샘물이 흐르듯이 간결한 지혜의 메시지가 영성을 일깨워주는 책입니다.

행복한 신앙을 위한 28가지 조언

1판 1쇄 발행	2004년 4월 30일
2판 1쇄 발행	2006년 7월 10일
2판 3쇄 발행	2009년 1월 20일
3판 1쇄 발행	2011년 8월 25일
3판 2쇄 발행	2015년 1월 20일
지은이	정원
펴낸이	이 혜경
펴낸곳	영성의 숲
등록번호	2001. 7. 19 제 8-341 호
전화	02 - 355 - 7526 (영성의숲)
핸드폰	010 - 9176 - 7526 (영성의숲)
E - mail	spiritforest@hanmail.net (영성의숲)
홈페이지	cafe.daum.net/garden500 (정원목사 독자 모임)
	cafe.naver.com/garden500 (정원목사 독자 모임)
국민은행	461901 - 01 - 019724
우체국	013649 - 02 - 049367
예금주	이 혜경
총판	생명의 말씀사
전화	02 - 3159 - 8211
팩스	080 - 022 - 8585,6

값 12,000원

ISBN 978 - 89 - 90200 - 82 - 2 04230
ISBN 978 - 89 - 90200 - 83 - 9 04230 (세트)